*Gisela Ermel*

# Das Turiner Grabtuch

*Das Rätsel des Todes und der Auferstehung Christi in neuer Sicht*

Die Deutsche Bibliothek verzeichnet diese Publikation in der Deutschen Nationalbibliografie; detaillierte bibliographische Daten sind im Internet abrufbar über
***www.dnb.ddb.de***

Das Verzeichnis lieferbarer Bücher (VLB), die umfangreichste Datenbank für den deutschsprachigen Buchhandel, verzeichnet diese Publikation im entsprechenden Sachgebiet; detaillierte Bestell-Daten sind im Internet abrufbar über
***www.vlb-katalog.de***

Für Privatkunden und Interessenten hält der Buch-, Kalender- und Zeitschriften-Verlag der Mediengruppe König ein umfangreiches Angebot von Publikationen und wichtigen Zusatzinformationen im Internet bereit unter
***www.buchverlag-koenig.de***

**ISBN 978-3-939856-02-3**



Satz & Layout: Satz- und Druckhaus Greiz, billy
Titelbild: Die Grablegung Jesu,
Gemälde von Giovanni Battista
Umschlaggestaltung: Satz- und Druckhaus Greiz, billy

*Gisela Ermel*

# Das Turiner Grabtuch

## *Das Rätsel des Todes und der Auferstehung Christi in neuer Sicht*

***KÖNIG***

# *Inhalt*

*Die Grablegung Jesu, Gemälde von Giovanni Battista aus dem 18. Jahrhundert.*

# *Kapitel I*

# Echt oder unecht: Wie alt ist das Turiner Grabtuch?

# *Altersdatierung einer kostbaren Reliquie*

***Turin, 21. April 1988:*** Es ist Nacht in der berühmten Kathedrale. Zwei Männer - der Naturwissenschaftler Prof. Giovanni Riggi und ein Kanoniker - schreiten langsam und vorsichtig die dunkle Marmortreppe hinab, die zur Sakristei führt, in ihren Händen ein kostbares Reliquiar, ein Silberschrein, der die umstrittenste aller christlichen Reliquien enthält: das Turiner Grabtuch. Als die beiden die grell beleuchtete Sakristei betreten, wirkt der Silberschrein mit seinen ihn umwindenden roten Bändern auf die dort bereits Anwesenden wie ein verpacktes Weihnachtsgeschenk. Zum ersten Mal seit der Privatvorführung vor dem Papst im Jahr 1980 werden nun die Siegel gebrochen und das Grabtuch, eingehüllt in rote Seide, herausgenommen. Zwei Kanoniker, bcide ausgestattet mit weißen Handschuhen, rollen den kostbaren Gegenstand vorsichtig aus und strecken ihn auf einem vorher mit Aluminiumfolie präparierten langen Tisch aus. Unter den hell strahlenden Lichtern des Raumes ist es schwierig, das vertraute und weltberühmte doppelte Körperbild auszumachen. Hier soll nun für einen Altersbestimmungstest ein Originalstreifen des Leinentuches abgetrennt werden; das Ergebnis dieses „Tests aller Teste" soll ein für alle Male darüber entscheiden, ob man es hier mit einer Fälschung aus Künstlerhand oder dem echten Grabtuch Christi aus dem ersten Jahrhundert zu tun hat.

Schon vor etlichen Stunden - bei Nacht und Nebel sozusagen - waren Vorbereitungen getroffen worden: die Sakristei ist nun übervoll mit Beleuchtungsanlagen, eine Tafel ist völlig überladen mit einem Dutzend Kameras und Filmen. Auf einem weiteren Tisch ruht eine Ansammlung von Scheren, Pinzetten, Mikroskopen, Behältern, Messern und weiteren Gegenständen, die für die Probenentnahme selbst benötigt werden könnten. Der Tisch mit dem Grabtuch ist am grellsten bestrahlt und wirkt wie ein Operationstisch, bereit für einen Eingriff am offenen Herzen.

Kurz nach sechs Uhr in der Frühe treffen dann die weiteren Teilnehmer dieses außergewöhnlichen Ereignisses ein: aus London Dr. Michael Tite, Direktor des British Museum Research Laboratory, den man als Leiter des Radiokarbontests ausgewählt hatte, sowie Vertreter der drei Laboratorien in Oxford, Tucson (Arizona) und Zürich: Prof. Edward Hall, Robert Hedges, Paul Damon, Douglas Donahue und Willy Wölfli. Außerdem füllt sich nach und nach der Raum mit Vertretern der Medien und mit Kirchenleuten. Aus Turin und Frankreich angereist sind zwei Textilexperten, und last but not least erscheinen der Turiner Kardinal Ballestrero sowie dessen wissenschaftlicher Berater Prof. Luigi Gonella am Schauplatz dieses sensationellen Ereignisses.

Professor Riggi, ausgestattet mit Kopfhörern und einem weissen Laborkittel, wuselt im Raum umher und versucht, das Filmen und Dokumentieren dieses wichtigen Vorgangs zu delegieren. Jeder, auch die unbeteiligten Zuschauer, bekommt seinen Platz zugewiesen, während die beiden Textilexperten bereits seit geraumer Zeit darüber disputieren, von welcher Stelle man die Probe am besten entnehmen kann. Dem Turiner Textilexperten war das kostbare Objekt wohl nicht allzu vertraut, denn er zeigt auf die im Körperbild gut sichtbaren Spuren der Seitenwunde und fragt: „Was ist das für ein großer brauner Fleck?" Doch für Antworten auf solche Fachfragen und für derartige „Nebensächlichkeiten" ist hier und heute nicht der richtige Ort und nicht die richtige Zeit. Es gibt wichtigere Probleme zu lösen.

Für die meisten der im Raum Anwesenden ist klar, dass man den Teststreifen nahe der „Raes-Ecke" entnehmen werde, an der bereits 1973 für den belgischen Textilfachmann Prof. Gilbert Raes Proben entnommen worden waren. Auf einem Tisch liegt das einzige Dokument im Raum: ein Stapel des Reports von 1976 über die Tests von 1973 mit der sorgfältigen Aufzeichnung der Probenentnahme für Prof. Raes. Schon damals hatte Giovanni Riggi die Probenentnahme durchgeführt, assistiert von Prof. Raes selbst.

Nun ist der große Augenblick gekommen. Prof. Riggi ist bemerkenswert gelassen, scherzt, hebt die linke Ecke des Tuches an - ohne Handschuhe! -, flankiert auf beiden Seiten von den Radiokarbon-Experten, die ihm gespannt auf die Hände schauen; Prof. Hall wie erstarrt, Wölfli und Damon vergnügt schmunzelnd. Riggi schneidet einen Streifen ab, legt ihn sofort in eine Schale, rollt ihn ein wenig ein, so dass er ausschaut wie eine winzige Windel. Dann greift er mit einer Pinzette diese kleine Probe und hält sie den Radiokarbon-Experten entgegen zur genaueren Inaugenscheinnahme: „Hier haben Sie Ihre Probe!" so Riggi trocken. Nun beschneidet Riggi den Tuchstreifen, entfernt einen langen losen Faden, begradigt eine ausgefranste Ecke. Die abgeschnittenen Teile bewahrt man in einem Behälter auf für eine mögliche Extra-Untersuchung. Riggi ahnt nicht, dass diese übrig geblieben Stoffteile viele Jahre später für große Aufregung sorgen sollten. Dann trennt Riggi den nun 7 x 1 Zentimeter messenden Streifen in einzelne Stücke und wiegt jedes dieser Teile. Während des ganzen Vorgangs laufen Videokameras, und Fotoapparate erhellen den Raum mit unzähligen Blitzlichtern.

Bis hierhin ist die Probenentnahme also lückenlos dokumentiert. Doch was nun folgt, sollte später unter der Bezeichnung „Geheimoperation" weltweit bei zahlreichen Wissenschaftlern und Grabtuchforschern kritisiert und verurteilt werden. Dr. Tite und Kardinal Ballestrero entfernen sich mit den drei Probestücken in einen angrenzenden Saal, wo unter Ausschluss der Öffentlichkeit und ohne Dokumentationsgeräte das Verpacken der Probestücke sowie der „Blindproben", die den Labors das Identifizieren der Grabtuchstücke verhindern und eine unvoreingenommene Dateriung garantieren sollen, stattfindet.

Als die beiden wieder aus dem Raum herauskommen, überreichen sie Riggi die nun verpackten Proben. Riggi stellt die kleinen Behälter wie eine Platte mit Hors d'oeuvres vor Kardinal Ballestrero, damit dieser die Etiketten anbringen kann. Daraufhin versiegelt Riggi jedes Etikett mit rotem Wachs und dem Siegel des Erzbischofs von Turin.

Mit jeweils drei Metallhülsen überrreicht Ballestrero den Laboratoriumsvertretern auch ein Begleitschreiben, das diese mit ihrer kostbaren und einmaligen Fracht problemlos durch den

Zoll bringen soll. (Douglas Donahue später beim Eintreffen in Arizona, befragt, ob er etwas zu verzollen habe, ganz cool: „Eine Flasche Gin, etwas Schokolade und eine Probe vom Turiner Grabtuch.“ Man winkte ihn ohne weitere Fragen durch - zweifellos hatten die Zollbeamten noch nie etwas von der hierzulande berühmtesten aller Reliquien gehört!)

Alle im Saal Anwesenden können sich davon überzeugen, dass die Vertreter der Laboratorien in Oxford, Zürich und Tucson je drei gleichartige versiegelte Behälter erhalten haben; einer Altersbestimmung der kontroversesten aller christlichen Schätze steht nichts mehr im Wege...

## *Testergebnis schockiert und amüsiert alle Welt*

Die Altersbestimmung eines Objektes mittels Radiokarbondatierung beruht auf der Tatsache, dass der Körper eines jeden lebendigen Organismus einen gewissen Anteil der radioaktiven Isotope von Kohlenstoff und einiger anderer Elemente aufnimmt. Während er lebt, hält jeder Organismus ein bestimmtes Verhältnis dieser Isotope zu „normalen“ Teilchen in seinem Körper aufrecht. Aber wenn er stirbt und die ständige Neuaufnahme unterbrochen wird, dann zerfallen in einer bestimmten Zeit die bis dahin vorhandenen radioaktiven Isotope. Dieser Vorgang ähnelt einem außerordentlich zuverlässigen Uhrwerk, das im Augenblick des Todes zu ticken beginnt. Eine Untersuchung des Zerfallgrades ermöglicht eine ziemlich exakte Angabe darüber, wie lange die Uhr schon tickt. Das gilt für Mensch, Tier und Pflanze, und somit auch für ein Gewebe aus Flachsfasern, wie es das Turiner Grabtuch darstellt.

Für die drei Laboratorien in Oxford, Zürich und Tucson hatte man sich während der Vorbereitungskonferenz 1986 in Turin unter der Leitung Prof. Chagas, dem Präsidenten der Päpstlichen Akademie der Wissenschaften, deshalb entschieden, weil alle drei

Institute mit der verbesserten AMS-Methode arbeiteten, bei der nur noch sehr wenig Testmaterial nötig ist. Diese Altersbestimmung mittels Accelerator Mass Spectrometry war 1978 entwickelt worden und bot die Möglichkeit, Altersbestimmungen auch an den Objekten durchzuführen, auf die man bisher der zu großen Teststücke wegen verzichten musste.

Schon vor der Durchführung dieses „Tests aller Teste" am Turiner Grabtuch hatte es bereits kritische Stimmen gegeben, die ein zuverlässiges Ergebnis durch diese Methode anzweifelten. Der Archäologe Paul Maloney interviewte vor dem Test einige Prominente aus dem Lager der Radiokarbon-Experten, die eher dazu tendierten, seine Sorge darum zu teilen, dass die Accelerator-Technologie noch nicht dazu fähig sei, das zu tun, was die Kirche von ihr zu tun verlange, da die Fehlerquote noch zu hoch sei. Doch ein Zurück gab es nicht mehr - der „Test aller Teste" konnte beginnen.

Noch nie war weltweit mit solcher Spannung das Ergebnis einer Altersbestimmung erwartet worden. Es ging hier nicht einfach nur um das Alter oder die Herstellungszeit eines Artefaktes - es ging um sehr viel mehr. Was, wenn sich herausstellte, dass dies Objekt tatsächlich vor 2000 Jahren das mysteriöse Körperbild erhalten hatte? Konnte es zu einem Beweis für die Existenz Jesus Christus oder gar für die rätselhafte und umstrittene Auferstehung werden? Wie würde man dastehen, wenn sich herausstellte, dass ein mittelalterlicher Künstler der Hersteller des Bildes war?

Beinahe ein halbes Jahr lang sahen nicht nur Vertreter der Kirche der Bekanntgabe des Testergebnisses mit gemischten Gefühlen entgegen; rings um den Globus wurde mit Spannung die Antwort erwartet auf die Frage: Ist das Turiner Grabtuch das echte Leichentuch Christi - oder eine Fälschung?

Während in Tucson, Arizona, der Test durchgeführt wurde, hatten sich einige hochkarätige amerikanische Wissenschaftler, die 1978 eine Untersuchung am Originaltuch hatten durchführen dürfen, um einen Swimmingpool versammelt, wo untereinander Wetten um das Alter der Reliquie abgeschlossen wurden. Robert Dinegar, ein Wissenschaftler vom Los Alamos National Laboratory, meinte zu

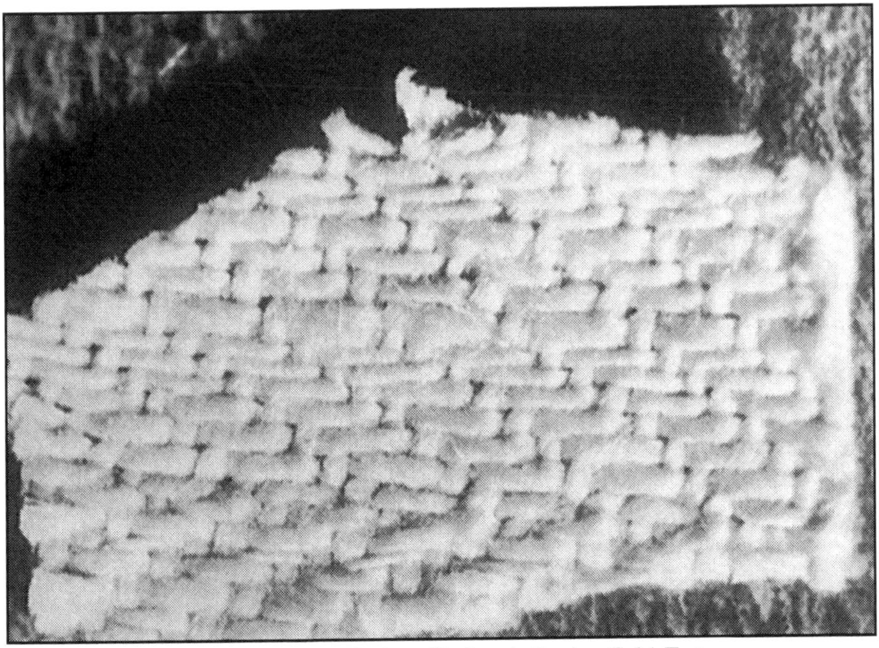

*Probestück vom Turiner Grabtuch für den C-14-Test.*

*Dr. Hedges beim C-14-Test in Oxford.*

einem anwesenden Reporter: „Ich habe ein gutes Gefühl dafür, dass das Turiner Grabtuch sich als das erweisen wird, als was es bisher erschien.“ Er wettete auf das erste Jahrhundert als Entstehungsalter des Objektes. „Ich denke“, so Dinegar weiter, „es wäre phantastisch, wenn sich herausstellen sollte, dass das Leinentuch, das ich berührte, das Grabtuch unseres Herrn und Erlösers ist; doch falls sich das Grabtuch als jünger erweisen sollte, wäre mein Leben auch nicht ruiniert... Ich schätze mich glücklich genug, an diesem faszinierenden Forschungsprojekt teilgenommen zu haben.“ Ein Forscher von der University of Arizona, Timothy Linick, sprach aus, was viele dachten: „Falls wir es 2000 Jahre zurückdatieren können, lässt dies Ergebnis immer noch Raum zum Diskutieren. Es würde das richtige Alter sein. Doch ist es auch der richtige Gegenstand?“

Und dann, am 14. Oktober 1988, platzte die Bombe. Auf der Pressekonferenz in London wurde das Ergebnis der Altersbestimmung verkündet: „1260 - 1390!“ (Auch das Ausrufezeichen stand auf der Tafel!) Das Turiner Grabtuch war als ein mittelalterlicher Gegenstand entlarvt worden! Die Sensation war perfekt, und die Presse verkündete vielfach und eifrig allerorten das „endgültige Todesurteil“ für diese Reliquie.

Kardinal Ballestrero meinte zu diesem Testergebnis lakonisch: „Die Wissenschaft hat gesprochen!“ Mit verdächtig perfektem Timing erschien pünktlich zur Pressekonferenz in London das Buch des Autors David Sox mit dem Titel: „Das entlarvte Grabtuch - die größte Fälschung aller Zeiten.“ - David Sox war ein Vertrauter von Dr. Tite, dem Leiter dieses Radiokarbontests, und so überrascht es nicht, dass sein Buch bereits vor der öffentlichen Verkündigung des Ergebnisses fertig gedruckt vorlag.

Die britische Zeitung „Independent“ vom 14. Oktober 1988 ließ es sich nicht nehmen, in Zusammenhang mit der „entlarvten Fälschung“ auf kuriose - und trotzdem verehrte - Reliquien hinzuweisen wie die Feder vom Flügel des Erzengels Gabriel, den letzten Atemzug des biblischen Joseph und die mehrfachen Häupter des Johannes des Täufers.

*Professor Wölfli in Zürich vor dem C-14-Test, vor ihm die 3 Proben in Metallhülsen.*

*14.10.1988: Pressekonferenz in London zur Bekanntgabe des Ergebnisses des Radiokarbontests. Prof. Hall, Dr. M. Tite, Dr. R. Hedges (v.l.n.r.)*

Am 15. Februar 1989 hielt Prof. Hall, der Leiter des Oxforder Laboratoriums, das am Test beteiligt war, in London einen Vortrag am Britischen Museum, in dem er vehement das erhaltene Testergebnis verteidigte. Alle Wissenschaftler, so sagte er, die das Turiner Grabtuch nicht als „Fälschung“ akzeptierten, seien voreingenommen. Wer die Echtheit des Turiner Grabtuches vertrete, sei pathologisch; und wer sich gegen die Karbondatierung wende, den werde er „totschießen“! Als er persönlich am 21. April 1988 bei der Probenentnahme in Turin das Tuch zum ersten Mal gesehen habe, da habe er „sofort“ gesehen, dass es „zu gut sei, um wahr zu sein“!

Das waren freilich harte Worte. Knallhart wurde hier im Vortrag von „Fake“ - Fälschung - geredet, die Zuhörer wurden mit Polemik bombadiert und vor anscheinend unumstößliche Tatsachen gestellt. - Noch dazu hatte das Britische Museum in perfektem Timing zeitgleich mit Halls Vortrag eine große Ausstellung arrangiert unter dem Motto. „Fake - The Art of Deception“ (Fäschung - Die Kunst der Täuschung). Gleich am Eingang prangte eine Abbildung des Turiner Grabtuches in Originalgröße und leitete den Gang der Besucher ein entlang an Objekten und Darstellungen von Artefakten wie dem berühmten Piltdown-Man, dem Yeti, dem Ungeheuer von Loch Ness usw.

Ganz anders die Reaktion der Kirche in Turin. Professor Gonella ließ verlauten, dass das Turiner Grabtuch auch weiterhin als „Ikone“ verehrt werden dürfe. Schon am 10. Oktober, vier Tage vor der Pressekonferenz in London, hatte Prof. Gonella in einem „Spiegel“-Interview verraten, dass das Turiner Grabtuch als ein mittelalterliches Kunstwerk klassifiziert worden sei. Der Reporter fragte Gonella: „Ist die katholische Kirche durch die neue Datierung des Turiner Grabtuches ärmer geworden?“ -„Keineswegs“, antwortete Gonella. „Aber wir fühlen uns in eine denkbar unangenehme Lage versetzt: Man hat uns angeklagt, Dinge zu verzögern, Daten zu manipulieren. Es heißt, das Tuch sei eine Fälschung, und so haben es auch die Wissenschaftler ausgedrückt. Diese Bezeichnung hat mich sehr verblüfft, denn ‚Fälschung’ ist ein Schimpfwort: Es wird unterstellt, dass jemand mit dem Grabtuch die Christenheit bewusst betrügen wollte. Aber es ist ebenso möglich, dass ein Künstler etwas ganz besonderes schaffen wollte. Es könnte auch sein, dass das Bild auf einer Person entstanden ist, die wie Christus umgebracht worden ist." - „Aber die Legende", so der SPIEGEL-Reporter, „es handele sich um das Grabtuch Christi, ist nun aus der Welt..." - Prof. Gonella: „Die Wissenschaft hat uns gesagt, dass es mit hoher Wahrscheinlichkeit das Leichentuch Christi sei. Jetzt behauptet die Wissenschaft, dass es dies nicht sein könne - gut: Was bleibt, ist die Tatsache, dass das Tuch mit Sicherheit eine große Ikone der Passion ist, ob es nun von Christi Leichnam selbst oder von einem anderen Gekreuzigten stammt. Die Untersuchungsergebnisse nehmen dem Tuch jedenfalls nichts von seiner Faszination."

Während man also auf kirchlicher Seite zu retten versuchte, was noch zu retten ist, war auf Seiten der weltlichen Presse das Thema Turiner Grabtuch mit einem Mal sozusagen „out". Der Zeitschrift „National Geographic" in den USA beispielsweise war im Februar 1989 dieses Objekt nur noch eine kurze Spalte wert, im Gegensatz zu einem Artikel des Juni 1980, wo das Turiner Grabtuch auf ganzen 24 Seiten mit zahlreichen Farbfotos sowie zwei Faltseiten präsentiert worden war.

Ein Schlag ins Gesicht sämtlicher Wissenschaftler und Grabtuchforscher war die überhebliche Behauptung Dr. Tite's, die er am 21. September 1989 in einem Radiointerview in Paris verlauten ließ: Ein Radiokarbontest sei „die einzige Methode, die wissenschaftliche Daten liefert. Schlussfolgerungen aufgrund anderer Daten sind keine harten Fakten."

Das Turiner Grabtuch - die größte Fälschung aller Zeiten?

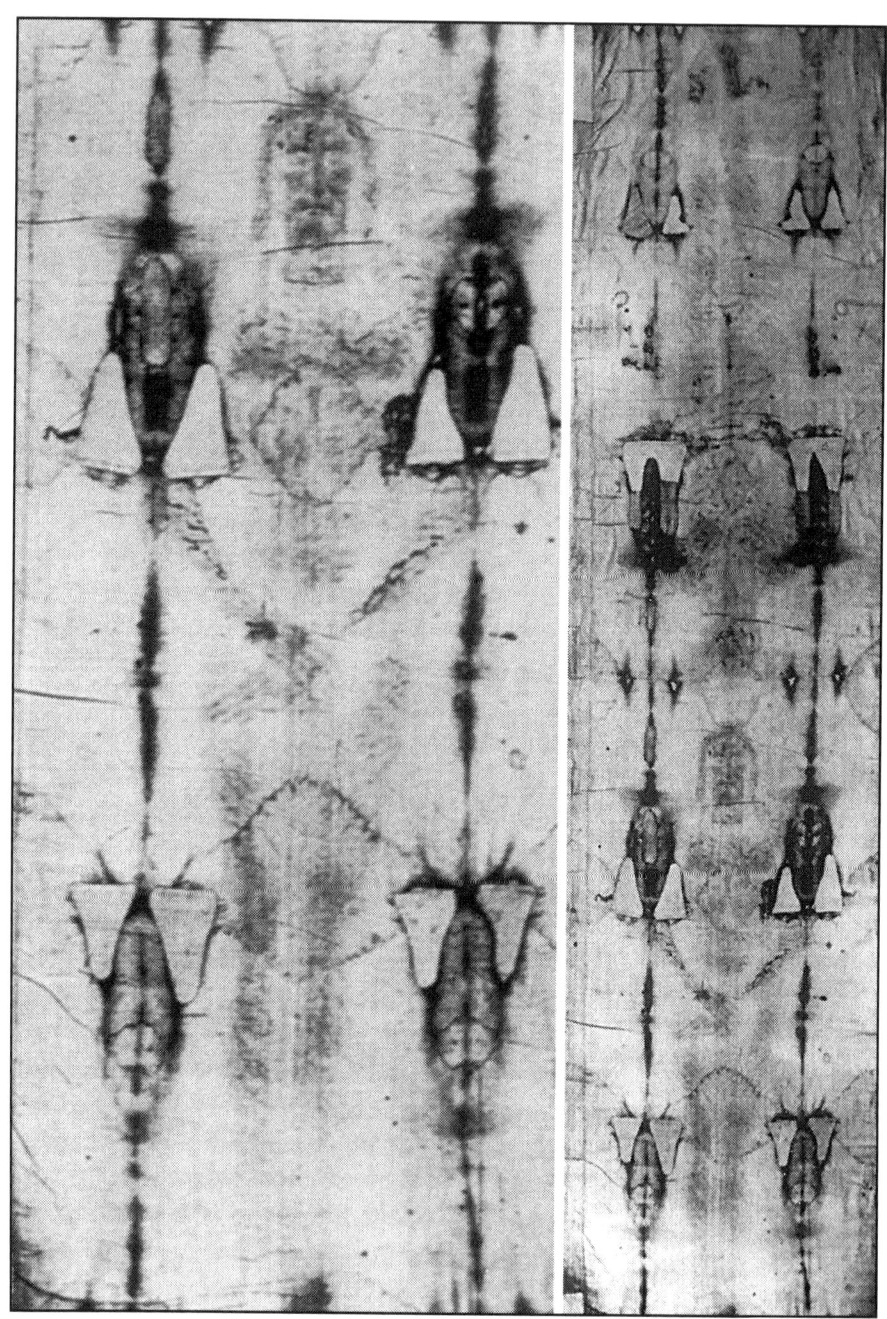

*Turiner Grabtuch - links Ausschnitt, rechts volle Ansicht.*

## *Kritik und Zweifel*

Seit der öffentlichen Bekanntgabe des Testergebnisses der Altersbestimmung haben die zahlreichen Grabtuchforscher immer wieder darauf hingewiesen, dass die Veranstalter des Radiokarbontests völlig einseitig an diese rätselhafte Reliquie herantraten, indem sie die bisherigen Ergebnisse der Grabtuchforschung einfach ignorierten und übersahen, als existierten sie überhaupt nicht. Die Frage nach den Ursachen für den Widerspruch zum Ergebnis aus Geschichtsforschung, Pollenanalyse, maltechnischer Undurchführbarkeit und vieles mehr, wurde erst gar nicht gestellt, anderslautende Forschungsergebnisse einfach unter den Tisch gekehrt. Ein solches Vorgehen widerspricht jedoch den elementaren Grundsätzen wissenschaftlicher Redlichkeit.

Ganz allgemein wiesen Grabtuchforscher und andere Wissenschaftler darauf hin, dass eine Altersbestimmung durch einen Radiokarbontest nicht unfehlbar sei. Das Testergebnis kann durch vielerlei Faktoren beeinflusst oder verfälscht werden. Beim Turiner Grabtuch kämen gleich mehrere Ursachen für eine Ergebnisbeeinträchtigung in Frage.

Da wäre an erster Stelle zu denken an den Brand im 16. Jahrhundert. Wir wissen heute, dass das Grabtuch irgendwann in der Zeit zwischen 1204 und 1357 nach Frankreich gelangte, wo es am 13. September 1452 in den Besitz der Herzöge von Savoyen überging. Diese bewahrten die kostbare Reliquie auf in der Schlosskapelle von Chambery. In der Nacht vom 3. zum 4. Dezember 1532 brach dort, als kein Wächter da war, im Chorgestühl ein Feuer aus, was zu einem großen Brand in der Kapelle führte, bei dem der Ratsherr Philippe Lambert, der Bürger Guglielmo Pussod und zwei Franziskanermönche den Silberschrein, in dem man das Grabtuch aufbewahrte, eben noch rechtzeitig in Sicherheit bringen konnten. Die vier Männer drangen beherzt in die lichterloh brennende Kapelle ein, verschafften sich Zugang zur Reliquiennische und retteten den silbernen Kasten mit dem überaus kostbaren Inhalt nach draußen. Eine Ecke dieses Schreins, in dem das Tuch zusammengefaltet lag, war bereits geschmolzen und hatte Löcher in das Tuch gebrannt, und heißes Löschwasser hatte das Leinen durchtränkt. Bis heute kann man die Schäden, die das Grabtuch damals davontrug, deutlich sehen: das schmelzende Silber hatte, bedingt durch die Zusammenfaltung des Tuches, Löcher in auffälliger Symmetrie hinterlassen, die zwei Jahre später mit Leinenflicken überdeckt wurden.

Erst kürzlich präsentierte der Physiker Keith Propp ein mathematisches Modell, das zeigt, wie erhöhte Temperaturen Leinen mit Carbon-14-Partikeln anreichern können, was zur Verfälschung von Altersbestimmungen führe.

Auch der international anerkannte Professor für physikalische Chemie, Max Thürkauf, der u.a. als Entdecker des in der Atomforschung wichtigen „Schweren Wassers“ ausgezeichnet wurde, behauptete, es sei erwiesen, dass Leinenfasern in der Hitze mit Wasser und $CO_2$ aus der Luft zu reagieren vermögen. Dabei kann sich der C-14-Anteil in den Fasern dem Gehalt des C-14 in der Atmosphäre des Brandjahres 1532 angeglichen haben, so dass eine Altersbestimmung verfälscht wurde.

Dies wurde auch experimentell überprüft. Dimitri Kuznetsov, Biochemiker, Lenin-Preisträger und Leiter des Moskauer Sedov-Biopolymer-Labors, suchte nach möglichen Ursachen, die eine Datierung von besonders schwierigen archäologischen Funden - wie alte Stoffe - beim Radiokarbontest verfälschen können. Anfang der 1990er Jahre hörte der Wissenschaftler vom Turiner Grabtuch und der umstrittenen Radiokarbondatierung, und er erfuhr auch von dem Brand im Jahr 1532, bei dem das Grabtuch zusammengefaltet in einem geschlossenen Silberschrein gelegen hatte. Kuznetsov informierte sich weiter und erfuhr, dass der mit Zinn verschweißte Silberkasten innen mit Holz verkleidet und mit Seide ausgeschlagen gewesen war. „Das bedeutet“, so argumentierte Kuznetsov, „dass bei der enormen Hitze sich die Moleküle des Leinens mit denen von Silber, Zinn und auch Holz und Seide vermischt haben, die doch viel jünger sind als die des Grabtuches....

Bereits bei Temperaturen von nur 300 Grad findet zwischen den Materialien ein bedeutsamer Isotopenaustausch statt. Wer weiß, was sich in jener Ecke abgespielt hat, wo die Temperaturen so hoch waren, dass sie das Silber zum Schmelzen gebracht haben?" Durch die Öffnung des geschmolzenen Silbers konnten auch an entferntere Stellen des Grabtuches sehr heiße Dämpfe des Wassers dringen, das zum Löschen des Brandes verwendet wurde. In dieses Wärmebad waren das Grabtuch und die unterschiedlichen Materialien des Behälters mindestens bis zur Bergung und Öffnung des Kastens eingetaucht. „Dies hat", so behauptete Kuznetsov, „die in dem Grabtuch vorhandene Menge an Radiokohlenstoff erhöht."

Kuznetsov nahm sich vor, dies experimentell nachzuprüfen und initiierte das „Fire Simulating Model", bei dem dieselben Bedingungen geschaffen werden sollten, wie beim Brand von 1532 in Chambery. Das israelische Amt für Altertümer bot Muster von kostbaren judäischen Grableinen an, die aus dem Zeitraum zwischen 200 v.Chr. bis 30 n.Chr. stammten, und die in Mo'ah und En Gede gefunden worden waren. Ein Muster wurde ausgewählt und vom AMS-Labor in Tucson auf die Zeit zwischen 100 v.Chr. bis 100 n.Chr. datiert. Daraufhin wurde anhand der historischen Texte, der Brandstellen auf dem Turiner Grabtuch und der Untersuchungen, die der Thermo-Physiker Ray Rogers gemacht hatte, eine „Versuchsumgebung" geschaffen, die dieselben physikalisch-chemischen Bedingungen aufwies, wie sie beim Brand von 1532 geherrscht hatten. Technisch unterstützt wurde dies Experiment außerdem von Oberst Sahzin von der Moskauer Militärakademie, Abteilung Wärmeschutz. Nach Ende des Experimentes wurde das Mustertuch erneut einer Radiokarbondatierung unterzogen, und es zeigte sich, dass Kuznetsov's Vermutung ins Schwarze getroffen hatte: das simulierte Wärmebad hatte eine große Fremdmenge an Radiokarbon-Atomen veranlasst, sich in die Zellulosestruktur des alten judäischen Leinens einzufügen. Das Leinen erschien nun um viele Jahrhunderte jünger! Für Kuznetsov stand fest: die Radiokarbondatierung des Turiner Grabtuches hatte sehr wahrscheinlich zu einem falschen Ergebnis geführt.

John Tyrer wies 1989 in der Zeitschrift „Shroud Spectrum International" darauf hin, dass das heiße Löschwasser zu einer Ergebnisverfälschung geführt haben könnte, obwohl der Teststreifen vom Grabtuch von einer nicht direkt betroffenen Stelle stammte. Es müsse sich aber Kapillarfluss in die Webstruktur der anschließenden Stoffregionen ereignet haben; das Stück für den C-14-Test wurde von einer Stelle entnommen in der unmittelbaren Nachbarschaft der Löcher, die durch das schmelzende Silber verursacht worden waren.

Bereits etwa drei Wochen nach Bekanntgabe des Testergebnisses schlugen Teilnehmer eines Meetings des Centro Internationale di Sindonologia (Internationales Zentrum für Grabtuchforschung) in Turin alternative Datierungsmethoden vor und argwöhnten Ergebnisbeeinträchtigung durch den Brand von 1532 sowie mögliche Verfälschung des Radiokarbontests durch Verschmutzungen am Tuch.

Tatsache ist, dass das Teststück für die Altersbestimmung aus einem am stärksten verschmutzten Bereich des Tuches herausgenommen wurde. Jahrhundertelang wurde die Reliquie angefasst, geküsst, beräuchert und immer wieder an der freien Luft ausgestellt. „Es ist daher eine Illusion", so der Grabtuchforscher Luigi Fossati, „zu glauben, dass das Leinen total unverändert blieb in seiner Original-Struktur."

Einerseits versicherten die Radiokarbon-Experten, dass diese Verunreinigungen sich nicht auf das Endergebnis auswirken könnten, andererseits behauptete Prof. Wölfli, der Leiter des Züricher Laboratoriums, dass sein Teststück „nicht messbar verunreinigt" gewesen sei. Das sind widersprüchliche Aussagen. Das gesamte Teststück war von Prof. Riggi in unmittelbarer Nähe der sogenannten „Raes-Ecke" entnommen worden, wie wir schon hörten. Professor Raes bezeugte seine Tuchprobe damals als „stark verschmutzt". Die Stelle, von der dann im April 1988 der Streifen für den C-14-Test herausgeschnitten wurde, war jedoch für jeden sichtbar gründlich verunreinigt. Gerade an dieser Ecke und weiteren wurde das Tuch durch Jahrhunderte hinweg bei Ausstellungen mit bloßen Händen gehalten, wie auf alten zeitgenössischen

*Brandflecken auf dem Turiner Grabtuch vom Brand 1532*

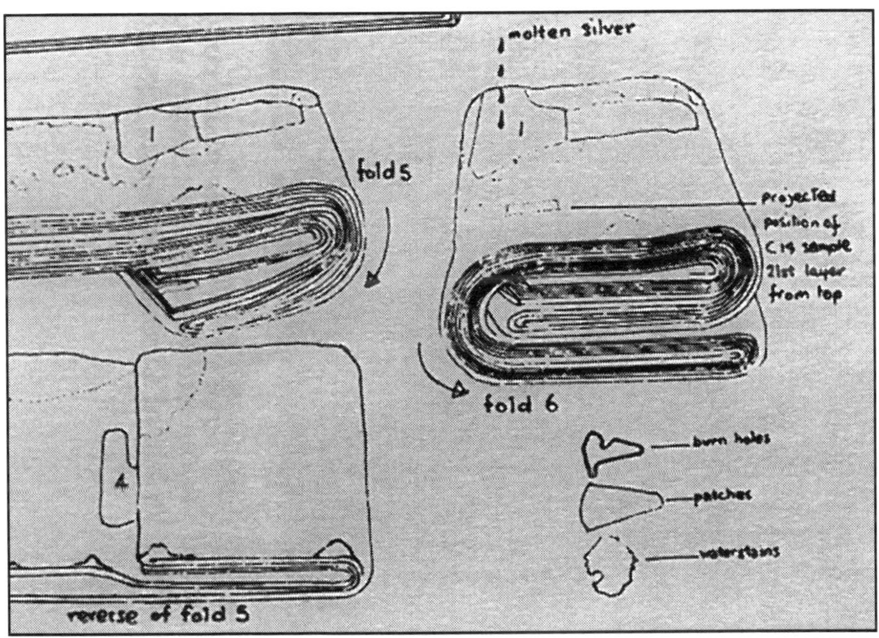


*Lage des Tuches während des Brandes 1532 mit Angabe der Brandflecken und der Stelle der Probenentnahme von 1988 (Rechteck)*

Darstellungen zu sehen ist. So halten auf einer Abbildung von 1578 elf Bischöfe das Tuch am oberen Rand mit bloßen Händen. Hitze, Schweiß, Ruß von Fackeln und Kerzen haben immer wieder auf das Tuch eingewirkt. Trotzdem redeten die Radiokarbon-Laboratorien von nicht verschmutzten Tuchstücken!

Natürlich wissen wir nicht genau, wann und wie oft und von wem diese verehrte Reliquie betastet, gehalten, befingert, geküsst und beräuchert wurde in den vergangenen Jahrhunderten. Wir wissen aber ziemlich gut darüber bescheid, was mit dem Grabtuch vor ca. hundert Jahren bei der Ausstellung von 1898 gemacht wurde. Bereits vor Beginn der öffentlichen Ausstellung, nach dem Herausholen der Reliquie aus ihrem silbernen Schrein, wurde das Tuch im Rahmen einer langatmigen Zeremonie nicht nur betastet, sondern von zahlreichen Ehrenteilnehmern mit den Lippen berührt, die dies als „Akt der Huldigung" ausführten. Prinzessinnen, Herzoginnen, ein Prinz, Kleriker, Erzbischöfe, Bischöfe, Sekretäre und Kapläne des königlich-italicnischen Hofes trugen inbrünstig das Ihrige zur allgemeinen Tuchverschmutzung bei. Prinzessin Clothilde, die Schwester des Königs, kniete ergriffen eine ganze Zeit lang vor der Reliquie und vergoss salzige Tränen der Rührung und Ergriffenheit auf das kostbare Tuch.

Bei der dann folgenden Messe zur Eröffnung der Ausstellung, bei der die Besucher sogar noch die angrenzende Piazza S. Giovanni dicht an dicht füllten, erklang nach dem Chorgesang die laute Stimme eines Priesters vom Hochaltar her, der verkündete: Jedem, der es wagen sollte, das Tuch zu berühren, werde Exkommunikation angedroht. Selbst wenn dies in einer Aufwallung übermäßiger Frömmigkeit geschehe, so der Priester, könne es die Täter nicht vor der Strafe retten!

Nun, das menschliche Wesen ist uns bekannt genug, um zu wissen, dass, wenn der fromme Geist auch noch so stark ist, das von Neugier gepeinigte Fleisch allzuleicht schwach wird. Erst recht, wenn die heimlich greifende Hand einem Angehörigen der großen Masse des frommen Volkes angehört, die heilige Reliquien für wundertätig hält, deren Wunderkraft man durch Berühren der Reliquie auf sich übertragen könne.

Geben wir es zu: das Grabtuch wurde in all den Jahrhunderten seiner Existenz so oft befingert und berührt, dass von einem unbeschmutzten Gegenstand ganz sicher nicht die Rede sein kann.

Prof. Wölfli hatte in Zürich vergleichsweise ein 50 Jahre altes Tischtuch seiner Schwiegermutter getestet. Der Radiokarbontest ergab das siebenfache Alter: 350 Jahre. Prof. Wölfli erklärte in einem Brief an den Grabtuchforscher Werner Bulst die Differenz durch die Verwendung von Waschmitteln beim Tischtuch.

Auch das Turiner Grabtuch wurde eventuell bereits früh mit Waschlauge bearbeitet, wie wir aus einem Dokument des Antoine Lalaing aus dem Jahr 1503 wissen. Trotzdem pries Dr. Tite die C-14-Methode als einziges zuverlässiges Mittel zur Altersbestimmung!?

Und noch eine andere Art der „Verschmutzung" könnte das Ergebnis der Altersbestimmung verfälscht haben: das Vorhandensein von jüngeren Fasern im Tuch. Das Durchschnittsgewicht des Grabtuchgewichtes liegt bei 20 bis 23 Milligramm pro Quadratzentimeter. Das Gewicht pro Quadratzentimeter der Probestücke betrug jedoch mehr als 42 Milligramm. Das Durchschnittsgewicht des Originalgewebes wurde einmal von den Textilexperten Prof. Raes und Prof. Timossi im Technologielabor für Gewebe der Universität Genf, und später, 1978, von R. A. Morris, einem Wissenschaftler der Gruppe Shroud of Turin Research Project, berechnet. Die beiden Ergebnisse stimmten so gut wie überein: 23 bis 25 Milligramm. Selbstverständlich muss man dabei berücksichtigen, dass das Gewebe, da manuell hergestellt, leichte Unregelmäßigkeiten aufweist; die Wissenschaftler waren sich aber darin einig, dass man dem gemessenen Wert höchstens eine Toleranz von 10% hinzufügen kann. Bei der Probenentnahme beschnitt Riggi das Gewebestreifchen auf eine Fläche von 7 Quadratzentimeter. Da die Probenentnahme - mit Ausnahme der leidigen „Geheimoperation" - vollständig dokumentiert wurde, wissen wir, dass dies abgeschnittene Stück Gewebe beim Wiegen 42,85 Milligramm pro Quadratzentimeter ergab. Damit wog also das Originalstück für den Radiokarbontest pro Quadratzentimeter 17,85 Milligramm mehr als der zuvor von verschiedener Seite ermittelte Durchschnittswert. Die Erklärung für diese Diskrepanz ist recht einfach: das Probestück muss in seinem Originalgewebe zusätzlich zu seinem Eigengewicht noch eine sehr große Menge an fremdem Textilmaterial mit sich führen. Dieses Fremdmaterial dürfte aus den im Laufe mehrerer Jahrhunderte durchgeführten Ausbesserungen stammen.

Man hat auf dem Grabtuch eine enorme Vielfalt an Ausbesserungs- und Restaurierungsstichen identifiziert, so auch verschiedene Stopfstellen in der kunstvollen Technik der „verlorenen Stopfe“. Dabei fügen sich die Fäden ohne Knoten so in die Kett- und Schussfäden ein, dass sie im Gewebe nicht zu sehen sind und sich dort förmlich „verlieren“. Das Probestück wurde nun unglücklicherweise gerade von einer Stelle genommen, die im Laufe der Jahrhunderte sehr gelitten haben muss; an dieser oberen Längsseite - mit den beiden Körperhälften zur versammelten Menge hin - wurde das Grabtuch oft und immer wieder von bloßen Händen hochgehalten: ohne Schutz und immer wieder an fast denselben Stellen. Immer wieder musste gerade dieser obere Tuchrand ausgebessert werden, der sich im Laufe der Jahrhunderte wie der Rand eines alten Teppichs buchstäblich fast aufgelöst hatte.

1976 veröffentlichte Riccardo Gervasio eine eingehende Untersuchung über die Ausbesserungen und Restaurierungen des Grabtuches und identifizierte am oberen Randbereich Flicken, Stiche und Ausbesserungsarbeiten aus dem Mittelalter, die diesem Rand Halt geben und ihn teilweise ersetzen mussten. 1978 wurden von amerikanischen Wissenschaftlern Röntgenaufnahmen des Turiner Grabtuches gemacht, wobei festgestellt wurde, dass das Gewebe, besonders in den Randbereichen, bemerkenswert uneinheitlich ist. Neben Stellen mit geringer Dichte gab es Stellen mit hoher Gewebedichte, die stark ausgebessert waren.

Es spricht also keineswegs für die Zuverlässigkeit des C-14-Testergebnisses, dass der Probestreifen gerade von einer solchen Randzone entnommen wurde. Wenn man die zahlreichen Ausbesserungen und die großen Widersprüche bei den Gewichten be-

*Beispiele von Grabtuch-Ausstellungen, in denen die Reliquie angefasst wurde und so Verschmutzungen ausgesetzt gewesen sein muss:*

*oben: Ausstellung um 1559 in einer Miniatur, unten: Ausstellung 1578*

*Ausstellung des Turiner Grabtuches im Mittelalter*

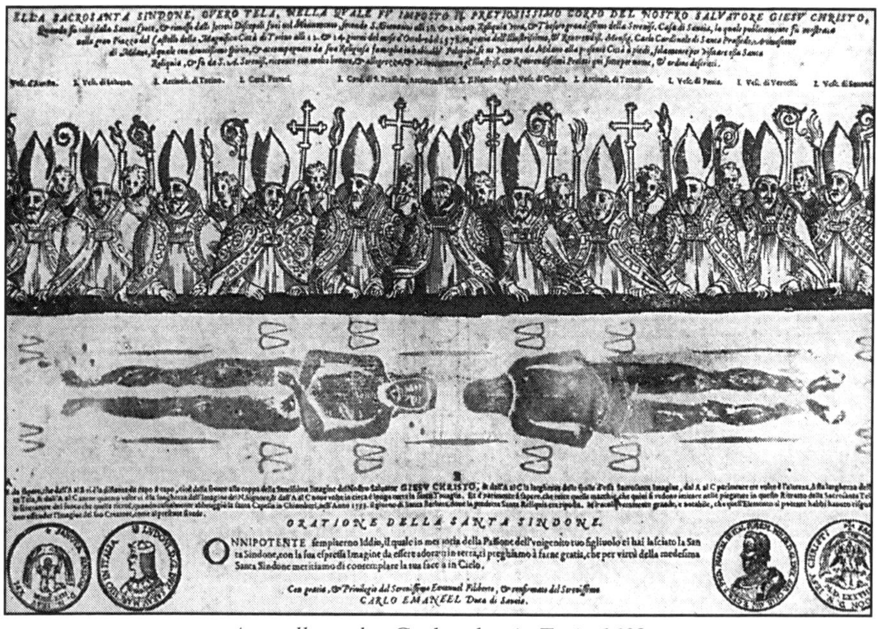


*Ausstellung des Grabtuches in Turin 1608*

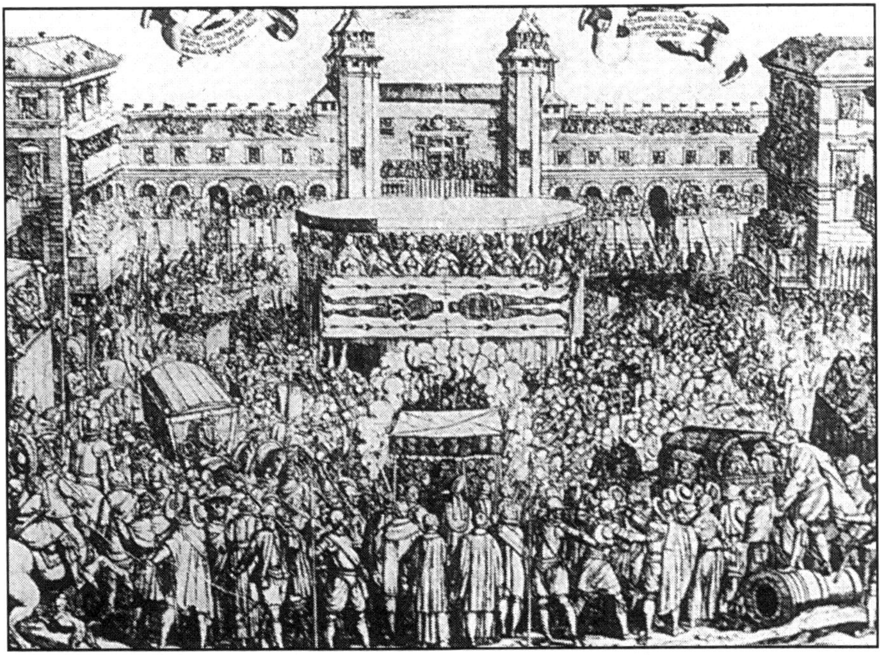

*Ausstellung des Grabtuches in Turin 1613*

*Ausstellung des Turiner Grabtuches 1933*

rücksichtigt, kann man vermuten, dass in den Probestücken in den C-14-Labors sehr unregelmäßig verteilt fremde, unbestimmte Textilmaterialien vorhanden waren. Erst das 21. Jahrhundert sollte eine Anzahl von Beweisen dafür erbringen, dass das C-14-Probenstück denkbar ungeeignet gewesen war für die Altersbestimmung, doch davon mehr in einem späteren Kapitel dieses Buches.

Des weiteren könnte im Tuch enthaltene Mikrofauna das C-14-Ergebnis verfälscht haben. Auf einem Symposium der Grabtuchforscher 1993 in Rom wiesen der Chemiker Dr. Alan Adler und der Physiker Larry A. Schwalbe darauf hin, dass man bei Elektronen-Mikroskop-Untersuchungen in Staubproben vom Grabtuch einige Milben-Spezies identifiziert habe, die sich ihrer Meinung nach möglicherweise verfälschend auf den Radiokarbontest ausgewirkt haben könnten. - Es gibt noch weitere Gründe für die Kritik am Ergebnis der Altersbestimmung. Könnten die äußeren Umstände der High Tech-Untersuchungen, die im Jahr 1978 am Originaltuch durchgeführt wurden, die C-14-Werte beeinflusst haben? In 120 aufeinanderfolgenden Stunden wurde damals das Tuch mit einem Bombardement von elektrischer Strahlung, Röntgenstrahlung, UV-Licht und noch viel mehr traktiert.

Und zuguterletzt stellt sich noch dazu die Frage, ob nicht die unbekannte Bildentstehungsursache bereits eine spätere Altersbestimmung unmöglich gemacht haben könnte. Einige Grabtuchforscher denken in diesem Zusammenhang sogar an einen Vorgang, der vor 2000 Jahren im Grab Christi stattgefunden haben soll: die sogenannte Auferstehung. So behauptete Thomas J. Phillips, ein Hochenergie-Physiker an der Universität von Harvard, dass der C-14-Gehalt des Tuches sich verändert haben könnte durch eine hypothetische Neutronenstrahlung im Augenblick der „Auferstehung“. Die gleiche Vermutung äußerte der Naturwissenschaftler Prof. Eberhard Lindner auf dem Pariser Symposium von 1989.

Dies alles zeigt deutlich, wie berechtigt die Zweifel der Grabtuchforscher sind am Ergebnis der Altersbestimmung. Dazu kommen erschwerend noch Zweifel an der Korrektheit bei der Durchführung des Tests.

Wir hörten bereits von dem vielfach als „Geheimoperation" beschimpften Vorgang bei der Probenentnahme im April 1988 in Turin. Das Verschwinden von Dr. Tite und Kardinal Ballestrero hinter verschlossene Türen während des Verpackens der Probestücke vom Grabtuch bot Anlass für mancherlei Spekulationen. Weder Zeugen konnten den beiden auf die Hände schauen bei der Aktion, noch wurde der Vorgang durch Kameras dokumentiert. Was dort im separaten Raum geschah, wissen wir nur aus dem mündlichen Bericht der beiden Männer. Sie wollen dort die einzelnen Probestücke in Aluminiumfolie gehüllt und dann in drei vorbereitete Metallhülsen gesteckt haben. Das gleiche soll mit je zwei weiteren Textilstücken gleicher Größe geschehen sein, den Kontrollstücken für den Blindtest. Das Verschwinden der beiden Männer im angrenzenden Raum geschah entgegen vorheriger Vereinbarungen, und zahlreiche Grabtuchforscher ärgerten sich über diesen Akt in strengster Abgeschiedenheit. Waren es überhaupt, so fragte sich so mancher, dieselben Stücke Stoff in Turin und später in den drei Laboratorien? Werner Bulst sprach offen aus, was auch andere Grabtuchforscher nach intensiven Recherchen argwöhnten: „Die kritische Prüfung des Radiokarbontests lässt keinen Zweifel: Es waren offenbar nicht die dem Turiner Grabtuch am 21. April 1988 entnommenen Probestücke getestet worden. Es müssen untergeschobene Textilstücke gewesen sein."

In der Tat wäre die Vertauschung der echten Stücke gegen andere leicht durchführbar gewesen. Wurden wirklich die richtigen Proben getestet? Zu denken geben einige Widersprüche in den Angaben über die Teststücke in Turin und in den drei Laboratorien.

In Zürich wich das Gewicht des Grabtuchstückes ab von dem Wert, der bei der Probenentnahme in Turin notiert wurde. Als die Teststücke in Zürich auf einer Hochpräzisionswaage durch Prof. Wölfli auf ihr Gewicht überprüft wurden, zeigten die sogenannten Blindproben exakt die gleichen Werte wie in Turin, während sich die Probe vom Grabtuch als etwas leichter erwies. „Flüssigkeitsverlust während des Fluges nach Zürich", so vermutete jemand im Labor.

Auch im Testergebnis gab es eine Abweichung. In Oxford ergab sich für das Grabtuch-Teststück ein um etwa 100 Jahre höheres

„Karbonalter", als in Zürich oder Tucson. Bei der Angabe der Kalenderdaten, die allein für Nichtexperten interessant sind, kommt das nicht zum Ausdruck. Während der Londoner Pressekonferenz wurde diese Abweichung jedenfalls mit keinem Wort erwähnt. - Die Widersprüche in den Angaben über den Verschmutzungsgrad bei den Teststücken wurden ja bereits erwähnt.

Die Möglichkeit der „vertauschten" Probestücke geht auch aus einer Aussage von Dr. Raes hervor, die er in einem am 2. Januar 1989 angefertigten Gutachten machte. In diesem Gutachten legte er die Ergebnisse nieder eines Vergleiches der Fotos der Probe, die Dr. Wölfli in Zürich testete, mit der Stoffprobe, die er selbst 1973 entnommen hatte in unmittelbarer Nachbarschaft der C-14-Probe auf dem Grabtuch: „Ich hatte die Probe, die ich 1973 erhielt, mit den Fotos des Prof. Wölfli verglichen. Ich muss feststellen, dass das Erscheinungsbild ein ganz anderes ist; welche Erklärung gibt es für den Unterschied? Die Hauptdifferenz liegt in jedem Fall in der unterschiedlichen Anzahl der Fäden pro Zentimeter in Kett- und Schussrichtung... Ich finde keine Erklärung für diesen Unterschied und darf daraus schließen, dass die beiden Proben nicht vom selben Stück stammen können. Dies ist mein Eindruck beim Betrachten der Proben." - Die Fotos hatte Prof. Wölfli dem Autoren Holger Kersten anvertraut, der sie an Prof. Raes in Gent zur Begutachtung weiterreichte.

Grabtuchforscher kritisierten vor allem den sinnlosen und dann auch gar nicht durchgeführten „Blindtest". Wie bereits erwähnt erhielten die Vertreter der Test-Laboratorien je drei gleichartige versiegelte Behälter. Nur Dr. Tite und Kardinal Ballestrero - die beiden „Geheimoperateure" gewissermaßen - wollen gewusst haben, welcher Behälter welche Probe enthielt. Den Proben für die Laboratorien hatte ein Schreiben von Kardinal Ballestrero beigelegen, in dem es u.a. hieß, die Identität der Kontrollproben in den einzelnen Behältern sei in einem speziellen Notizbuch verzeichnet, das vertraulich aufbewahrt werde, bis der Radiokarbontest abgeschlossen sei. Die ursprüngliche Absicht der „Geheimoperation" war die gewesen, dass die Laboratoriums-Vertreter nicht sehen sollten, in welche Metallhülse die Grabtuchprobe gelegt wird. Die Messungen dieser und der beiden Kontrollproben von anderen Stoffen sollten sodann im Labor „blind" erfolgen, ohne zu wissen, welches Ergebnis das des Grabtuches sei.

Bei den beiden Kontrollproben handelte es sich im einen Fall um ein Stück Leinen aus einem Grab in Nubien aus dem 11./12. Jahrhundert, im anderen Fall um ein Stück Leinen aus einem Grab in Theben aus dem 2. Jahrhundert. Der Blindtest war jedoch völlig sinnlos, da in allen drei Instituten das Stück vom Turiner Grabtuch sofort an seiner einzigartigen Webart erkannt werden konnte. Das auffallende Fischgrätmuster - das bei keinem der Kontrollstücke gegeben war - war mit bloßem Auge auf den ersten Blick zu identifizieren. Prof. Wölfli witzelte in seinem Züricher Labor vor den Anwesenden, darunter auch ein BBC-Team: Alles, was man zur Identifizierung des Turiner Grabtuch-Probestückes benötige, sei ein Blick auf die Bilder im National Geographic! Eine der Turiner-Grabtuch-Proben enthielt sogar einen roten Seidenfaden vom Tuch, in dem die Reliquie eingerollt aufbewahrt wurde.

Chantal Dupont befragte am 21. September 1989 Dr. Tite in einem Interview für „Radio Courtoise" in Paris betreffs dieses Sachverhaltes: „Warum wurde der Blindtest nicht durchgeführt gemäß dem Protokoll?" Dr. Tite antwortete: „Wir beschlossen im Januar, dass wir lieber keinen Blindtest machen wollten, weil ein solcher nur durchgeführt werden kann durch Zerfaserung der Proben, und das macht es sehr viel schwieriger, sie zu reinigen. Die Entscheidung, auf den Blindtest zu verzichten, wurde in Turin getroffen beim Abschneiden des Teststückes. Dass Ballestrero und ich in einen separaten Raum gingen, das war völlig unnötig."

Es stellt sich einem hier unwillkürlich die Frage: Warum also überhaupt dann noch die Aktion „Geheimoperation"? War sie nötig, weil dort etwas geschah, bei dem man keine Zeugen haben wollte? Die Sache ist schon ein wenig merkwürdig.

Madame Dupont stellte Dr. Tite eine weitere Frage: „Warum waren die Laboratoriums-Vertreter bei der Probenentnahme anwesend?" - Dr. Tite: „Die Laboratoriums-Vertreter waren lediglich aus persönlichen Gründen anwesend, nur um beim Ereignis dabei zu sein." - Chantal Dupont: „Warum wurden die Laboratorien informiert über die Daten der Kontrollproben?" - „Es wäre in der Tat besser gewesen", so gab Dr. Tite zu, „wenn die Laboratorien die Daten nicht gekannt hätten. Falls ich den Test noch einmal durchführen würde, würde ich es anders machen."

Damit zumindest sprach Dr. Tite den meisten Grabtuchforschern aus der Seele, denn vielerorts wurde immer wieder in Bulletins, Vorträgen und Artikeln eine weitere Altersbestimmung gefordert. Diesmal solle der Test unter strenger Kontrolle stattfinden, unter einwandfreien Bedingungen und lückenlos dokumentiert. William Meacham, Archäologe an der Universität in Hongkong, schlug vor: „Wir müssten erst einmal fünf oder sechs Daten von verschiedenen Punkten des Tuches haben, bevor wir irgendetwas Endgültiges über das Radiokarbonalter sagen können."

Noch obskurer wird der 1988er Test durch eine unerwartete „Last-minute"-Probe. Am Tag der Probenentnahme in Turin wurde den Vertretern der Laboratorien noch ein viertes Kontrollstück übergeben, das auffallenderweise aus einzelnen Fäden bestand und für das kein Behältnis vorbereitet war. Das Übergabeprotokoll, unterschrieben von Dr. Tite und Kardinal Ballestrero, erwähnt diese Probe gar nicht. Die Fäden, die ein Prof. Evin überraschend aufgetrieben hatte, stammten vom Mantel des Hl. Louis d'Anjou, aus der Kapelle der Basilika S.Maximian in Var, Frankreich. Datiert waren sie auf 1290 - 1310, die Regierungszeit König Phillips IV. - Auch zu dieser „Last-minute"-Probe befragte Chantal Dupont im Radiointerview Dr. Tite: „Sie nahmen eine vierte Probe in einem Briefumschlag an. Warum stoppten sie nicht die Aktion?"

Dr. Tite: „Eine mittelalterliche Probe ist schwer zu finden. Es gab keine solche im Britischen Museum, die wir hätten auffasern dürfen. Ich fragte Vial, Evin, Wilson und andere. Als ich Turin erreichte, erfuhr ich, dass Evin einige mittelalterliche Fäden gefunden habe. Wir mussten eine schnelle Entscheidung treffen - es wäre unhöflich gewesen, sie abzulehnen... Sie wurden angenommen aus wissenschaftlichen Gründen und aus good will."

Geheimoperation, sinnloser Blindtest, Last-minute-Probe, Widersprüche in den Angaben über die Teststücke und im Testergebnis: kein Wunder, dass die große Mehrheit der Grabtuchforscher auf das Ergebnis der Altersbestimmung mit Zweifeln und Kritik reagierte. Werner Bulst brachte es auf den Punkt: Fast alle am C-14-Test Beteiligten ließen sich erhebliche Unkorrektheiten zuschulden kommen. Auf den auf die Pressekonferenz in London folgenden Symposien und Kongressen der Grabtuchforschung gab es äußerst wenig bis gar keine Zustimmung zum Ergebnis der Altersbestimmung.

Zum Kongress in Paris im September 1989 hatte man sogar die Vertreter der drei am Test beteiligten Laboratorien geladen; es kam - keiner! Die Mehrheit der Referenten dieser zwei Kongresstage sah nach wie vor im Turiner Grabtuch das Leichentuch eines Gekreuzigten; die „Fälschungstheorie“ Dr. Tite's wurde durchweg abgelehnt. Die vom Comite Scientifique des Kongresses verabschiedete amtliche Deklaration über die Durchführung des Radionkarbontests ist geradezu vernichtend. Marie Claire Osterwyck-Gastuche, eine Teilnehmerin, sagte es kurz und knapp: das Mittelalter-Ergebnis ist ein „technologischer Bluff“.

Vielfach wurde darauf hingewiesen, dass es noch immer keine Erklärung für die Entstehung des Tuchbildes und seine mysteriösen Bildmerkmale gebe. So sagte es auch Luigi Gonella im schon zitierten „Spiegel“-Interview: „Das echte Problem des Grabtuches ist nicht, zu wissen, ob es aus dem 1. Jahrhundert oder aus dem Mittelalter stammt, sondern zu begreifen, wie das Bild und die Blutflecken auf dem Tuch zustande gekommen sind... Die Abbildung ist nur entstanden durch die chemische Reaktion der Zellulose. Wie hätte man eine Oxidation auf jeder einzelnen Faser mit dicscr typischen Intesitäts-Verteilung herstellen können?... Die Datierung berührt das Geheimnis in keiner Weise. Ein ‚unmögliches Objekt‘ bleibt ein solches, gleichgültig, ob es nun mittelalterlicher Herkunft ist oder aus dem 1. Jahrhundert stammt.“ - Ähnlich wird der Sachverhalt auch ausgedrückt im Bulletin des Centro Internationale di Sindonologia vom Dezember 1988: „Das Rätsel bleibt; tatsächlich ist es jetzt noch größer!“

Kardinal Ballestrero, der 1988 nach dem Radiokarbontest die Reliquie als „Ikone aus dem Mittelalter“ bezeichnete, gab im September 1997 seinem Sekretär Guiseppe Caviglia ein Interview, das nicht nur in der Zeitschrift der Karmeliter veröffentlicht wurde, sondern auch in zahlreichen anderen Zeitschriften und Zeitungen erschien. In der „Welt“ konnte man am 5. September 1997 lesen, dass Ballestrero offensichtlich entgegen seiner früheren Meinung das Turiner Grabtuch nun für echt hielt! Er bemängelte die Durchführung des Radiokarbontests und bezweifelte die Richtigkeit des Ergebnisses. „Ich bin froh“, so sagte er zu Caviglia, „dass ich jene Studie in Auftrag gegeben habe, weil sich nun die Wissenschaft mit großer Ernsthaftigkeit und Verpflichtung für dieses ‚Mysterium’ interessieren muss. Die Partie ist noch nicht zu Ende. Ich denke instinktiv, dass das heilige Grabtuch authentisch ist, und inzwischen denke ich darüber nach, wie die Wissenschaft zu begreifen versucht, wie das möglich ist.“

Fassen wir noch einmal zusammen, was gegen eine Zustimmung zum Ergebnis der Altersbestimmung von 1988 spricht:
- Durchführung des Tests: Geheimoperation (Vertauschung der Proben möglich)
- Sinnloser Blindtest: Last-minute-Probe, Probenentnahme von lediglich einer Stelle des Grabtuches
- Widersprüche in den Angaben über die Teststücke: Verschmutzungsgrad, Gewicht, Testergebnis
- Testergebnis-Verfälschung möglich durch: Feuer und Löschwasser von 1532, Verschmutzungen im Tuch, Vermischung des Testgewebes mit jüngerem Fadenmaterial, Einflüsse der 1978er High Tech-Untersuchung,Entstehungsprozess des Körperbildes
- Radiokarbontest-Ergebnisse sind nicht unfehlbar
- Ignorieren anderslautender Ergebnisse aus hundert Jahren Grabtuchforschung

Wie alt ist nun also das Turiner Grabtuch? Ist es eine plumpe Fälschung, ist es das Werk eines mittelalterlichen Künstlers, oder ist es das authentische 2000 Jahre alte Grabtuch Jesu? Erst im 21.

Jahrhundert sollten neue Forschungsergebnisse zu aufsehenerregenden Erkenntnissen führen, wie spätere Kapitel dieses Buches zeigen werden.

Dabei ist nicht einmal das Alter dieses als Reliquie verehrten Gegenstandes das, was am meisten fasziniert und Rätsel aufgibt. Das fahle Körperbild auf dem alten Linnen und vor allem dessen noch immer unverstandener Entstehungsprozess haben schon ganze Generationen von Grabtuchforschern zur Verzweiflung gebracht. Nichts ist auf diesem Grabtuch so, wie man anfangs glaubte; statt dessen erbrachten hundert Jahre Forschung an diesem mysteriösen Objekt Ergebnisse, die alles in den Schatten stellen, was wir je über einen Gegenstand erfahren konnten. Dieser Gegenstand muss bei einem absolut phantastischen Ereignis dabei gewesen sein, einem Ereignis, das das blasse Bild eines zuvor dornengekrönten, gegeißelten und gekreuzigten Mannes auf das Linnen bannte mit Merkmalen, die beinahe unglaublich sind. Doch alles der Reihe nach; gehen wir zunächst einmal gut hundert Jahre in der Zeit zurück.

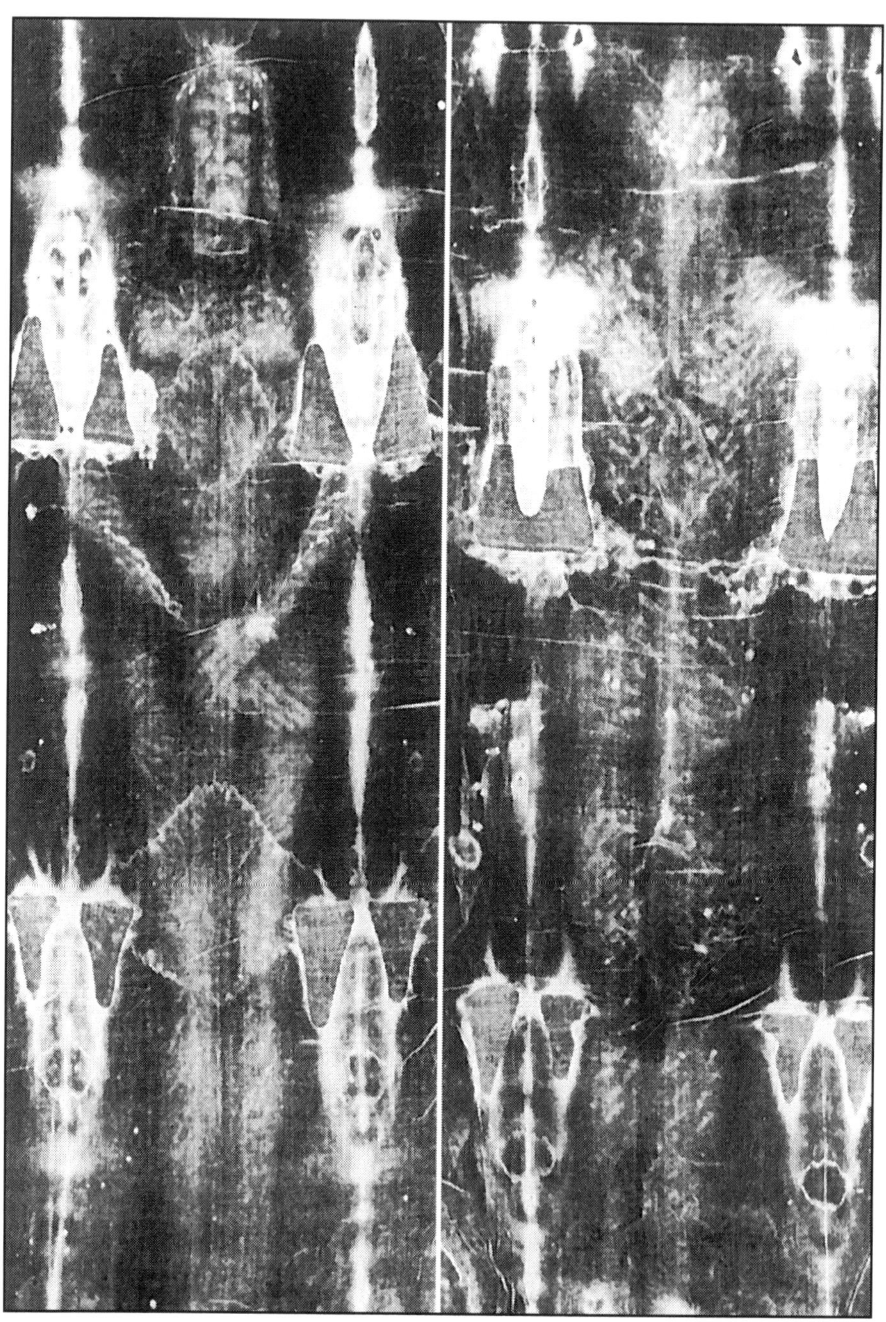

*Foto-Negativ von Vorder- und Rückseite (Ausschnitt) von Guiseppe Enrie 1931.*

# *Kapitel II*

# Abenteuer Grabtuchforschung

## *Erstes Foto sorgt für eine Sensation*

Im Mai 1898 begann in der Turiner Kathedrale an der Piazza S. Giovanni wieder einmal eine der zahlreichen Ausstellungen der verehrten Reliquie statt. Den Anlass, den mysteriösen Gegenstand für Pilger und Interessierte zugänglich zu machen, bot diesmal die 50-Jahres-Feier des Königreichs Italien; in diesem Jahr beging man zum fünften Mal das Jubiläum der sardinischen Verfassung (Statuto), auf der die Gesetze des jungen Königreichs Italien beruhten. Niemand ahnte zuvor, dass die Ausstellung des Grabtuches eine Kontroverse auslösen würde, die in der Welt der Wissenschaft und Geschichts- und Kunstforschung weite Wellen schlagen sollte.

Secondo Pia, Bürgermeister von Asti, dem Ort, in dem er 1855 als Sohn wohlhabender Eltern das Licht der Welt erblickt hatte, kannte nur eine große Leidenschaft: die Hobbyfotografie. Die dafür nötigen Kenntnisse hatte er sich als Autodidakt selbst beigebracht, und auch seine lichtempfindlichen Glasplatten stellte er selbst her. Nachdem er lange Jahre als Anwalt für die Turiner Gerichte gearbeitet hatte, entsagte er in den 1880er Jahren der juristischen Laufbahn und widmete sich der Politik. Privat hatte sich Pia bereits mit seinen hervorragenden Fotografien einen Namen gemacht, und er wusste, dass die Erlaubnis zum Ablichten des Turiner Grabtuches - das erste Grabtuchfoto der Geschichte überhaupt - den Höhepunkt seiner Laufbahn als Hobbyfotograf darstellen würde. - Heute weiß niemand mehr, ob der Wunsch, das Grabtuch zu fotografieren, von Pia ausgegangen ist oder von Nogier de Malijay, einem Angehörigen der Salesianischen Ordenskongregation. Wir wissen nur, dass anfangs dieses Vorhaben bei König Umberto I., dem damaligen Besitzer des Tuches, auf keine große Gegenliebe stieß. Nicht nur war er der Ansicht, dass die Vervielfältigung des heiligen Bildes durch eine Fotografie nicht mit dem Ambiente von Demut und Ehrfurcht in Einklang zu bringen war, das solch einen verehrten Gegenstand umgab. Es wurden gar Fragen laut solcher Art wie die, ob etwas von der spirituellen Kraft der Reliquie in die vervielfältigten Fotoabzüge übergehen werde. Wenn ja, so disputierte man ernsthaft, war dann jeder einzelne Fotoabzug mit der gleichen Ehrfurcht zu behandeln wie das Original? Doch solche Argumente, die gegen eine Erlaubnis zur Fotografie sprachen, konnten recht schnell überstimmt werden durch andere Überlegungen: Eine Fotografie konnte ein exaktes Beweisstück der Existenz des Grabtuches darstellen für den Fall, dass das Original jemals vernichtet werden sollte. Auch könne man durch die Vervielfältigung und Verbreitung der Fotoabzüge den Ruhm der Reliquie noch weiter verbreiten. Außerdem, so argumentierten ganz Besorgte, angesichts dessen, dass während der Ausstellung in den acht Tagen mehr als eine Million Menschen am Tuch vorbeiziehen würden, konnte doch jederzeit irgend jemand heimlich eine fotografische Aufnahme machen, deren Verbreitung dann jedoch ohne Kontrolle erfolgen würde. Dann wolle man doch lieber die Sache einem Profi in die Hand geben und alles strengstens überwachen. Somit gestattete man Secondo Pia, am ersten Ausstellungstag die Reliquie zu fotografieren.

Secondo Pia sah sich vor eine schwierige Aufgabe gestellt. Man hatte ihm zur Auflage gemacht, er dürfe unter keinen Umständen den bereits vor Monaten geplanten und festgelegten Ablauf der öffentlichen Ausstellung behindern. Auch beschränkte man die Anzahl seiner erlaubten Aufnahmen und hinderte ihn daran, sich vorher ausreichende Kenntnisse über sein Fotoobjekt zu verschaffen, d.h. man ließ ihn vor Ausstellungsbeginn das Tuch nicht anschauen. Pia war bei der vorhergehenden Ausstellung des Turiner Grabtuches im Jahr 1868 erst 13 Jahre alt gewesen und hatte die Reliquie noch nie in seinem Leben gesehen.

Er spekulierte, dass am Nachmittag des Eröffnungstages, dem 25. Mai, in der Zeit zwischen Ende der Zeremonie, bei der das Tuch an seinen Ausstellungsplatz gebracht würde, und dem Einlass der Besucher die Kathedrale für etwa drei Stunden fast leer sein müsste. Als um kurz nach 12 Uhr mittags die letzten Teilnehmer der Prozession und Zeremonie die Kathedrale verließen, wartete Pia bereits vor dem Portal auf seinen großen Auftritt. Bis auf wenige bevorzugte Gläubige und die Männer der Ehrenwache befand sich niemand mehr in der Kathedrale. Erst um 15 Uhr sollte der Andrang der Besucher beginnen.

Der Fotograf ließ ein selbstentworfenes Gerüst aufbauen und arrangierte die Beleuchtung. Er hatte mit elektrischem Licht zu arbeiten, weil nur wenig Tageslicht in die Kathedrale drang. Das erwies sich als recht schwierig, denn die Verwendung von elektrischem Licht für fotografische Zwecke war ihm ebenso unbekannt wie den meisten Fotografen seiner Zeit. Dazu kam noch erschwerend, dass damals das elektrische Licht keine einwandfreie und perfekte Beleuchtungsquelle darstellte. Die Generatoren, mit deren Hilfe es erzeugt wurde, ließen es fast ununterbrochen zwischen Hell und Dunkel flackern. Pia hatte zuvor mit Fotos bei elektrischem Licht experimentiert. Da sein eigenes Haus noch keinen solchen Anschluss besaß, hatte er sich an wissenschaftliche Laboratorien gewandt, wo er zahlreiche Versuche durchführen konnte, um sich auf das Grabtuch-Foto vorzubereiten. Da diese Probefotos nicht gerade perfekt gelungen waren, war er am 25. Mai mit etwas gemischten Gefühlen zur Kathedrale gegangen.

Hier ließ er nun das Tuch durch zwei Bogenlampen mit hellem Licht bestrahlen, doch der Strom kam erwartungsgemäß nur in unregelmäßigen Wellen; das Licht wechselte jeden Augenblick seine Intensität. Jede Bogenlampe wurde von einem eigenen Generator gespeist, und Pia bemerkte gleich, dass die linke Lampe heller leuchtete, als die rechte. Um weicheres, ausgeglicheneres Licht zu erhalten, ließ er vor den Lampen Vorsatzscheiben aus halbdurchsichtigem Glas anbringen. Auf sein Kameraobjektiv setzte er einen schwachen Gelbfilter. Seine Kamera war ein mächtiger, schwerer Kasten aus Holz und Messing, dem ein Voigtländer-Objektiv als Linse diente. Pias Platten zum Belichten waren im damaligen riesigen Format von 50 x 60 Zentimetern. Um so schnell wie möglich zu erfahren, ob das Ergebnis seiner Bemühungen um dies Foto erfolgreich waren, hatte Pia die Dunkelkammer in der Sakristei der Kathedrale eingerichtet.

Pia hatte zwei Aufnahmen mit verschiedenen Belichtungszeiten geplant, doch scheiterte bereits der erste Versuch. Nach fünf der geplanten vierzehn Belichtungsminuten platzten wegen der außerordentlichen Hitze der Bogenlampen die Vorsatzscheiben, und Pia musste erst einmal aufgeben. Die drei Tage bis zum näch-

*Secondo Pia fertigte die erste fotografische Aufnahme des Turiner Grabtuches an.*

sten Versuch nach dem Ende der öffentlichen Ausstellung nutzten die Elektriker, um die Generatoren für eine gleichmäßigere Stromabgabe einzurichten.

Als Pia am Abend des 28. Mai die Kathedrale betrat, stellte er fest, dass der Beutel mit den Schraubbolzen aus der Sakristei verschwunden war. Diese Bolzen waren aber nötig für das Zusammenhalten des Gerüstes, und nun mussten seine Helfer improvisieren. Sie hatten es nach dem ersten Fotoversuch nicht stehen lassen dürfen, um dem Besucherstrom kein Hindernis zu bieten.

Doch nicht genug der Schrecken. Als Pia vor das Grabtuch trat, sah er, dass dieses inzwischen mit einer dicken Glasscheibe abgedeckt war, die man in den vergoldeten Rahmen eingepasst hatte, der die Reliquie hielt. Prinzessin Clothilde, die sich noch vor drei Tagen nicht gescheut hatte, das Tuch zu befingern, zu küssen und heiße Tränen darauf fallen zu lassen, befürchtete nun, die Reliquie könne durch das gleißende Licht der Bogenlampen beschädigt oder gar entweiht werden. Auf ihre Anregung hin hatte man das Tuch nun hinter Glas verbannt. Pia sah mit großer Besorgnis, wie das Tafelglas nicht nur die beiden Bogenlampen reflektierte, sondern auch noch die goldenen Ornamente und Zierrate des Sanktuariums. Als er dann um 22.45 Uhr das Gerüst betrat, das nur notdürftig durch Stricke und Drähte zusammengehalten wurde, ahnte er sicher nicht, dass ihm gleich eines der sensationellsten, berühmtesten und umstrittensten Fotos der Welt gelingen sollte.

Die Bogenlampen flackerten nun nicht mehr, und auch die neuen gläsernen Vorsatzlinsen hielten der Hitze diesmal stand. Eine Stunde vor Mitternacht begann Pia mit der Belichtung der ersten Aufnahme. Die Belichtungszeit dauerte vierzehn Minuten; und kurz vor Mitternacht war dann auch die zweite Platte belichtet.

Mit beiden Platten eilte Pia sofort nach Hause in sein eigenes Fotolabor. Nach dem Malheur mit den aus der Sakristei entwendeten Schraubbolzen wollte Pia nun nicht das Risiko eingehen, dass noch einmal etwas abhanden kam und den Erfolg seiner Bemühungen am Ende noch vereitelte. Während seine Helfer bereits das Gerüst wieder abbauten, machte er sich in seiner Dunkelkammer bei schwach rot glühendem Licht an die Arbeit. Er legte seine beiden Glasplatten vorsichtig in ein Entwicklerbad aus Ferrokaliumoxalat, und als sich unter der Oberfläche des Entwicklerbades die ersten zarten Konturen abzeichneten, fiel ihm sicherlich ein Stein vom Herzen. All seine Mühen, seine Vorbereitungen und Rückschläge schienen nicht vergebens gewesen zu sein. Etwas begann sich auf den Platten abzuzeichnen. Zuerst wurden die Umrisse des Altars sichtbar, vor dem das Grabtuch ausgespannt war. Dann allmählich entwickelte sich das Abbild auf dem Tuch, und Pia starrte vollkommen verblüfft auf das, was er da sah. Das Bild war vollkommen verändert, es hatte plötzlich Form und Tiefe bekommen. In größter Spannung drehte Pia die eine Platte gegen das Licht und betrachtete das Antlitz des abgebildeten Mannes. Was er sah, ließ seine Hände vor Aufregung dermaßen zittern, dass er beinahe die nasse Platte hätte auf den Boden fallen lassen. Das Gesicht war gegenüber dem, wie man es auf dem Tuch im Original sieht, hier auf dem Fotonegativ plötzlich aufrüttelnd real und deutlich. Secondo Pia selbst schrieb später über sein mitternächtliches Erlebnis: „Eingeschlossen in meiner Dunkelkammer, voll auf meine Arbeit konzentriert, fühlte ich eine sehr starke emotionale Bewegung, als ich bei der Entwicklung der Platte erstmals das heilige Antlitz mit solcher Klarheit auf ihr erscheinen sah, dass ich vor Staunen sprachlos war." Nie mehr vergaß Secondo Pia diesen großen Augenblick, von dem er später gerne sprach als dem Augenblick seiner Verklärung.

Ihm war natürlich sofort klar, was er da entdeckt hatte: den Negativ-Charakter des Original-Bildes. Ihm war durchaus klar, dass ein fotografisches Negativ nichts anderes darstellt, als die Umkehrung von Licht und Schatten ins genaue Gegenteil. Doch während bei normalen Fotos das fertige Foto das klare Bild zeigt und das Negativ eine bizarre Schwarz-Weiß-Umkehrung des Bildes, auf dem alles ganz anders aussieht, als in der Realität, schien hier das Originalbild auf dem Grabtuch eine verschwommene Schwarz-Weiß-Umkehrung darzustellen, und Pias Negativ des Fotos ein klares Bild zu zeigen.

Während er die entwickelte Platte zum Fixieren in ein zweites Bad aus unterschwefligsaurem Natrium tauchte, machte er sich Gedanken über dies unerwartete Phänomen. Er fragte sich, ob es nicht möglich sei, dass dies Ergebnis mit irgendeiner ganz seltenen und bisher noch nicht beobachteten Zufälligkeit zusammenhinge. War es vielleicht nur ein besonderes Beleuchtungsphänomen gewesen? Doch Pia verwarf diesen Gedanken gleich wieder. Sein Sachverstand und seine 25-jährige Erfahrung mit dem Fotografieren sagten ihm unzweifelhaft: die Kamera hatte genau das wahrgenommen, was sich nun auf dem Negativ zeigte - und dieses Negativ war eindeutig ein Positiv, und das eigentliche Negativ befand sich auf dem originalen Tuchbild!

Erst zwei Wochen später erfuhr die Öffentlichkeit von diesem Ereignis, das sich in aller Stille in Pias Dunkelkammer abgespielt hatte. Er hatte von seiner Entdeckung zuvor nur im ganz kleinen Kreis gesprochen. Als er am Tag nach der Aufnahme in der Kathedrale Baron Manno, dem Vorsitzenden des Ausstellungs-Komitees, das die Fotoerlaubnis erteilt hatte, das Foto zeigte, war dieser nicht wenig beeindruckt, doch auch sehr nachdenklich. Er empfahl Pia, vorerst mit seiner Entdeckung eher zurückhaltend zu sein; ehe weitere Schritte unternommen werden konnten, sollten zuerst einmal König Umberto und alle Mitglieder des Hauses Savoyen unterrichtet werden. Auch solle Pia erst einmal eine genaue Analyse durch Gelehrte abwarten, bis er mit seiner Entdeckung an die Öffentlichkeit gehe. Bis dahin solle das Negativ (das aussah wie ein Positiv) in Pias Obhut verbleiben.

Als sich dann später herumsprach, was sich ereignet hatte, dass man hier bei Pia das „wahre Antlitz Jesu" sehen könne, begann eine regelrechte Wallfahrt zum Haus des Fotografen. In der Straße drängten sich die Wagen von Bischöfen, Herzögen und Gelehrten; Prinzen und Prinzessinnen des königlichen Hauses trieb die Neugier hierher, und Geistliche aller Stufen drängte es, das unvergleichliche Bild mit seinem unerwarteten Negativ-Effekt zu bestaunen.

Pia hatte das Foto-Negativ in einem verdunkelten Raum senkrecht und schräg von hinten beleuchtet aufgestellt. Reporter ka-

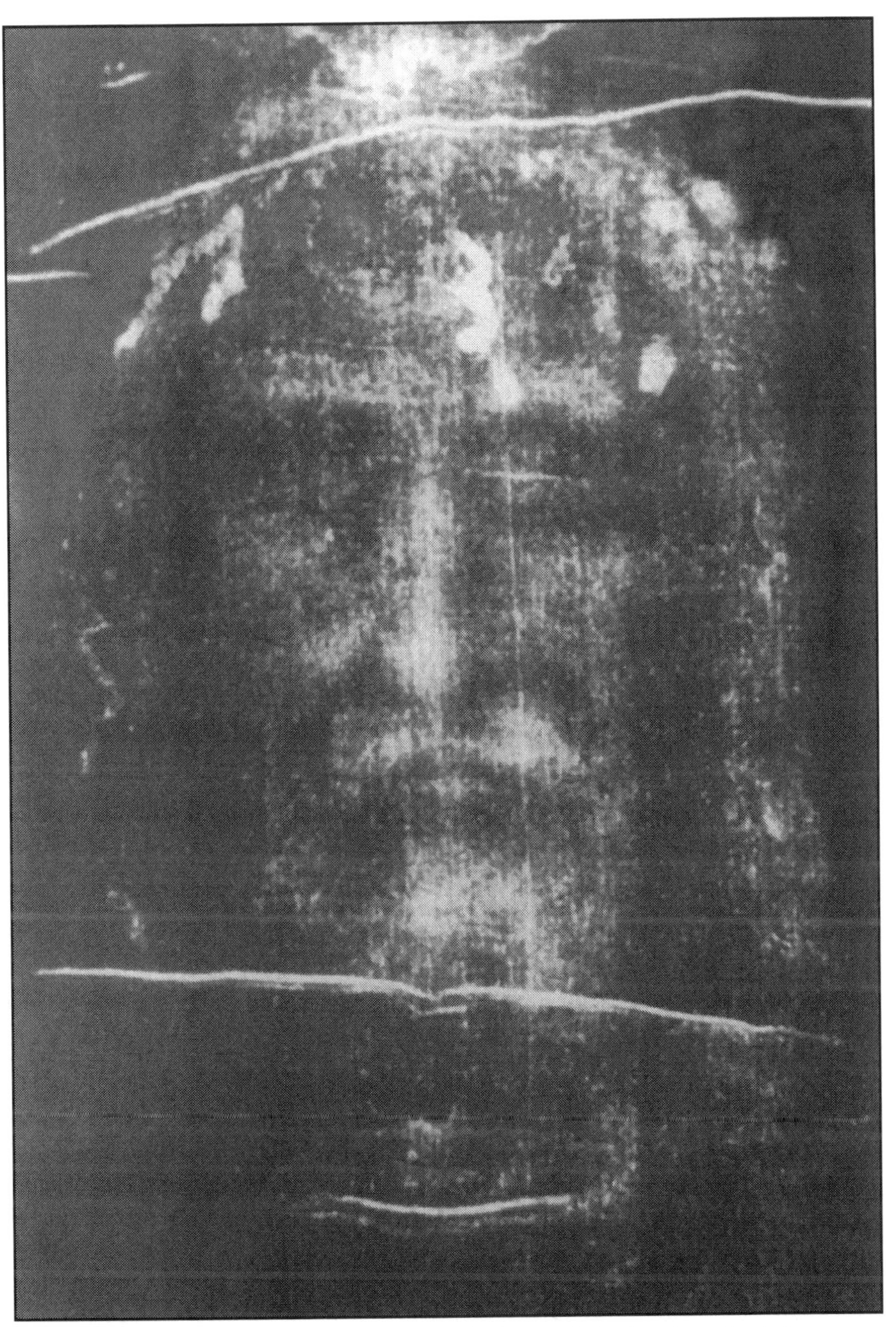

*Turiner Grabtuch (Ausschnitt) - Das Antlitz erscheint im Foto als Positiv*

men in ganzen Scharen und interviewten Besucher, um sie nach ihrem Eindruck und ihrer Meinung zu befragen. Ein bekannter Archäologe, der seinen Namen nicht sagen wollte, äußerte sich tief ergriffen einem Reporter gegenüber: „Entweder ist dies das echte Grabtuch, oder Gott selbst hat es gemalt!“

Zunächst, als alle Welt noch völlig perplex auf den überraschend entdeckten Negativ-Charakter des Grabtuchbildes reagierte, gab es durchaus positive Resonanz in der Presse. Gleich nach der öffentlichen Bekanntgabe des Ereignisses schrieb der „Corriere Nationale“: „Nach neunzehnhundert Jahren, in denen die Welt sich nur mit Hilfe der traditionellen Schilderung die Gestalt des Nazareners geistig vorstellen konnte, hat die Fotografie des Grabtuches uns nunmehr das wirkliche Bild vermittelt.“ Die Zeitung des Vatikan, der Osservatore Romano, brachte einen Tag später einen Bericht unter dem Titel: „Ein wunderbares Ereignis“.

Dieses „wunderbare Ereignis“ fand denn auch das wohlverdiente Presseecho rund um den Globus. Es war jedoch keinesfalls so, dass sowohl die Leser dieser zahllosen Zeitungen und Zeitschriften, als auch die Verfasser der entsprechenden Artikel und Berichte tatsächlich verstanden, um was es bei der Entdeckung des Negativ-Effektes des Körperbildes auf dem Tuch wirklich ging. Die Grundzüge der Fotografie waren zu der damaligen Zeit durchaus noch kein Allgemeingut der breiten Öffentlichkeit geworden. Die Versuche, Pias Entdeckung zu erklären, endeten oftmals in einem Durcheinander von Mutmaßungen und unrichtigen Informationen. Viele Menschen, die von dem Ereignis erfuhren oder lasen, stellten sich vor, Gottes Hand habe beim Auslösen der Kamera und der Schaffung des Bildes eine unmittelbare Rolle gespielt, ein Wunder bewirkt.

Es war auch gar nicht so einfach, sich selbst anhand eines Abzuges des Fotos eine eigene Meinung zu bilden, denn diese Abzüge waren schwierig und erst nach langer Wartezeit zu erlangen, obwohl Pia und sein Mitarbeiterstab rund um die Uhr damit beschäftigt waren, das auszuführen, was die Kirche als die weltweite Verbreitung des Ruhms der Reliquie betrachtete. Diese Vervielfältigung des Fotos war eine langsame Prozedur. Deshalb mussten sich auch in vielen Fällen Zeitungen und Zeitschriften, um aktuell zu berichten, zunächst mit Zeichnungen behelfen, die selbstverständlich die Fakten gar nicht wiedergeben konnten. Es mag an diesen schlechten Skizzen und den halbverstandenen Fakten der Medienleute gelegen haben, dass sich die Weltmeinung bald vom Glauben an ein „Wunder" zu skeptischer Zurückhaltung wandelte. Im Laufe der Zeit mehrten sich die Zweifel am „Negativ-Effekt". Es wurde spekuliert, ob nicht eine mysteriöse „Lichtbrechung" diesen Effekt verursacht haben könnte, oder aber ob dem guten Pia nicht das Malheur einer „Überbelichtung" unterlaufen sei. Andere argwöhnten, die Fotoplatten müssten schadhaft gewesen sein. Damals schrieb auch jemand, es gebe in vielen Kirchen in ganz Europa Tücher, die wie das Grabtuch von Turin die Zeichnung oder das Bild eines ausgestreckten menschlichen Körpers von vorn und hinten zeigten. Würde man eines dieser Bilder fotografieren, würde sich das gleiche Phänomen mit dem Negativ-Effekt wiederholen. Es sei eben das Ergebnis einer ganz bestimmten künstlerischen Maltechnik. Die Vermutung wurde von der Presse aufgegriffen und verbreitet. Die Schreiber meinten die Grabtuch-Kopien, die nach dem Original hergestellt worden waren und sich tatsächlich in vielen Kirchen Europas befanden. Doch inzwischen wissen wir, dass Fotos dieser Kopien weder einen Negativ-Charakter offenbaren, noch die Künstler beim Anfertigen der Kopien überhaupt Kenntnis hatten von diesem Effekt. Diese Kopien waren eben „handmade", im Gegensatz zum Original, von dessen Herstellungsweise man nicht die geringste Ahnung hatte - und dies auch hundert Jahre später noch nicht haben sollte.

Hyppolite Chopin, einer der führenden französischen Fotografen der damaligen Zeit, erklärte, das Negativ sei nur das Ergebnis eines technischen Zufalls. „Die Fotografie beweist gar nichts, absolut gar nichts!" so schrieb er in einem Brief an einen Historiker. Andere Wissenschaftler versuchten, das Rätsel des Negativ-Effektes mit dem Brand von 1532 zu erklären. Die Nonnen von Chambery, die das Tuch nach der Feuerkatastrophe ausgebessert und auf ein anderes Tuch, das als Unterlage diente, genäht hatten (mit Nadeln aus Gold, auf den Knien und bei Kerzenlicht), hätten dabei das Tuch - absichtlich oder aus Versehen? - verkehrt herum aufgenäht, mit der Abbildung nach innen, und aus diesem Grund erscheine das Körperbild wie das Negativ eines Fotos, so einer der Historiker. Dieser hochdotierte Gelehrte, Ulysses Chevalier, muss recht eigentümliche Ansichten über die Fotografie und insbesondere über die Umkehrung der Helligkeitswerte eines Foto-Negativs gehabt haben. „Doch seine Beobachtung", so die italienische Archäologin Maria Grazia Siliato in einem modernen Buch, „beeindruckte, wie das bei allen verblüffenden Unsinnigkeiten oft der Fall ist, viele Menschen."

Zuguterletzt wendete sich das Blatt der öffentlichen Meinung derart, dass man Pia des bewussten Betruges bezichtigte. Es wurde gemunkelt, der Fotograf habe, allein und ohne Zeugen in seiner Dunkelkammer, das Negativ retuschiert, um ihm so sein erstaunlich reales Aussehen zu verleihen. Dann habe Pia, so argwöhnte man weiter, von diesem manipulierten Negativ ein Positiv hergestellt, und von diesem Positiv wieder ein Negativ. Das Gerücht fand seinen Weg in die Presse, mit einem niederschmetternden Ergebnis für Secondo Pia. Da das Tuch unmittelbar nach der achttägigen Ausstellung wieder in seinem silbernen Schrein veschlossen und versiegelt wurde, hatte Pia keine Möglichkeit, diese Vorwürfe zu widerlegen.

## *Ein mittelalterlicher Brief „beweist" die Unechtheit der Reliquie*

Für uns heute ist das Jahr 1898 DER Beginn der modernen Grabtuchforschung und Secondo Pias erstes Foto gilt längst als Meilenstein, ausgestellt im Grabtuch-Museum in Turin. Im Jahr 1898 entbrannte jedoch auch ein Streit um die Echtheit der Reliquie, der bis heute noch immer nachwirkt, entfacht durch den französischen Historiker Ulysses Chevalier. Dieser katholische Priester und Spezialist für mittelalterliche Geschichte veröffentlichte anlässlich der damaligen Grabtuch-Ausstellung eine Schrift, in der er einen Brief aus dem 14. Jahrhundert zitierte und vorstellte. Dieses „Memorandum" des Pierre d'Arcis, damals Bischof von Troyes, das dieser an den Gegenpapst Clemens VII. gesendet haben soll, wurde zum Hauptargument gegen die Echtheit des Turiner Grabtuchs. Die These Chevaliers, der Pierre d'Arcis-Brief belegte einwandfrei, dass die Reliquie nur das Werk eines mittelalterlichen Künstlers sei, fand bei vielen Historikern allgemeine Anerkennung. Mit der Veröffentlichung dieses Dokumentes durch Chevalier schien der Fall des Turiner Grabtuches zum ersten Mal endgültig entschieden: man hatte es offenbar mit einer angeblichen Reliquie zu tun, deren Echtheit nicht länger fragwürdig, sondern deren Unechtheit sogar dokumentarisch bewiesen sei.

Was hat es nun mit diesem uralten Brief auf sich? Schauen wir einmal zurück. Die erste uns bekannte Ausstellung des Grabtuches fand 1357 (nach anderen Quellen 1355) statt, und zwar in der kleinen französischen Stadt Lirey. Riesige Pilgermassen strömten nach hier, um das wahre und echte Leichentuch Jesu zu bestaunen und zu verehren. Zu diesem Anlass prägte man kleine Pilgerandenken, die auch gerne und zahlreich gekauft und mit nach Hause genommen wurden.

Initiiert hatte diese Ausstellung Jeanne de Vergy, die Witwe des Geoffroy I. de Charny, in dessen Besitz sich damals die Reliquie befand. Der Grund für die Zurschaustellung der Reliquie war sehr wahrscheinlich finanzieller Art, man hoffte, auf diese Weise Mittel zur Erhaltung der kostspieligen Stiftskirche des Ortes aufzutreiben.

Etwas mehr als 30 Jahre später wurde das Grabtuch erneut in der Stiftskirche zu Lirey ausgestellt. Zu dieser Zeit nun soll Bischof Pierre d'Arcis die Echtheit des Tuches bestritten und einen diesbezüglichen Brief an Papst Clemens VII. verfasst und gesandt haben. In diesem Schreiben ist die Rede von einem „gewissen künstlich bemalten Tuch", das „mit List bemalt und mit Falschheit und Trug geschaffen" worden sei. Theologen hätten schon seinem Vorgänger, Bischof Henri de Poitier, versichert, das Tuch könne gar nicht echt sein, denn im Heiligen Evangelium werde ein solches Bild gar nicht erwähnt. Bitter beschwerte sich Pierre d'Arcis darüber, dass „privat herumverbreitet" werde, man habe es hier mit dem echten und wahren Leichentuch Jesu zu tun. Aber, so der Bischof, es sei eben doch nur Menschenwerk, und es sei nicht wunderbar entstanden. In schärfster Form klagte der Bischof im Brief die damaligen Besitzer des Tuches (die Kanoniker von Lirey und die Familie de Charny) als infame Betrüger an, die mit der angeblichen Reliquie nur Geld verdienen wollten. Nachdem bereits bei der ersten Ausstellung vor ca. 30 Jahren sein Vorgänger, Henri de Poitier, diesen Gegenstand als unecht erkannt und entlarvt habe, hätten daraufhin der Dekan und „seine Komplizen" das Tuch versteckt, um es jetzt „aus Gewinnsucht" abermals auszustellen.

Was mag Pierre d'Arcis zu diesem deftigen Brief veranlasst haben? Historiker vermuteten gewisse egoistische Gründe, der Bischof habe eventuell in dem Tuch von Lirey - das er übrigens ebensowenig jemals persönlich in Augenschein genommen hat wie der Gegenpapst - eine Konkurrenz für seine eigenen Reliquien gesehen. Doch es lassen sich noch andere Gründe denken. In Troyes selbst, in Paris, Reims und anderswo gab es angebliche Stücke von Grabtüchern Christi. Wie, so fragte sich vielleicht der Bischof, konnte dann in Lirey ein komplettes echtes Grabtuch ausgestellt sein? Auch hatte Pierre sicher von gemalten Grabtüchern gehört. Nach dem Massenimport von Reliquien aus dem Mittleren Osten gab es für Nachbildungen Hochkonjunktur. So galten Kopien dann für „echt" oder authentisch, wenn man mit ihnen das Original berührt hatte. Die Zweifel des Pierre d'Arcis waren also nicht ganz aus der Luft gegriffen.

Seit der Veröffentlichung des Briefes durch den Historiker Chevalier im Jahr 1898 aber hat die Geschichtsforschung einige Ergebnisse bezüglich dieses sogenannten „Memorandum" erzielt. Die erste Unrichtigkeit im Brief betrifft die Aussage Pierres, schon sein Vorgänger, der Bischof Henri de Poitier, habe nach Nachforschungen seiner Theologen dies Tuch als unechte Fälschung entlarvt. Das scheint ganz und gar nicht richtig zu sein. Wir wissen heute, dass

*Saint Chapelle in Lirey*

Henri de Poitier am 28. Mai 1356 einen durchaus wohlwollenden Brief an die Familie de Charny sandte, in dem er deren Bemühungen um den „göttlichen Kult“ des echten Grabtuches Jesu nachdrücklich als gut hieß und ihn mit Worten des höchsten Lobes empfahl.

Der Gegenpapst Clemens VII. scheint nie diesen Brief des Pierre d'Arcis erhalten zu haben. An keiner Stelle seiner Bullen und Antwortschreiben, die von dieser Reliquie handeln, erwähnte er ein solches Memorandum. Die Bulle vom 28. Juli 1389 erlaubt ausdrücklich die Ausstellung in Lirey, so auch eine zweite Bulle vom 6. Januar 1390 und ebenso die dritte Bulle vom 1. Juni des gleichen Jahres.

Inzwischen gehen einige Historiker davon aus, dass es sich bei diesem Brief wahrscheinlich um einen bloßen Entwurf handele; das Schreiben ist undatiert und nicht unterzeichnet. Sehr wahrscheinlich wurde es niemals abgeschickt. Dennoch sorgte dieser Brief nun 500 Jahre später für einige Aufregung unter den Wissenschaftlern, den Kirchenleuten und den am Grabtuch Interessierten. Während die einen Pia's Foto mit dem nun weltberühmten Negativ-Effekt bestaunten oder bezweifelten, disputierten die anderen eifrig über die Frage, ob das Turiner Grabtuch das echte Grablinnen Jesu sei oder das Werk eines mittelalterlichen Künstlers. Die Wissenschaft war zu diesem Zeitpunkt, in der die Ausstellung der Reliquie dieses weit bekannt gemacht hatte, in zwei Lager gespalten. Ärzte und Naturwissenschaftler traten für die Echtheit des Gegenstandes ein und hielten ihn für das Leichentuch eines Gekreuzigten, während die Historiker meinten, es könne nur ein Kunstwerk oder eine Fälschung sein. Hatte dies nicht Ulysses Chevalier gerade bewiesen? Ganze Reihen von Historikern verfassten in den folgenden Jahren und Jahrzehnten ihrerseits Schriften, die gegen die Echtheit des Turiner Grabtuches wetterten. Ihr Hauptargument stützte sich dabei auf den Umstand, dass über diese Reliquie nichts bekannt sei aus der Zeit vor Anfang des 16. Jahrhunderts, als es zum ersten Mal in Lirey offentlich ausgestellt worden war. Nun, die Geschichtsforschung hatte noch eine Menge Arbeit vor sich - und sollte in hundert Jahren Grabtuchforschung erstaunliche Informationen zusammentragen.

## *Die Grabtuchforschung beginnt*

Eines der ersten Highlights der Grabtuchforschung war - nach Entdeckung des Negativ-Charakters des Körperbildes durch Secondo Pia - zweifellos der Vortrag eines französischen Wissenschaftlers im Jahr 1902 an der Pariser Sorbonne. Am 21. April dieses Jahres um 15 Uhr wurde die wöchentliche Sitzung der Academie des Sciences eröffnet. Wie immer gab es eine Anzahl von Referenten, die meist nicht geringe Mühe hatten, ihr Publikum so zu fesseln, dass die Leute auf ihren Stühlen sitzenblieben anstatt umherzuspazieren und nette Plaudereien in Grüppchen abzuhalten. Den meisten Referenten gelang dies nicht, eine gewisse lockere Atmosphäre hatte sich seit langer Zeit breitgemacht. - Doch ganz anders lief es an diesem historisch bedeutsamen Nachmittag. Als um 16 Uhr Yves Delage, ein Professor für vergleichende Anatomie, aufgerufen wurde und sein Vortragsthema bekannt gab, herrschte mit einem Mal eine gespannte Stille im Saal; das Vortragsthema - das Turiner Grabtuch - fiel total aus dem Rahmen dessen, was man hier sonst wöchentlich geboten bekam. Yves Delages machte seine Zuhörer mit der Hypothese seines Freundes und Assistenten Paul Vignon bekannt, eines Biochemikers, der für eine natürliche Entstehung des Bildes auf dem Tuch eintrat.

Könnte, so hatte Paul Vignon sich gefragt, das Bild auf dem Grabtuch durch eine Art Direktkontakt entstanden sein? Vignon vermutete, das Körperbild sei ein Resultat der ammoniakhaltigen Ausdünstungen des im Tuch liegenden Leichnams in Verbindung mit den beim Begräbnis verwendeten Spezereien. Darum, so Vignon, habe das Bild wohl auch so verschwommene Umrisse. Der tote Körper könnte Ammoniak-Dämpfe ausgeströmt haben, eine Mischung aus kaltem Schweiß und dem Wasserdampf, der durch den natürlichen Feuchtigkeitsgehalt einer Leiche entsteht. Darauf könnten die Aloe und die Myrrhe, mit denen das Tuch sehr wahrscheinlich eingerieben wurde, reagiert haben; die Bibelforschung hatte ja ergeben, dass für eine Waschung und Salbung des Leichnams Christi keine Zeit geblieben war. Durch die chemische Reaktion dieser Substanzen könnten dann Karbonat und Ammonium produziert worden sein, die in der feuchtkalten Atmosphäre der Grabhöhle in verschiedenen Intensitätsgraden zu einer Vergilbung des Leinens geführt habe.

Um seine Vermutungen zu beweisen, so referierte Delage, hatte Vignon zahlreiche Experimente durchgeführt. Das Resulat war zwar eher enttäuschend ausgefallen, denn seine Versuchsbilder konnten mit den unerklärlichen Bildmerkmalen des Originals in keiner Weise konkurrieren, doch die Arbeit gehe weiter. Yves Delage verblüffte seine Zuhörer mit der Behauptung, in diesem Tuch habe tatsächlich Jesus Christus gelegen; das Tuch sei das echte Grabtuch und das Körperbild sei kein Kunstwerk - wie dies Ulysses Chevalier vehement behaupte -, sondern durch einen „noch unbekannten" aber sicher naturwissenschaftlich erklärbaren Prozess entstanden. Im Saal war es mucksmäuschenstill, niemand spazierte umher, niemand vertrieb sich die Langeweile mit ein wenig Small Talk - solch eine aufmerksame Zuhörerschaft hatte der Saal schon lange nicht mehr erlebt. Yves Delage forderte am Ende seiner Ausführungen eine neutrale, unvoreingenommene Forschung sowie eine Untersuchung am Original.

Dieser Vortrag des Anatomie-Professors hatte damals einen Presse-Rummel ohnegleichen entfacht. Die Meinungen der Zeitungsvertreter, der Autoren, der Wissenschaftler und aller, die von diesem Vortrag erfuhren, waren in zwei kontroverse Lager - wieder einmal - gespalten. Die eine Gruppe trat ein für die Unechtheit des Grabtuches, die andere Gruppe hielt es - wie Yves Delage und Paul Vignon - für das wahre, echte Grabtuch Christi. Die Frage: „Jesus - ja oder nein?" erhitzte die Gemüter, wie schon lange nicht mehr. Yves Delage, der sicher nicht mit einem derartigen Echo gerechnet hatte und von den Folgen seines Vortrages regelrecht überrollt wurde, schrieb in einem Brief an Charles Richet, den Herausgeber der wissenschaftlichen Zeitschrift „Revue Scientifique": „Überflüssigerweise hat man die religiöse Frage in ein Problem hineinprojiziert, das als solches rein wissenschaftlicher Natur ist. Als Ergebnis liefen die Gefühle Amok,

*Yves Delage*

und die Vernunft wurde beiseite geschoben. Wenn es, statt um Christus, um einen Menschen wie Argon, Achilles oder einen der Pharaonen gegangen wäre, hätte niemand auch nur an einen Widerspruch gedacht... Ich bin bei der Behandlung dieses Problems der Wissenschaft treu geblieben, habe mich nur an die Wahrheit gehalten und mich über die möglichen Auswirkungen auf die Interessen irgendeiner religiösen Partei völlig hinweggesetzt... Ich erkenne Christus als historische Persönlichkeit an und sehe keinen vernünftigen Grund, weshalb es jemand anstößig finden sollte, dass noch reale Spuren seines irdischen Daseins existieren."

Als die Reliquie anlässlich der Hochzeit des Kronprinzen Umberto vom 2. - 23. Mai 1931 erneut ausgestellt wurde, durfte das Tuch zum zweiten Mal fotografiert werden. Dazu auserwählt wurde vom Ausstellungskomitee unter Leitung von Kardinal Fossati einer der damals führenden Berufsfotografen: Guiseppe Enrie. Dieser war außerdem Chefredakteur der Zeitschrift „Vita Fotografica Italiana" und für längere Zeit Präsident der Fotografenvereinigung von Norditalien gewesen. In Turin betrieb er zum damaligen Zeitpunkt seit längerem ein großes und erfolgreiches Fotoatelier.

Seit 1898 war die Entwicklung der Fotografie mit Riesenschritten weitergegangen. Objektive, Verschlüsse und Lichtempfindlichkeit waren inzwischen verbessert und spezialisiert worden; es gab neue Filter und bessere Entwicklungstechniken.

Am dritten Tag der Festlichkeiten wurden ab 20.30 Uhr abends die Besucher ausgeschlossen; diese Zeit hatte man Enrie für sein Fotovorhaben zur Verfügung gestellt. Gegen 23 Uhr hatte man die lange Holztafel, auf der das Tuch befestigt war, aus dem Rahmen genommen und am Fuß des Altars aufgestellt, während Enrie sein fotografisches Equipment aufgebaut und vorbereitet hatte. Als Ratgeber standen ihm dabei der inzwischen 75-jährige Secondo Pia und der Grabtuchforscher und Wissenschaftler Paul Vignon zur Seite - Pia sicherlich mit der größten Spannung und Erwartung. Brachte doch dies neue Fotovorhaben Bestätigung oder endgültigen Niedergang seines entdeckten Negativ-Effektes.

*Paul Vignon*

Enrie hatte durchsetzen können, das Tuch ohne das störende Glas fotografieren zu dürfen. Etwa hundert Wissenschaftler aus verschiedenen Ländern hatten eine Sondererlaubnis bekommen, live an diesem Ereignis teilzuhaben. Man muss sich dies einmal bildlich vorstellen: ein ganzer Schwarm Schaulistiger wuselte durch den Saal, immer wieder drängten sich einige nahe an das Tuch, um es aus der bestmöglichsten Nähe betrachten zu können; hier und dort wurden Lupen aus den Hosentaschen hervorgeholt und fleißig benutzt. Dazwischen versuchten die Herren der notariellen Aufsicht, den Überblick zu bewahren. Viele hatten vorausgesagt, dass sich diesmal - mit fortschrittlicher Technologie, orthochromatischen Filmen, Gelbfiltern und unter öffentlicher Kontrolle - die Vorgänge von 1898 nicht wiederholen würden und es keinen Negativ-Effekt geben werde.

Der Fotograf arbeitete mit verschiedenen Kameras. Zuerst fertigte er eine Kontrollaufnahme an von der Kopfpartie und vom Oberkörper des abgebildeten Mannes auf dem Tuch. Sofort eilte er mit den Platten in die Dunkelkammer, um sie ins Entwicklerbad zu legen, dicht gefolgt von Pia und Vignon, die sich vor lauter Spannung dicht an ihn herandrängten und ihm atemlos über die Schultern blickten, begierig darauf, die ersten diffusen Schatten auf der Platte zu sehen. Und dann erschien das Antlitz. Es war völlig klar zu erkennen, auch die winzigste Einzelheit war deutlich auszumachen und - das war der Knüller des Events - mit dem gleichen Negativ-Effekt wie damals bei Pia! - Man kann sich Pias Freude und Erleichterung gut vorstellen. Endlich war er in der Lage, die gegen ihn gerichteten Vorwürfe zu entkräften, die ihm lange Jahre hindurch Mogelei und ein Retuchieren des Fotos angedichtet hatten. - Eine halbe Stunde nach Mitternacht hatte Enrie dann weitere sechs Platten belichtet, die diesmal das ganze Grabtuch zeigten. Am nächsten Tag nahm er dann verschiedene Details in Großaufnahme auf. Es hatte inzwischen zahlreiche Anfragen nach solchen Großaufnahmen gegeben von Grabtuchforschern, von Medizinern beispielsweise, die eine genauere Ansichtnahme der Handwunde, der Blutflecken usw. haben wollten, oder von Kunstexperten, die nach Pinselstrichen auf diesen Fotos fahnden wollten.

*Guiseppe Enrie*

Man bemerkte anhand der Enrie-Fotos sofort, dass die Negativ-Werte absolut waren. Der von Pia entdeckte Negativ-Effekt auf dem Körperbild wurde nicht nur voll bestätigt, sondern er kam auf den neuen präzisen Fotos noch deutlicher zum Vorschein.

Konnte ein Künstler oder Fälscher diesen Negativcharakter herstellen, sozusagen ein „negatives" Bild malen? Er hätte dazu völlig fehlerfrei in einer Hell-Dunkel-Umkehrung arbeiten müssen, noch dazu erstmalig in der Kunstgeschichte. Die maltechnische Herstellung eines solchen Negativbildes dürfte auch psychologisch nahezu unmöglich sein, da es unserer Sehweise widerspricht. Versuche moderner Maler wie Cusetti (1868) oder Reffo (1898), das Tuch genau zu kopieren, sind nie ganz geglückt, obwohl sie das Original dabei vor Augen hatten. Bei den mittelalterlichen und späteren Kopien wurde von den Künstlern der Negativ-Charakter des Körperbildes gar nicht erkannt. Dies demonstrierte der Grabtuchforscher Luigi Fossati auf einem wissenschaftlichen Kongress, der 1989 in Paris stattfand. Dort präsentierte er fünfzig Tuchkopien von Künstlern des 16., 17. und 18. Jahrhunderts, bei denen deutlich zu erkennen war, dass keiner der Künstler den Negativ-Charakter des Turiner Grabtuch-Bildes erkannt hatte.

Hinweise älterer Autoren, wie des Kunsthistorikers Joseph Braun (1902), man habe auch im Mittelalter schon „Negative", nämlich Stempel, Matern, Kuchenformen u.ä. hergestellt, sind abwegig. Denn in keinem dieser Beispiele handelt es sich um eine kontinuierliche Umkehrung aller Hell- und Dunkelwerte, wie es für ein fotografisches Negativ charakteristisch ist und wie es das Körperbild auf dem Grabtuch zeigt.

Doch seit mindestens tausend Jahren wurden immer wieder scharfsinnige Betrachter des Bildes auf dieses einzigartige Merkmal aufmerksam und versuchten, zu seiner Gesetzmäßigkeit vorzustoßen. Das beste Beispiel hierfür bietet der Illustrator der sogenannten „Climax-Handschrift", die als „Codex Rossianus 251" in der Bibliotheca Apostolica Vaticana aufbewahrt wird. Dazu muss man jedoch erwähnen, dass es als nahezu erwiesen gilt, dass das Turiner Grabtuch mit dem Mandylion von Edessa identisch ist, das sich von 525 (oder sogar schon vom 1. Jahrhundert an) bis 943 in Edessa, einem syrischen Bistum in der heutigen Türkei, befand. Dieser Illustrator der Climax-Handschrift hat das heilige Mandylion zweimal nebeneinander abgebildet mitsamt dem charakteristischen Rahmen, in dem es damals zusammengefaltet aufbewahrt wurde. Nach der in beiden Bildern genau umgekehrten Farbgebung ist zu schließen, dass sich der Künstler oder der Schreiber sehr eingehend mit dem Phänomen der konsequenten Bild-Umkehr beschäftigt hat.

Nach Erfindung der Fotografie durch die beiden Franzosen Niepce und Daguerre im frühen 19. Jahrhundert kam immer wieder die Behauptung auf, das Körperbild auf dem Turiner Grabtuch habe nicht nur einen Negativ-Charakter, sondern es SEI ein fotografisches Negativ! Und dies viele Jahre vor Erfindung der Fotografie.

So wurde von mehreren Seiten Leonardo da Vinci als Hersteller des Bildes vorgeschlagen, das er mittels einer Camera obscura erzeugt habe. Da diese Hypothese gerade in den letzten Jahren immer wieder aufgestellt und verteidigt wurde, soll in einem späteren Kapitel dieses Buches ausführlich darauf eingegangen werden.

Auch der südafrikanische Kunsthistoriker Prof. Nicholas Allen deklarierte das Körperbild als „das erste Foto der Welt". Im Jahr 1995 legte der Südafrikaner seine Hypothese schriftlich vor und behauptete, dass ein Verfahren zur Herstellung von Lichtbildern schon im 13. Jahrhundert bekannt gewesen sei. Dabei soll eine sonnenbestrahlte Figur durch eine Linse auf eine silbersulfatgetränkte Leinwand in einer Dunkelkammer projiziert worden sein. Zur Fixierung des Bildes habe man nach Vermutung Prof. Allens eventuell Urin verwendet. Als Beweis fertigte der Professor gleich Dutzende von Grabtuch-Plagiaten an, die zwar eine entfernte Ähnlichkeit mit dem Original haben, aber bei den mysteriösen Bildmerkmalen desselben passen müssen.

Ob das Bild auf dem Turiner Grabtuch ein Foto sein könnte, dieser Frage stellten sich auch einige Angehörige der Firma Kodak. Dort war man sich einig darüber, dass absolut unbekannt ist, wie man ein Negativ auf ein Stück Leinenstoff aufbringen kann, das die Qualität sowie die verborgenen Informationen des Bildes auf der Reliquie aufweist. Falls wir es hier mit einer Fälschung zu tun haben, so die Kodak-Experten, so müsste der Fälscher mehr über Fotografie gewusst haben, als wir heute wissen.

Der Negativ-Charakter des Körperbildes auf dem Turiner Grabtuch ist erwiesen, und die eigentliche Frage müsste lauten: War er Absicht oder ein zufälliger Nebeneffekt bei der Bildentstehung?

Enries Fotos sind bis heute unübertroffen in ihrer Qualität. Seine Fotos wurden die Grundlage für die beginnende Grabtuchforschung auf den Gebieten der Medizin, der Textilkunde und der Kunsthistorik. Besonders Gerichtsmediziner, die Vergrößerungen von Grabtuch-Details gesehen und untersucht hatten, vertraten nahezu ausnahmslos die Echtheit der Reliquie. Enries Fotos hatten die Grabtuchforschung so richtig schön in Schwung gebracht.

Die moderne Geschichtsforschung hat noch einige kuriose Informationen zu Tage gefördert: erstens wäre Pia's Foto beinahe nicht die Nummer Eins geworden, und zweitens gab es weitere Fotos aus dem Jahr 1898, die Pia's Entdeckung bestätigt hätten, wären sie bereits allgemein bekannt gewesen. Während der Ausstellung machten zwei oder drei weitere Personen eine fotografische Aufnahme des Grabtuches. Eine dieser Aufnahmen war so etwas, was wir heute einen „Schnappschuss" nennen würden; ein Priester hatte die Gelegenheit dazu ergriffen und heimlich ein Bild geschossen. Eine andere Aufnahme, mit langer Belichtungszeit, wurde von einem Polizeileutnant hergestellt, der damals als Angehöriger des Wachdienstes in die Kathedrale abkommandiert war. Keines dieser Fotos hatte zwar die Qualität des Pia-Fotos, doch auch diese beiden laienhaften Aufnahmen zeigten und bestätigten den Negativ-Effekt des Tuchbildes. Doch da sie heimlich und ohne offizielle Erlaubnis angefertigt worden waren, konnte keiner dieser Amateur-Fotografen Pias Entdeckung bestätigen.

Als etwa 50 Jahre zuvor - am 4. Mai 1842 - das Turiner Grabtuch vom Balkon des Palazzo Madama herab einer Zuschauerschar präsentiert wurde, war der Wunsch geäußert worden, vom berühmten Gegenstand eine Daguerrotypie anfertigen zu dürfen. Diese ist eine nach ihrem Erfinder Daguerre benannte Frühform der Fotografie, bei der mit Joddämpfen behandelte Silberplatten in einer Camera obscura belichtet und anschließend in Quecksilberdämpfen entwickelt wurden, worauf das so entstandene Bild in unterschwefligsaurem Natron fixiert wurde. Doch die Erlaubnis für die Anfertigung dieser Daguerrotypie wurde damals nicht erteilt, und somit wurde Pias Foto die Nummer Eins.

Im Juni 1969 fand eine erste umfassende Untersuchung des Turiner Grabtuches durch eine wissenschaftliche Kommission statt. Einberufen hatten diese Kommission der Turiner Kardinal Pellegrino und König Umberto II. von Italien (der Besitzer der Reliquie). Das Ziel dieser Untersuchung war, den Erhaltungszustand des kostbaren Gegenstandes festzustellen, neue Fotos anzufertigen und über Methoden zur optimalen Aufbewahrung der Reliquie zu beraten. - So versammelten sich am 16. Juni 1969 in Turin vier Kirchenmänner, sieben Wissenschaftler, ein Fotograf sowie Repräsentanten der Regierungsministerien für Bildung und Finanzen. Zu Anfang des Events zelebrierte der Kardinal die Messe für das heilige Grabtuch, dann folgte das feierliche Ritual der Herausnahme der Reliquie aus ihrem Behälter. Als dann das Grabtuch auf einem langen Tisch mit weißen Laken ausgebreitet lag, konnten zum ersten Mal wieder seit über 30 Jahren Wissenschaftler diesen berühmten Gegenstand in natura bewundern und betrachten. - Unter den strengen Augen von Kardinal Pellegrino sowie einem Gerichtssachverständigen und einem Notar wurden Materialproben entnommen, die das Tuch nicht angriffen: Staubproben für die Untersuchung auf Pollen und für mikroskopische Untersuchungen. Der Foto-Experte Giovanni Battista Judica-Cordiglia machte Schwarz-Weiß und Farbaufnahmen, Aufnahmen mit Wood-Licht sowie Infrarot- und Ultraviolett-Aufnahmen. Mikroskope kamen zum Einsatz. - Zu irgendeinem überraschenden oder spektakulären Ergebnis führte dieser Event nicht. Die Mitglieder der Kommission hatten das Tuch eher oberflächlich unter dem Mikroskop betrachtet. König Umberto II. kommentierte den Vorgang kurz und treffend: „Alles, was sie gemacht haben, war, das Grabtuch zu betrachten."

Dieselbe Expertenkommission traf sich erneut im November 1973. Die Wissenschaftler führten noch einmal die gleichen Untersuchungen durch wie schon 1969, doch diesmal wurden auch Materialproben vom Stoff entnommen, ein Stoffstück sowie Gewebefäden und Fadenstücke für den Textilwissenschaftler Prof. Raes in Gent. Hierbei kam es zur ersten Überraschung, zur Entdeckung eines Bildmerkmales, das als „Oberflächencharakter" von sich reden machen sollte. Als die Josephsschwestern die zu untersuchenden Fäden aus dem Gewebe zogen, riss aus Versehen ein Leinenfaden entzwei. Im Moment des Zerreißens konnte jeder der Anwesenden mit bloßem Auge beobachten, dass die Färbung des Fadens auf die Oberfläche begrenzt war, während das Fadeninnere völlig weiß erschien. Welche Farbeinwirkung auch immer die Ursache für die Entstehung des Körperbildes war, sie hatte den Stoff anscheinend nur an der Oberfläche der einzelnen Fasern der Fäden betroffen, ein Umstand, den sich niemand erklären konnte. Wenn das Körperbild entstanden war durch Dämpfe und Grab-Spezereien wie Aloe und Myrrhe, wie Paul Vignon vermutete, warum hatten dann diese Dämpfe und Materialien nicht ganze Fäden durchdrungen? Ja, selbst wenn man es mit einem mittelalterlichen Kunstwerk zu tun hatte, so hätte doch das Farbmaterial in die Fäden eindringen müssen. Dieser Oberflächencharakter des Körperbildes ergab keinen Sinn, und er sollte bis heute rätselhaft bleiben und zu mancherlei gewagten Spekulationen über den Prozess der Bildentstehung führen.

Der Mikrobotaniker und Kriminalist Dr. Max Frei war eingeladen worden und aus Zürich angereist, um Staubproben zu entnehmen für die Untersuchung auf Pollen im Tuch. Da das Grabtuch über Jahrhunderte hinweg immer wieder an der offenen Luft ausgestellt worden war - erst seit 1898 befindet es sich hinter schützendem Glas -, konnte man mittels Haftstreifen genügend Untersuchungsmaterial gewinnen. Für die genaue Identifi-

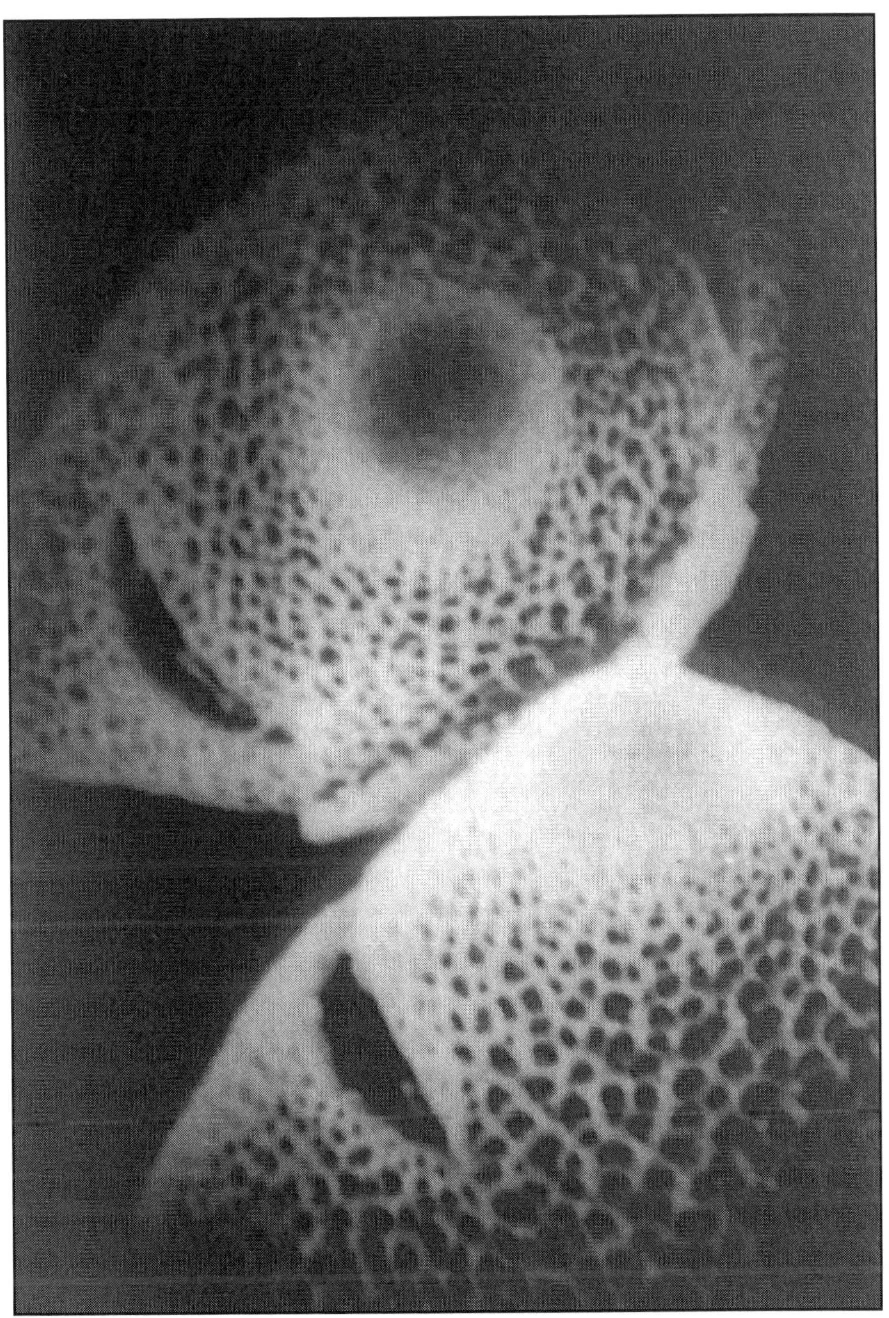

*Pollen, die auf dem Turiner Grabtuch gefunden wurden.*

zierung dieser Pflanzenarten, von denen die auf dem Grabtuch gefundenen Pollen stammten, nahm Dr. Frei neben langjähriger Laborarbeit auch die Mühe auf sich, fünf Mal nach Kleinasien zu reisen, um dort seine Forschnungen zu intensivieren. Das Resultat war verblüffend: nur 17 dieser fast 60 Pflanzenarten, von denen sich Pollen auf dem Grabtuch befanden, kamen lediglich in Frankreich und Italien vor, wo das Tuch seit dem 14. Jahrhundert ständig aufbewahrt wurde. Alle anderen Pflanzenarten kamen im Nahen Osten vor, darunter auch solche, wie sie typisch sind für die Flora um Konstantinopel und Edessa, wo das berühmte Mandylion aufbewahrt worden war, das Historiker heute mit dem Grabtuch gleichsetzen. Insgesamt waren 44 dieser Pflanzenarten, deren Pollen Dr. Frei im Turiner Grabtuch fand, typisch für die Flora in und um Jerusalem, vor allem die vielen Halophythen, die nur auf stark salzhaltigem Boden wachsen können, wie im Gebiet um das Tote Meer. Völlig abwegig ist die Argumentation der Kritiker der Echtheit des Tuches, dass diese Pollen durch Wind und Zufall nach Frankreich geraten seien. Eine noch kuriosere Erklärung für die Pollen aus dem Raum um Jerusalem hatte einer der Skeptiker. Einige Jahre vor der Pollenentnahme durch Dr. Frei sei ein Priester zum Turiner Grabtuch gekommen, so meinte er, und habe dabei die Reliquie mit einem Taschentuch berührt, das er jahrelang seit einem Besuch Jerusalems ungewaschen in seiner Hosentasche aufgewahrt habe.

Man konnte es drehen, wie man wollte: die Ergebnisse der Pollenanalyse sprachen eindeutig gegen einen europäischen Fälscher: das Tuch musste sich vor dem 14. Jahrhundert auf jeden Fall längere Zeit im Nahen Osten befunden haben, mit ziemlicher Sicherheit in Konstantinopel, Edessa und der Gegend um Jerusalem. Da sich die Reliquie nachweislich seit dem 14. Jahrhundert nur noch in Frankreich und dann Italien befunden hatte, so musste sie in einer früheren Zeit dort gewesen sein und war somit viel älter, als man bis jetzt hatte beweisen können.

# *Kapitel III*

# Moderne Technologie soll Grabtuch-Rätsel lösen

## *Ein wissenschaftlicher Rattenfänger*

Es sollte einem amerikanischen Air Force Officer zu verdanken sein, dass die Grabtuchforschung einen wahren Quantensprung nach vorne machte. Prof. John Jackson, der den Stein ins Rollen brachte, der sich zu einer interdisziplinären Lawine gewaltigen Ausmaßes weiterentwickelte, war in seinem katholischen Elternhaus zum ersten Mal mit dem Turiner Grabtuch bekannt geworden. Seine Mutter zeigte dem damals 14-jährigen Knaben eines Tages eine Abbildung dieser Reliquie, die aber erst dann seine Neugier weckte, als er am Ende seiner Schulzeit das 1963 erschienene Buch „The Shroud" von John Walsh las sowie das Buch eines Mediziners über die Deutung des Körperbildes aus Sicht der Gerichtsmedizin. Aus diesen Büchern erfuhr Jackson, dass man sich noch immer nicht hatte einigen können über die Frage: ist das Turiner Grabtuch „echt" oder „nicht echt", obwohl auf ersten Sindonologen-Kongressen Forschungsergebnisse vorgestellt worden waren, die die historische Studien erbracht hatten oder Studien der Enrie-Fotos. Der 1898 entdeckte Negativ-Effekt, seit Enrie ja voll bestätigt, stellte für die Forscher ein großes Problem dar. Während die Vertreter der Pierre d'Arcis-Gruppe immer noch für eine mittelalterliche Fälschung plädierten („mit List bemalt und mit Falschheit und Betrug hergestellt") und vehement auf das „Stillschweigen der Quellen" zum Thema Grabtuch Jesu vor dem 14. Jahrhundert verwiesen und dabei die Ergebnisse der Pollenanalyse schlicht und einfach „übersahen", machten Anatomen und Mediziner darauf aufmerksam, dass das Bild mit auffallend anatomischer Korrektheit einen Körper darstelle, der genau die in den Evangelien beschriebenen Passionswunden aufweise.

John Jackson war derart fasziniert von diesem außergewöhnlichen Gegenstand, dass er - am Ende seiner Studienzeit - seine Dozenten mit dem Vorschlag verblüffte, er wolle seine Abschlussarbeit in Physik über das Turiner Grabtuch schreiben. Das Thema sollte ihn nie wieder loslassen. Jackson besuchte sodann die U.S.

*Pünktlich zur Bekanntgabe des C-14-Testergebnisses erschien das Sox-Buch.*

Navy Postgraduate School in Monterey und erwarb seinen Doktortitel in Physik. Sein erster Auftrag führte den frischgebackenen Doktoranten nach Albuquerque in das Weapons Laboratory. Dort, in einer der Top-Secret-High Tech-Waffenschmieden der USA, bekam er es zu tun mit extrem hochentwickelten Systemen wie Laserstrahl- und Partikelstrahlwaffen. Neben der Arbeit widmete sich Jackson einem Hobby der besonderen Art, dem Ballonfahren. Nach einem üblen Notlandungs-Crash nahm er sich dann vor, sich einem etwas gefahrloseren Hobby zu widmen und erinnerte sich an sein „Lieblingsobjekt", das Turiner Grabtuch. Er nahm sich vor, es ein wenig genauer aus der Sicht eines Physikers „unter die Lupe zu nehmen" mit Hilfe der berühmten Enrie-Fotos von 1931.

Die meisten Menschen würden ein solches Grabtuchfoto anschauen und es dann entsprechend ihrem Glauben entweder wieder vergessen oder es als ein interessantes, merkwürdiges und rätselhaftes Artefakt oder gar als Aufnahme des authentischen Grabtuches Christi in Erinnerung behalten. Doch was um alles in der Welt mag einen theoretischen Physiker dazu gebracht haben, sich als Hobby ausgerechnet eine Untersuchung einer religiösen Reliquie auszusuchen? Dasselbe, was alle guten Wissenschaftler antreibt: Neugier! Dabei mag das Wort Neugier sicherlich noch untertrieben sein angesichts dessen, was Leute wie Galileo, Kepler, Newton, Einstein und selbstverständlich alle an ihrer Thematik begeisterten Wissenschaftler zu allen Zeiten motivierte, das Unbekannte zu erforschen. Die Wissenschaftler der USA haben einen besonderen Ausdruck geprägt: sie sprechen in manchen Fällen von einem „fun project". Damit meinen sie ein Forschungsprojekt, das absolut faszinierend, berauschend, anregend und herausfordern ist. Jackson sollte das Turiner Grabtuch zum faszinierendsten aller „fun projects" machen, dessen Erforschung die hochkarätigsten Wissenschaftler verschiedenster Sparten zusammenführte.

Millionen und Abermillionen Menschen hatten während der vorausgegangenen drei Viertel des 20. Jahrhunderts das Grabtuch oder wenigstens Grabtuch-Fotos gesehen. Sie schauten es an - und gingen weiter. Jackson jedoch schaute es an, hielt inne, wunderte sich - und hatte tausend Fragen. Jackson stellte sich vor, falls das Tuch wirklich einen realen Körper umgeben habe, dann müssten einige Teile des Körpers wie Stirn, Nase oder Kinn das Tuch direkt berührt haben, während tiefere Körperteile wie Augenhöhlen, Hals usw. keinen Direktkontakt mit dem Tuch gehabt hätten. War der Körper selbst verantwortlich für das Bild auf dem Tuch, so überlegte Jackson weiter, so müssten die Stellen mit dem Direktkontakt intensiver im Bild sein und die Stellen mit größerem Abstand zum Tuch schwächer im Bild erscheinen. Sollte dies der Fall sein, so müsste im Bild ein Grabtuch-Körper-Abstand dargestellt sein, der mathematisch berechenbar und überprüfbar wäre. Theoretische Physiker sind alle auch Mathematiker, und Jackson war auf diesem Wissensgebiet absolut kompetent. Jedoch sind auch alle Theoretiker zugleich hoffnungslose Experimentalisten und verlassen sich auf andere Wissenschaftler, wenn es darum geht, Experimente auszutüfteln und zu leiten, die diese erdachten Hypothesen beweisen oder widerlegen.

Jackson brauchte nun also ein paar Experimentalisten, die ihm weiterhalfen, und er erkundigte sich nach in Frage kommenden Personen am Weapons Laboratory. Er suchte gezielt nach Wissenschaftlern, die kompetent seien in Sachen Bildanalyse und für die Messungen, die ihm vorschwebten.

Zufällig arbeitete zu dieser Zeit ein ziviler Computer-Spezialist auf dem Gebiet der Bildauswertung und Computerprogrammierung als Berater der Air Force am Weapons Laboratory. Donald Devan, ein Wissenschaftler der Information Science Inc. in Santa Barbara, verbrachte jede zweite Woche am Weapons Laboratory, wo er an Fotos von Nuklear-Explosionen arbeitete, eine recht langwierige und eintönige Beschäftigung. Eines Tages nun, Don Devan arbeitete gerade verbissen an diesen Explosions-Fotos, tauchte ein junger Mann bei ihm auf, stellte sich als Dr. John Jackson vor und fragte ihn, ob er jemals etwas vom Turiner Grabtuch gehört habe. Don Devan schaute Jackson ziemlich ausdruckslos an und erwiderte: „Nein. Was ist das?“ Jackson setzte sich nieder, holte tief Luft und begann, die wahrlich umfassende Geschichte des Turiner Grabtuches und dessen bisherige Erforschung wiederzugeben, seine vorgebliche Herkunft, seinen verblüffenden Negativ-Charakter und referierte über erste simple Untersuchungen von Stoffproben, Pollenkörnern sowie Statements der Gerichtsmediziner über die Wunden des auf dem Tuch abgebildeten Mannes. Zum Schluss kam Jackson auf seine Hypothese zu sprechen über den möglichen Zusammenhang des errechenbaren Tuch-Körper-Abstandes mit der Bildentstehung, die er zu überprüfen wünsche.

Nach der langen und begeistert vorgetragenen Einführung meinte Don Devan: „Das klingt interessant! Lass das Foto mal sehen!“ - Seine erste Reaktion war so etwas wie ein bescheidenes Schmunzeln. Im Vergleich zu dem langweiligen und fast nur eine weiße eintönige Helligkeit aufweisenden Fotomaterial, über dem er wieder einmal seit Stunden brütete, enthielt diese Kopie eines Grabtuchfotos eine wahre Fülle an Informationen. Devan versprach Jackson spontan seine Hilfe.

Zuerst würde man die Intensitätsgrade auf dem Bild mit einem Mikrodensitometer - einem Schwärzungsmesser - ermitteln, und dann mussten diese Schwärzungswerte umgerechnet werden in eine Art „Sprache“, die ein Computer würde verstehen und bearbeiten können. Alles musste digitalisiert werden. Jackson und Devan war klar, dass sie dazu einen kompetenten Programmierer benötigen würden. Theoretisch brauchten sie einen Mann, der folgende Bedingungen würde erfüllen müssen: Er musste ein guter Experimentalist und ein fähiger Computerexperte sein; er musste fähig sein, Testmodelle zu entwerfen und zu programmieren zur Überprüfung der Stichhaltigkeit der Hypothese, und last but not least musste er bereit sein, seine Freizeit für ein Projekt zur Verfügung zu stellen, das viele für auf oder jenseits der Grenzlinie aller verantwortlichen wissenschaftlichen Unternehmungen halten würden. Diese Person musste darüber hinaus interessiert sein an verschiedenen wissenschaftlichen Disziplinen - und sie müsste sich vom Rätsel des Turiner Grabtuches anstecken lassen. Doch Jackson und Don Devan hatten viel zu bieten: sie konnten ein „real fun project“ versprechen!

*Turiner Grabtuch - Foto des Antlitzes auf dem Grabtuch in Isodensity.*

Und wieder kam der Zufall zu Hilfe. Gerade zu dieser Zeit hielt sich ein Mann im Weapons Laboratory auf, auf den die ersten drei Punkte der Anforderungen zutrafen. Dr. Eric Jumper - er hatte gerade seinen Doktortitel für Ingenieurwesen erworben - war Thermodynamiker und arbeitete am Air Force Institute of Technology in der Abteilung für Aeronautik und Astronautik in der Wright Patterson Air Force Base. Und er war ein eingeschworener Realist. Letzteres ist ganz und gar nicht abfällig gemeint, sondern bezieht sich auf einen Wissenschaftler mit ernsthaftem Verstand, der versucht, alle Details einer Hypothese zu kompromisslosen eindeutigen Daten zu reduzieren. Wie Eric Jumper später selbst erzählte, war er damals das, was man wohl als phantasielos bezeichnen würde. Das einzige Buch, das er je neben wissenschafticher Lektüre gelesen hatte, waren „Die Abenteuer des Sherlock Holmes" gewesen. Eric Jumper war ein eingefleischter Militarist, befasste sich mit Aerodynamik und Wärmewechselproblemen und war durchaus zu begeistern für schwierige technische Herausforderungen.

Als John Jackson von Eric Jumper hörte, dachte er, dass dieser zwar die ersten geforderten Kriterien erfüllen mochte, doch was die Begeisterung für das Turiner Grabtuch - eine religiöse Reliquie - betraf, hatte er so seine Zweifel. Jackson trat trotz dieser Bedenken an Eric Jumper heran, stellte sich ihm vor und fragte ihn, ob er vertraut sei mit dem Turiner Grabtuch. - „Dem was, von wo?" fragte Jumper und stellte damit eine Frage, die Jackson noch oft hören sollte. Er stürzte sich daraufhin begeistert in eine seiner geliebten - und ellenlangen - Schilderungen um Geschichte und Hintergründe des rätselhaften Artefaktes, während Eric Jumper ihn mit einem nichts verratendem Gesichtsausdruck anstarrte, dann das Enrie-Foto betrachtete und dann zugab, dass es zwar ungewöhnlich sei, doch sei er nicht interessiert. Später verriet Eric Jumper, dass er zu diesem Zeitpunkt dachte, dass jemand, der dies Bild nicht für ein Gemälde oder Kunstwerk hielte, wohl ein Spinner oder Phantast sein müsse, um es noch vorsichtig auszudrücken.

Doch John Jackson hatte eine schlechte Angewohnheit, die sich für die folgende Grabtuchforschung als außerordentlich nützlich erweisen sollte: er akzeptierte selten ein Nein! Er redete so lange und intensiv auf Jumper ein, bis dieser schließlich resigniert einer Mitarbeit zustimmte, bloß, um Jacksons Redefluss Einhalt zu gebieten. Jackson überreichte Jumper ein Buch, das der Chirurg und Anatomielehrer Pierre Barbet über die medizinischen und anatomischen Aspekte auf dem Turiner Grabtuch geschrieben hatte, und bat Jumper, es durchzulesen. Bei der Lektüre stellte Eric Jumper dann amüsiert fest, dass es durchaus einen Zusammenhang gebe zwischen Sherlock Holmes und dem Grabtuchforscher Pierre Barbet: beide schrieben über ungelöste Rätsel. Das Buch beeindruckte Jumper - und verblüffte ihn: Barbet schien von der Echtheit dieses Grabtuches überzeugt zu sein. Tief bestürzt war Jumper über die schrecklichen Einzelheiten über die Kreuzigung und die Wunden, die dieser Mann im Grabtuch erlitten haben musste. Jumper war keineswegs mehr uninteressiert! Er war zur Mitarbeit mehr als bereit, und so begleitete er John Jackson zu Don Devan.

Alle drei Wissenschaftler hielten die Körper-Tuch-Distanz-Hypothese für vielversprechend, waren jedoch besorgt wegen der etwas unbefriedigenden Qualität der ihnen zur Verfügung stehenden Fotos. Sie recherchierten ein wenig, um an bessere Fotos zu gelangen, und erfuhren von der Holy Shroud Guild, deren Präsident Pater Adam Otterbein sei. Gemeinsam setzten die drei Wissenschaftler einen Brief an Vater Otterbein auf, in dem sie beschrieben, was sie zu tun beabsichtigten und in dem sie anfragten, wie sie an bessere Fotos kommen könnten.

Die Holy Shroud Guild war im Jahr 1959 gegründet worden und hatte zwei Hauptziele: die Verbreitung der Kenntnis des Turiner Grabtuches und die Unterstützung jeglicher wissenschaftlicher Erforschung dieses Gegenstandes. Seit vielen Jahren schon hatte Vater Otterbein versucht, das wissenschaftliche Interesse am Grabtuch zu wecken und zu fördern, doch hatte er als Ergebnis dieser Bemühungen bisher lediglich das Gutachten einer Gruppe von Gerichtsmedizinern aufzuweisen. Zu dieser Gruppe gehörte auch Pierre Barbet, dessen Buch Eric Jumper so sehr beeindruckt hatte. Barbet war im Ersten Weltkrieg als Chirurg auf dem Schlachtfeld tätig gewesen und hatte wahrscheinlich mehr Wunden gesehen und Abdrücke, die diese auf Bandagen hinterlassen, als andere Menschen während ihres ganzen Lebens zu sehen bekommen. Sein Urteil über das Grabtuch war also durchaus ernst zu nehmen, das seiner Meinung nach einen authentischen Blutfluss und anatomisch korrekte Wunden aufweise, von denen kein mittelalterlicher Künstler Kenntnis gehabt haben konnte. Diese auffallende anatomische Korrektheit wurde auch von anderen Ärzten, Chirurgen, Gerichtsmedizinern und Anatomen besonders hervorgehoben. Die anatomisch richtige Darstellung des menschlichen Körpers beginnt erst ab ca. 1450 in der christlichen Kunst und somit erst 100 Jahre nach der ersten uns bekannten Grabtuch-Ausstellung in Lirey. Und trotzdem soll der vermeintliche Künstler oder Fälscher bereits so früh die medizinischen Kenntnisse eines modernen Chirurgen gehabt haben sowie Kenntnisse um den Unterschied beim menschlichen Blutfluss und von der Leichenstarre eines Gekreuzigten? Dieser angebliche Künstler hätte zudem im Widerspruch zu der allgemein geltenden Meinung Kenntnis gehabt haben müssen von den durchbohrten Handgelenken (statt der Handflächen, wie damals jedermann glaubte) sowie von der Dornenkappe (statt der überlieferten Dornenkrone). Das Blut auf dem Körperbild ist nicht einheitlich rot dargestellt, wie es ein Künstler ausführen würden, sondern außerordentlich differenziert, wie es der komplizierten Zusammensetzung des Blutes und dem ebenso komplizierten Gerinnungsvorgang entspricht. Zu erkennen ist sogar der Unterschied zwischen arteriellem und venösem Blut. Mediziner waren vor allem darüber erstaunt, dass es ohne Probleme möglich ist, zu diagnostizieren, was mit dieser Person im Grabtuch geschah. Die Pathologie und die Physiologie ließen keinen Zweifel daran, dass hier ein medizinisches Wissen repräsentiert wurde, das vor 150 Jahren geschweige denn noch früher noch gar nicht bekannt war.

Vater Otterbein wünschte sich schon seit längerem weitere wissenschaftliche Urteile über das Turiner Grabtuch neben den gerichtsmedizinischen. Als er nun von diesen hochqualifizierten und motivierten Wissenschaftlern hörte, die besseres Fotomaterial für ihre Arbeiten wünschten, war er hocherfreut und sandte ihnen umgehend qualitativ hochwertige Abzüge der Enrie-Fotos aus dem Jahr 1931 zu sowie Negative von Fotos, die er selbst und sein Vizepräsident Pater Peter Rinaldi 1973 in Turin gemacht hatten. Beide hatten damals das Glück gehabt, bei der Untersuchung durch die Kommission am Originalobjekt dabeisein zu dürfen. Jackson und Jumper waren begeistert über die Fotos und Negative. Ihre Arbeit konnte beginnen.

Das erste elektronische Gerät in der nun in eine neue Phase eintretenden Grabtuchforschung war ein Mikrodensitometer, ein Schwärungsmesser. Das Körperbild auf dem Grabtuchfoto wurde wie ein Schachbrett elektronisch in Tausende von Bildpunkten (Pixel) unterteilt, jeder Bildpunkt empfing ein bestimmtes Lichtbündel. Die Lichtmenge, die jedes einzelne dieser Pixel durchließ, wurde auf einer Schwarz-Weiß-Skala gemessen, die 256 mit dem Auge nicht mehr wahrnehmbare Abstufungen enthielt. Jedes Pixel erhielt - je nach Schwärzungsdichte - eine Nummer zugeteilt, und das Foto verwandelte sich in eine numerische Landkarte.

Es stellte sich bald heraus, dass die Intuition Jacksons richtig gewesen war und der von Don Devan vorgeschlagene Mikroschwärzungsmesser gute Arbeit geleistet hatte. Die Stellen mit der größten Dichte bzw. Schwärze auf dem Körperbild waren immer die Stellen, wo der Körper unter dem Tuch die höchsten Erhebungen aufwies: die Nasenspitze, die überkreuzten Hände, die Knie usw. Die Stellen, die fast gar keine Bildspuren aufwiesen, deckten sich mit den Stellen, wo der Körper am weitesten vom Tuch entfernt gewesen sein musste.

Der nächste Schritt bestand nun darin, jeder dieser 256 Stufen der Schwarz-Weiß-Skala eine Höhenzahl zur Körperoberfläche zuzuweisen. Bis spät in die Nacht saßen nun John Jackson und Eric Jumper zusammen und tüftelten Programme für den Computer aus. Der Computer sollte dann Daten ausspucken und Print-Out-Material, mit dem sie eine Art 3-D-Darstellung des Mannes auf dem Turiner Grabtuch würden erarbeiten könnten.

Jackson war in Gedanken schon einen Schritt weiter. Er suchte einige Freiwillige, die den Körper des Mannes im Tuch nachstellen sollten, damit man einige Messungen würde vornehmen können. Begeistert und amüsiert legten sich junge Kerle als bestatteter Jesus unter Tücher, während deren Daten dem Computer eingegeben wurden. Weitere Zahlenkolonnen wurden ausgespuckt. Als diese Ausdrucke mit den digitalisierten Daten des Grabtuches verglichen wurden, wurde klar, dass es mehr als eine flüchtige Ähnlichkeit gab zwischen ihnen.

Der experimentierfreudige Professor hatte inzwischen noch einen weiteren Wissenschaftler, Rudy Dichtl, in das eingespannt, was sie inzwischen einmütig aber liebevoll eine „Hundsarbeit" nannten. Alle drei Wissenschaftler, die Jackson für sein Objekt begeistert hatte, waren nun wild entschlossen, einem Rätsel auf die Spur zu kommen, das sich tatsächlich als ein wahres „fun project" gezeigt hatte, und das noch viele weitere Wissenschaftler in den Bann ziehen sollte. Dr. John Heller, einer dieser Wissenschaftler, die durch Jackson zur Grabtuchforschung gelangt waren, nannte später John Jackson liebevoll einen „wissenschaftlichen Rattenfänger": er spielte enthusiastisch auf seiner „Grabtuch-Flöte", und die Forscher folgten ihm scharenweise.

Jackson erinnerte sich nun an zwei Wissenschaftler, die er in den Jet Propulsion Laboratories in Pasadena kennengelernt hatte, und die dort am Viking-Raumfahrtprogramm mitarbeiteten. Zu diesem Zeitpunkt fiel ihm ein, dass sie für sein „fun project" von beträchtlichem Wert sein könnten. Schon saß Jackson im Flieger nach Los Angeles; auf dem Heimflug war er sicher, dass Don Lynn und Jean Lorre an der Turiner-Grabtuch-Angel zappelten, und als „Köder" hatte er ihnen gleich Kopien der Grabtuchfotos dagelassen, damit sie schon mal ihr wissenschaftliches Mütchen an ihnen kühlen könnten. Darunter waren auch Farbfotos, die Vater Otterbein 1973 angefertigt hatte.

Don Lynn war der Leiter der Space Processing Group, und jetzt, spät im Jahr 1975, bereiteten er und sein Team die Viking-Landung auf dem Mars vor. Es ist ein Wunder, dass Lynn und Lorre dabei auch noch Zeit fanden, sich mit dem Turiner Grabtuch zu befassen.

Für Donald Lynn und Jean Lorre war die erste und wichtigste Frage diese: Ist dies ein Gemälde? Sie stellten sich die Beantwortung dieser Frage relativ leicht vor: sie würden ein Spektrometer einsetzen und eine Fourier-Umwandlung des Bildes vornehmen, ein paar mathematische Manipulationen am Computer - und schon wisse man, ob sich hier ein Künstler mit Pinsel und Farbe betätigt habe. Mit Feuereifer machten sich beide in ihrer knappen Freizeit an die Arbeit. Sie legten das Bild u.a. frei von störendem Hintergrund wie dem Stoffgewebe, den Wasser- und anderen Flecken. Überrascht waren sie, als sie schon bald feststellten, dass sich hier offensichtlich keinerlei Spuren einer Zeichen- oder Maltechnik finden ließen. Verblüfft waren sie auch über die Tatsache, dass dies Bild weder Konturen noch Pinselstriche aufzuweisen schien. Damit wurde der in weiten Kreisen noch immer favorisierten Fälscher-Theorie ein herber Schlag versetzt. Lynn und Lorre machten nun einige extreme Vergrößerungen und arbeiteten noch verbissener weiter. Don Lynn erinnerte sich später an diese erste Phase seiner Grabtuchforscherlaufbahn: „Reliquien hatten mich nie interessiert. Ich lehnte sie stets ab. Ich war extrem skeptisch. Doch als einige erste Daten sich herauskristallisierten, bildete sich am alleräußersten Rand meines Verstandes langsam ein Gedanke: Wäre es nicht unglaublich, falls es tatsächlich... Ich traute mich nicht, diesen Gedanken zu Ende zu denken und verdrängte ihn; ich wartete die Entwicklung einfach ab. Als dann weitere Ergebnisse kamen, flammte mein Skeptizismus erneut auf. Es wurde eine Art Spiel mit dem Motto: lass uns sehen, wie wir dies widerlegen können!“

An diesem „Spiel“ beteiligten sich bald alle inzwischen am Grabtuch-Projekt Beteiligten, und dies nicht nur in Wort und Tat, sondern sie fingen an, sich Briefe zu schreiben, hitzige Telefongespräche zu führen und sich zu kleinen Konferenzen zu treffen, die dann meist zu lautstarken, enthusiastischen Diskussionen führten.

Die ganze Angelegenheit war auf dem besten Wege, sich zu etwas zu entwickeln, was niemand vorausgesehen hatte. Sollte irgend etwas an ihren Beobachtungen oder Berechnungen falsch sein, so wollte nun jeder der erste sein, der dies herausfand. Die Wissenschaftler stachelten sich gegenseitig an und trafen sich immer wieder zu Disputen. Es war ihnen klar, dass es sehr viel besser wäre, wenn sie selbst die Schwachpunkte in ihren Daten fänden, als wenn andere dies später tun würden.

Don Lynn war für dies Projekt, von dem niemand wusste, wohin es sie führen würde, in einer vergleichsweise günstigen Ausgangsposition. Er hatte an der Mariner-Mission zur Venus mitgearbeitet und derjenigen zum Merkur sowie beim Viking-Projekt; später bei Voyager zum Jupiter, Saturn und darüber hinaus. Er hatte alle wissenschaftlichen Theorien über unser Planetensystem zusammenbrechen sehen und das Auftauchen neuer, dramatischer Entdeckungen von der Mikroskopie bis zur Astronomie miterlebt. Was immer sie über das Turiner Grabtuch herausbekommen würden, er würde kein Problem damit haben, es zu akzeptieren.

Lynn und Lorre saßen auf der leistungsfähigsten Ansammlung von Bildanalyse-Hardware und -Software in der ganzen Geschichte der Menschheit; was also lag näher, als dieses Equipment anzuwenden für die Lösung des Rätsels Turiner Grabtuch? Sie opferten ganze Nächte ihrer Freizeit und arbeiteten begeistert weiter.

## *Die Entdeckung des 3-D-Effekts*

John Jackson war inzwischen bereits wieder dabei, ein neues Problem zu lösen. Jemand am Weapons Laboratory hatte ihm den Einsatz eines Wratten-Filters empfohlen. Jackson hatte keine Ahnung, was ein Wratten-Filter ist, aber das schreckte den Unermüdlichen nicht ab. Er war enttäuscht, dass das Weapons Lab, das eigentlich umfassend und großzügig eingerichtet war, keinen solchen Filter aufzuweisen hatte. Irgend jemand gab ihm den Tipp, dass man im Sandia Laboratory vielleicht so etwas habe. Dies ist ein weiteres Institut in Albuquerque, wo an Top-Secret-Projekten gearbeitet wird. Jackson fuhr nach dort und lernte Bill Mottern kennen. Bill Mottern hatte nicht nur einen Satz Wratten-Filter, sondern noch etwas ganz anderes. Dieses „andere“ sollte der Grabtuchforschung zu einem wahren Quantensprung verhelfen. Es war der VP8, ein für die Weltraumforschung entwickelter Bildanalyse-Computer.

Fast jeder kennt die großartigen NASA-Planeten-Aufnahmen. Die Raumsonden im All enthalten keine Kameras im eigentlichen Sinn, sondern sie haben eine Vorrichtung, die Lichtsignale sammelt und diese zur Erde sendet. Der VP8 ist so programmiert, dass er „dunkler“ und „heller“ als jeweils ferner oder näher interpretiert und in ein dreidimensionales Bild umwandelt. Jedes Foto - egal, ob das eines Menschen, eines Gegenstandes oder einer Landschaft - ist flach und zweidimensional und würde im VP8 zu keinem dreidimensionalen Bild umgewandelt werden können. Nur dann, wenn Höhen und Tiefen durch mehr oder weniger Licht bzw. die Anzahl von Lichtphotonen angegeben sind, kann der VP8 ein 3-D-Bild produzieren.

Jackson hatte zu diesem Zeitpunkt noch nie vom VP8 gehört. Als er nun Bill Mottern kennenlernte und ihm wegen dieses Wratten-Filters befragte, wurde dieser neugierig und wollte von Jackson wissen, wozu er es brauche. Jackson, immer nur allzu bereit, über sein Lieblingsthema zu referieren, zeigte Bill Mottern ein Grabtuchfoto und legte los. Nachdem Mottern ihm bereitwillig zugehört hatte, kam ihm eine sponate Idee in den Sinn. „Warum“, so fragte er Jackson, „geben wir dies Foto nicht mal in den VP8 ein?“ Einer neuen Idee niemals abgeneigt, stimmte Jackson sofort begeistert zu, obwohl es eigentlich klar war, dass ein flaches Foto nun mal nur cin verzerrtes, groteskes Ergebnis liefern konnte. Doch aufgeschlossene Wissenschaftler kennen das Wort „Zeitverschwendung“ nicht, wenn es um die Befriedigung ihrer Neugier geht. Sie gaben also das Grabtuchfoto in den VP8 ein, Mottern drehte an den Knöpfen und Skalen, manipulierte Brennweite und Rotation. Plötzlich starrten beide völlig perplex auf den Bildschirm. Aus dem elektronischen

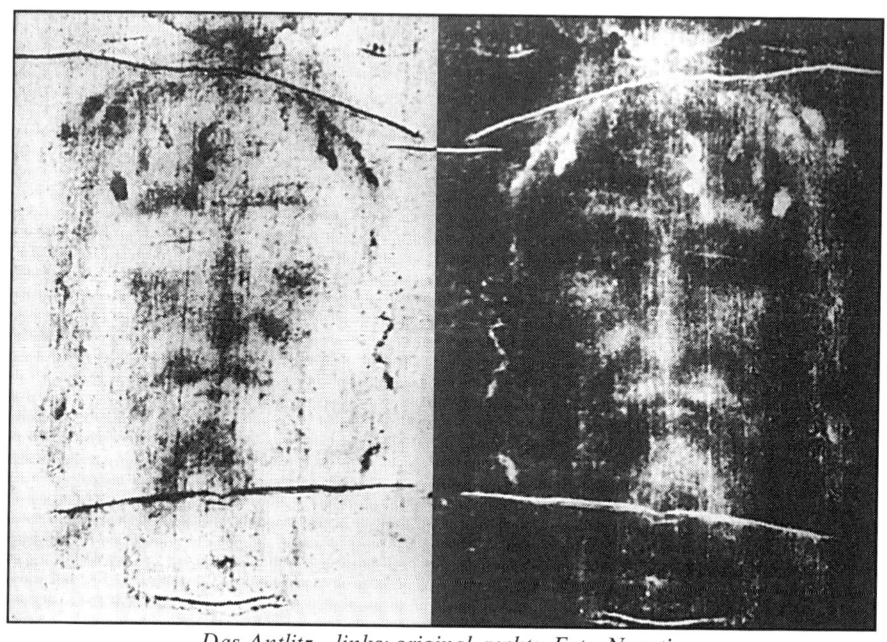

*Das Antlitz - links: original, rechts: Foto-Negativ*

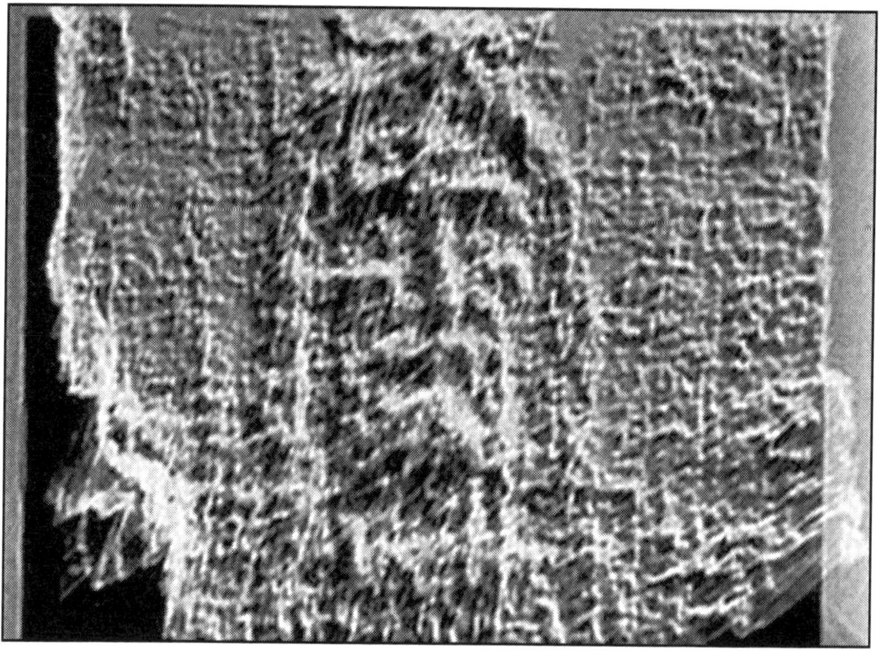

*Die 3-D-Darstellung des Antlitz per VP8.*

Nebel heraus hatte sich ein perfektes dreidimensionales Bild eines liegenden Mannes gebildet! Das absolut Unmögliche und Unerwartete war geschehen! Lange Zeit starrten die beiden Wissenschaftler stumm und verblüfft auf den Bildschirm. Das lange Haar des Mannes, der Bart, der Gesichtsausdruck erwachten zum Leben und gaben Jackson und Mottern das gespenstige Gefühl, auf ein wirkliches Gesicht zu schauen, nicht auf ein Gemälde oder Foto. Endlich brach Jackson als erster das Schweigen. - „Bill", sagte er, „ist dir klar, dass wir womöglich die ersten Menschen sind nach zweitausend Jahren, die genau wissen, wie Christus im Grab aussah?"

Nachdem Mottern für Jackson noch einen Computerausdruck des 3-D-Bildes angefertigt und ihm in die Hand gedrückt hatte, machte dieser sich auf den Weg nach Hause. Jackson ist normalerweise sehr sanftmütig, und sein stärkster Kraftausdruck lautet: „Mensch!" Jetzt aber, in seinem Wagen auf dem Heimweg, musste er irgendwie seinen Gefühlen nachgeben und sich Luft machen, und so brüllte er aus vollstem Herzen: „Yabba-dabba-doo!"

Später, als er diesen wahrlich aufregenden Tag mit seiner sensationellen Entdeckung John Heller schilderte, fragte dieser Jackson schmunzelnd: „Yabba-dabba-doo? John! Das sagt ein siebenjähriger Junge, wenn man ihm einen Riesenschokoriegel gibt. Ist das die Krone deines euphorischen Vokabulars, dein stärkster Kraftausdruck?" Jackson, grinsend und mit einem Auge zwinkernd: „Ja. Der größte und beste."

Als Jackson nach Einbruch der Dunkelheit nach Hause kam, wäre er am liebsten zu Eric Jumper weitergefahren, um ihm diese sensationelle Neuigkeit sofort weiterzugeben, doch ausgerechnet an diesem Abend hatte ihn seine Frau als Babysitter eingeteilt. Jackson hängte sich sofort ans Telefon, um Eric Jumper zu sich zu bestellen - doch auch dieser musste an diesem Abend zu Hause den Babysitter spielen. Jumper wäre am liebsten durch das Telefon gekrochen, als er hörte, was Jackson zu berichten hatte, und um sich den Computerausdruck des 3-D-Bildes anzuschauen. Beiden war klar, dass man hier ein ganz außergewöhnliches Bildmerkmal entdeckt hatte, ein Bildmerkmal, das überhaupt nicht mehr

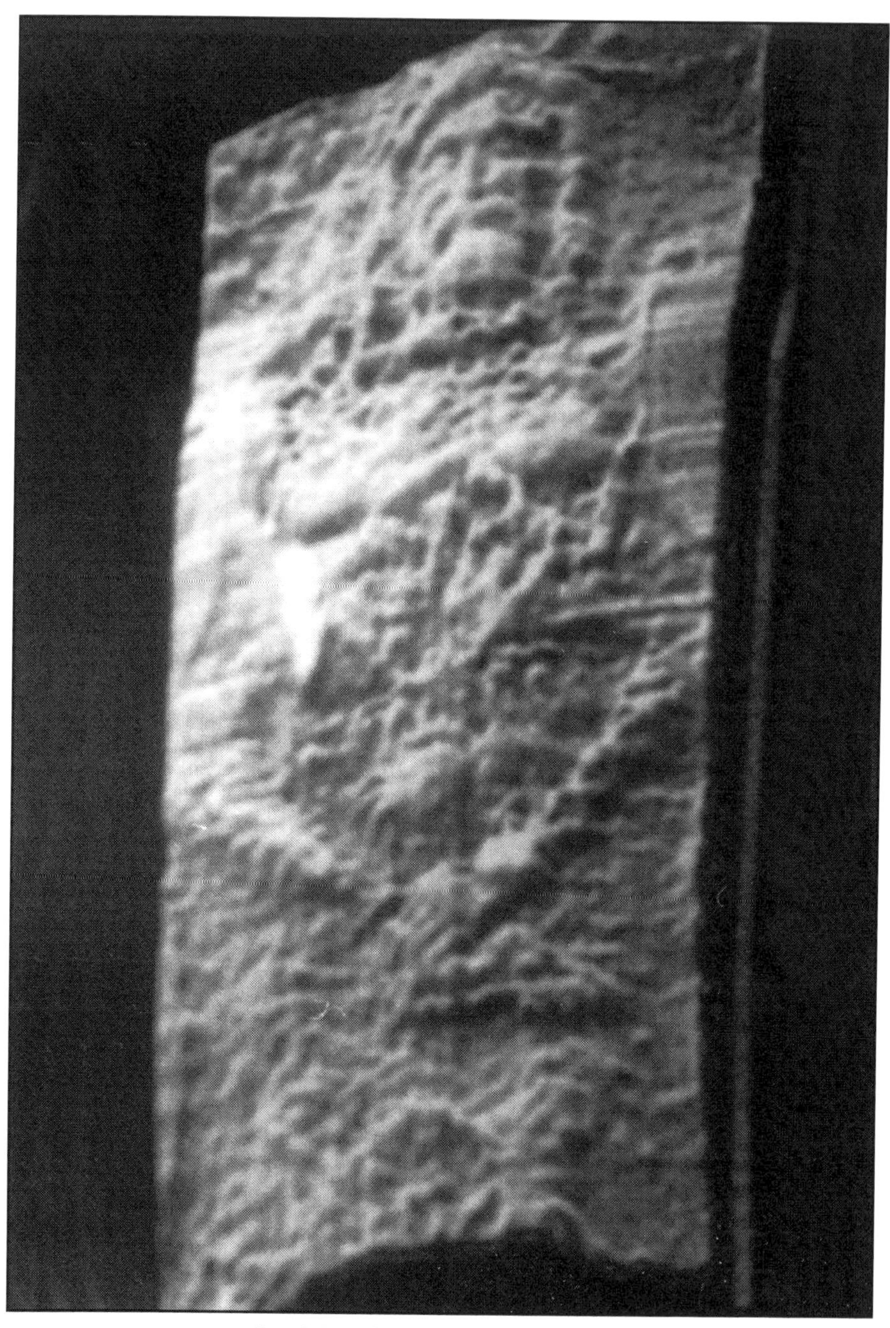

*Das 3-D-Bild des Turiner Grabtuches*

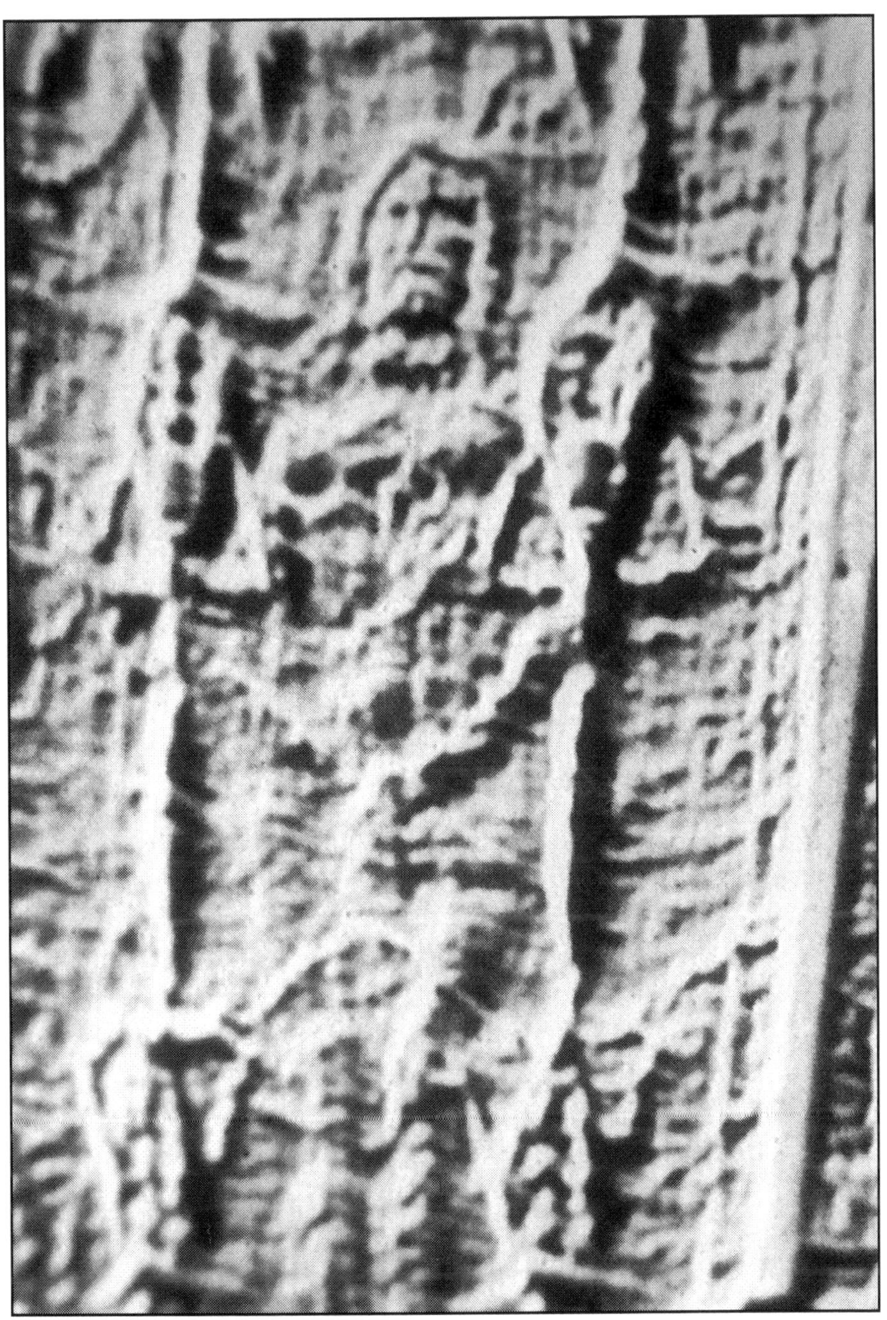

*Die 3-D-Darstellung des Mannes im Turiner Grabtuch - STURP*

zu der Künstler- oder Fälscher-Theorie passte. Die Entstehung des Körperbildes musste sehr viel komplizierter und rätselhafter gewesen sein, als irgendjemand bisher gedacht hatte.

Gleich am nächsten Morgen rannte Jumper zuallererst in Jacksons Büro - beide Hände schon ausgestreckt. Er brauchte gar nichts zu sagen, Jackson reichte ihm das 3-D-Bild, und Jumper stand nur noch stumm und ergriffen da und konnte sich von dem Anblick gar nicht losreißen. Schließlich wirbelte er auf dem Absatz herum und rannte aus dem Büro, Jackson dicht auf den Fersen. Sie fegten wie ein Tornado durch die Flure und hielten jeden an, der vorbeikam. Jumper rief immer wieder: „Hey, schaut! Schaut euch das an! Was sehr ihr?" - Weitere Wissenschaftler kamen aus ihren Büros, um zu sehen, was dieser Aufstand zu bedeuten habe. Alle drängten sich um Jackson und Jumper - und für den Rest des Tages drehte sich alles nur noch um das sensationelle 3-D-Bild.

John Jackson und Eric Jumper waren hocherfreut, dass ihre Annahme eines Zusammenhanges von Körper-Tuch-Abstand mit der Bildentstehung offensichtlich den Tatsachen entsprach. Für die Grabtuchforschung war dieser sponate Einfall und dessen unerwartetes Ergebnis nicht nur ein atemberaubender neuer Aspekt, sondern auch die Bestätigung dafür, dass der Einsatz der allermodernsten High Tech-Geräte auch für die zukünftige Erforschung der mysteriösen Reliquie überaus vielversprechend war.

Inzwischen erwartete John Jackson wichtigen Besuch. Vater Adam Otterbein hatte sich angekündigt, da er sich einmal erkundigen wollte, was diese Air Force-Wissenschaftler mit den Fotos, die er ihnen hatte zukommen lassen, angestellt hatten. Jackson hieß Vater Otterbein bei sich zu Hause herzlich willkommen und zeigte ihm, kaum dass sein Gast sich niedergelassen hatte, schon das VP8-Bild. Jackson erwartete eine explosive Reaktion, doch der Priester verstand gar nicht, was er da sah. Vater Otterbein lächelte und meinte, er habe schon andere Reliefbilder gesehen. Er glaubte, das Foto einer retuschierten Schnitzerei oder etwas ähnliches zu sehen. In der Vergangenheit hatten sich bereits mehrfach

Künstler daran versucht, mit Gips oder Holz eine Statue nach Vorlage des Fotos des Mannes auf dem Turiner Grabtuch herzustellen. Jackson versuchte, Pater Otterbein über das sensationelle Neue bei diesem Bild aufzuklären; er hub an zu einem Vortrag über das Verhältnis von Farbintensität zum senkrechten Abstand, digitalisierte Bilder, Mikrodensitometer, Kurven, Pixel und und und... bis der Morgen bereits heraufdämmerte. Vater Otterbein, wohl vertraut mit Theologie und Geisteswissenschaften, war völlig erschlagen. Doch er lächelte und nickte zu allem, was Jackson von sich gab; er war schwer beeindruckt und fühlte sich gleichzeitig wie von einer Walze überrollt.

Am nächsten Tag sauste Jackson mit Vater Otterbein zum Sandia Laboratory, wo den Priester ein Crash-Kurs in Sachen VP8, Optik, Physik, Mathematik und Computergraphik erwartete. Dann ging es wieder zurück zu den Jacksons - zu einer weiteren All-night-Session! John Jackson war nun einmal nicht zu bremsen, wenn es um sein Liebtlingsthema Turiner Grabtuch ging.

Am Tag darauf bemerkte Eric Jumper, dass der arme Pater anscheinend völlig erschöpft war, und da Jumper nur zu gut Jacksons Hang zum Dauerreden kannte, lud er kurzerhand Vater Otterbein für ein paar ruhige Erholungstage zu sich nach Hause ein. „Gott sein Dank!“ soll Vater Otterbein aus tiefstem Herzen gestöhnt haben, als er Jumpers Haus erreichte. „Eine weitere derartige Nacht hätte ich nicht übelebt!“

Nach den wohlverdienten Ruhetagen begann Eric Jumper dann, dem Priester ganz ruhig und scheibchenweise zu erklären, was Jackson ihm versucht habe, beizubringen, und endlich ging Vater Otterbein ein Licht auf. Dieses „Licht“ sollte weitreichende Konsequenzen haben für die weitere Grabtuchforschung.

Immer wieder gelang es dem „wissenschaftlichen Rattenfänger“ John Jackson, weitere kompetente Leute für das „fun project“ zu gewinnen und zu begeistern. Eines Tages hatte er sich entschlossen, einen Kursus in einem anderen Institut zu leiten. Dort lernte er Dr. Robert Dinegar kennen, einen Physiker und Chemiker vom Los

Alamos National Laboratory. Bei einem gemeinsamen Gespräch erwähnte Jackson natürlich auch das Turiner Grabtuch, und er fragte Dinegar, ob er nicht ein paar Wissenschaftler am Los Alamos National Lab kenne, die mithelfen könnten, die Rätsel um dies mysteriöse Artefakt zu lösen. Dinegar brauchte nicht lange nachzudenken; auf Anhieb fielen ihm einige Kollegen ein, und er selbst war auch höchst interessiert. Er schlug Jackson vor, doch einmal einen Vortrag am Los Alamos National Laboratory zu halten, um den Leuten dort selbst zu demonstrieren, um was es gehe. Gerne stimmte Jackson zu - und wieder war die Gruppe um ihn ergänzt um einige hochkarätige und engagierte Wissenschaftler.

Bald darauf wurde John Jackson versetzt zur Air Forc Academy in Colorado Springs. Er verabschiedete sich von Jumper, Devan, Mottern und all den anderen Wissenschaftlern seines Grabtuch-Teams mit dem Gefühl, dass die weitere Zusammenarbeit der größeren räumlichen Entfernung wegen erst einmal auf Eis gelegt werden müsse. Er sollte sich diese Sorge völlig umsonst machen. Bereits zehn Tage nach seinem Einzug im neuen Zuhause klopfte es an seiner Tür. Er ließ den bis über beide Ohren grinsenden Eric Jumper ein, der ihm freudestrahlend mitteilte, dass er ebenfalls hierher versetzt worden sei. Die Erfoschung des Turiner Grabtuches sollte nun erst so richtig losgehen, wenn beide auch noch nichts davon ahnten.

## *Ein Plan wird erwogen*

In der Zwischenzeit war Vater Otterbein klar geworden, dass er zum ersten Mal, seit er die Holy Shroud Guild gegründet hatte, einige kompetente Wissenschaftler gefunden habe, die genau das zu tun imstande waren, was er und sein Vizepräsident Peter Rinaldi schon immer angestrebt hatten: die fachgerechte und interdisziplinäre Erforschung des Turiner Grabtuches. Vater Otterbein hatte einen großen Traum, den auch Rinaldi mit ihm teilte. Im Jahr 1978, wenn die berühmte Reliquie wieder einmal öffentlich ausgestellt und somit aus ihrem Behältnis heraugenommen werden würde, wäre eine sehr gute und einmalige Gelegenheit für Wissenschaftler, irgendwann zwischen Ende der Ausstellung und der Rückkehr des Tuches an seinen Aufbewahrungsort, Studien am Originalobjekt durchzuführen. Eine Vorbedingung für die Erfüllung seines Herzenswunsches sah Pater Otterbein nun erfüllt: er kannte nun die für dies Projekt geeigneten Wissenschaftler. Otterbein und Rinaldi nahmen sich vor, nun auch für die Erfüllung des restlichen Traumes einzutreten.

Pater Rinaldi, der inzwischen eine Gemeinde in New Rochelle, New York, leitete, war ein gebürtiger Turiner. In seinen Knabenjahren hatte er als Messdiener in der Kathedrale mitgewirkt, wo sich das Grabtuch befand. Dort hatte er viel über die umstrittene Reliquie gelernt, hatte sich für die historischen Hintergründe interessiert sowie für die Fragen um das wirkliche Alter des Tuches. Auch nachdem er Priester geworden und nach New York gegangen war, hatte er das Interesse an diesem Gegenstand nicht verloren; er hatte zwei Bücher über die Santa Sindone - wie die Italiener das Turiner Grabtuch nannten - geschrieben und immer noch - das war jetzt das wichtigste - Connections zu Turinern in Schlüsselpositionen. Pater Rinaldi fing nun an, mit Otterbein einige Pläne in bezug auf das Jahr 1978 zu schmieden und seine Connections ein wenig spielen zu lassen.

In der Zwischenzeit hatten sich derart zahlreiche Wissenschaftler verschiedener Fachrichtungen zum Turiner-Grabtuch-Team um Jackson zusammengefunden, dass der Gedanke aufkam, einmal alle offiziell zu versammeln, damit man sich miteinander austauschen und über die Forschungen und Ergebnisse der anderen Neues erfahren könne. Jackson und Jumper planten cinc crste Konferenz, die in Albuquerque abgehalten werden sollte. Diese Konferenz sollte einen ganz besonderen Kick bekommen, von dem die Wissenschaftler noch nichts ahnten.

Während John Jackson diese Konferenz vorbereitete, bekam er einen Anruf von Vater Otterbein. Es gebe, so der Pater, eine winzig kleine Chance für Jackson und sein Team, nach der Ausstellung der Reliquie im Jahr 1978 in Turin Studien am Originalobjekt durchführen zu können. Als Jackson zuerst sprachlos und dann überschwenglich reagierte, dämpfte Pater Otterbein ihn ein wenig. Er solle sich nicht allzu große Hoffnungen machen, noch sei nichts entschieden. Doch Jacksons Vorfreude war nicht kleinzukriegen (genau gesagt war das einer seiner großartigen „Yabba-dabba-doo!"-Momente). Nicht in seinen kühnsten Träumen hätte er mit einer derartigen Chance gerechnet!

Von diesem Augenblick an nahm die geplante Konferenz in Albuquerque ganz andere Dimensionen an. Die Wissenschaftler hatten nicht nur Gelegenheit, ihre Vorträge zu halten, sondern mussten nun auch Pläne ausarbeiten, in denen sie skizzierten, was für Tests und Experimente sie machen würden, sollten sie tatsächlich die Gelegenheit bekommen, das Original zu untersuchen.

Als Don Devan die großartige Neuigkeit erfuhr, wollte er sie zuerst gar nicht glauben. Dann fiel ihm ein, dass das Team zwar gute Bildanalyse-Experten aufweise, aber noch keinen Fotografen. Devan kontaktierte Barrie Schwortz, einen professionellen Fotografen und Mitarbeiter des berühmten Brooks Institute of Photography in Santa Barbara. Barrie Schwortz war hellauf begeistert von der sich ihm bietenden Gelegenheit und versprach, dabei zu sein. Er holte auch Vernon Miller ins Team, einen Spezialisten für technische und wissenschaftliche Fotografie am gleichen Institut. Noch weitere Experten wurden eingeweiht und befragt, ob sie an einer Mitarbeit interessiert seien, und sie waren sofort einverstanden: Ernest Brooks, der Leiter des Instituts und Samuel Pellicori, der am Forschungsinstitut in Santa Barbara arbeitete, sowie Mark Evans, der Assistent von Vernon Miller. Es sollte sich erweisen, dass Don Devan bei der Suche nach Fotospezialisten ein gutes Händchen bewiesen hatte.

Im März 1977 war es dann soweit: in Albuquerque, einer der neuen Hochburgen für geheime Spitzentechnologie, trafen sich die Wissenschaftler, die alle eines gemeinsam hatten: das „fun project". Neben den Wissenschaftlern waren auch etliche Kirchenleute anwesend: Vater Otterbein und Vater Rinaldi, ein Monsignore aus Rom, ein anglikanischer Priester aus London, ein Jesuiten-Professor von der Loyola-Universität in Chicago sowie der berühmte Dr. John A. T. Robinson, ein Bischof und Dekan des Trinity College in Cambridge. Robinson, eine führende Kapazität für Neutestamentliche Theologie, war auf die Arbeit von Jackson und Jumper zufällig aufmerksam geworden; speziell die Entdeckung des 3-D-Charakters des Körperbildes durch den VP8 hatte ihn tief beeindruckt, so tief, dass er eine 180-Grad-Wendung gemacht hatte vom Skeptiker zum Befürworter der Echtheit des Turiner Grabtuches. Er war nun bereit, diese Reliquie als einen stummen Zeugen für die in den Evangelien geschilderten Ereignisse zu betrachten. Aus England war ferner der bekannte Sindonologe Ian Wilson gekommen - und man sah zwei neue Gesichter unter den Wissenschaftlern: Harry und Erica John von der DeRance Foundation.

An zwei Tagen hielten 24 Referenten Vorträge auf den Gebieten der Historik, Theologie und Naturwissenschaft. Der Chemiker Ray Rogers und John Jackson stellten die Ergebnisse ihrer inzwischen durchgeführten Farbanalysen vor, die zweifelsfrei ergaben, dass für das Körperbild keinerlei Farbmaterial verwandt worden war. Lorre und Lynn stellten die Auswertungen ihrer High Tech-Bildanalysen vor, die zum gleichen Ergebnis geführt hatten. Der Höhepunkt dieser Konferenz war zweifellos die Vorstellung des 3-D-Bildes, das der VP8 angefertigt hatte. Als Knüller präsentierte Jackson ein vielbeachtetes 3-D-Close-up des Antlitzes auf dem Grabtuch und gab die Vermutung kund, dass sich auf den Augen des Mannes auf dem Tuch möglicherweise Münzen befanden, was sich später auch als richtig erweisen sollte.

Zahlreiche Anwesende verstanden nun erst so richtig, was dieser 3-D-Effekt überhaupt bedeutet. Die Intensität der Tönung auf dem Tuchbild, so erklärte Jackson, entspricht exakt dem Abstand des Körpers unter dem Bild. Alle Bildspuren verhalten sich wie senkrecht projiziert. Es gibt keinerlei Wiedergaben einer Körperpartie, die von der Seite gesehen wird. Die dunklen Stellen auf dem Tuch kommen also nicht durch intensivere Vergilbung der Fasern zustande, sondern dadurch, dass hier pro Flächeneinheit zahlenmäßig mehr Faserspitzen verfärbten. Der Vergilbungsgrad bei allen getroffenen Punkten ist im Prinzip der gleiche, ob die Körperfläche am Nasenrücken nur 1 mm oder in den Augenhöhlen 10 mm entfernt war. Der Unterschied von heller und dunkler beruht ausschließlich auf der verschieden großen Anzahl vergilbter Faserspitzen. Die Distanz zwischen Körper und Tuch muss also ein wesentlicher Faktor bei der Bildentstehung gewesen sein. Das Bild erscheint da dunkler, wo das Tuch dem Körper näher lag. Logischerweise kann somit das Rückenbild nicht in die dritte Dimension übersetzt werden, denn hier lag der Körper platt auf dem Tuch auf.

Dieser 3-D-Effekt entkräftet auch ein Argument, das einige Male von Kunsthistorikern und Bibelforschern in die Diskussion eingeführt worden war. Der auf dem Körperbild fehlende Nabel war für diese Fachleute ein eindeutiges Indiz gewesen für die Herstellung des Bildes durch einen Künstler, der darum bemüht gewesen sei, den Betrachter des Bildes durch den fehlenden Nabel an die Lehre von der jungfräulichen Geburt Jesu zu erinnern. Nun erklärte Jackson dieses Merkmal völlig anders und viel logischer: An dieser Stelle erreichte der nahe um den Körper begrenzte Bildentstehungsauslöser das Tuch keinesfalls; nicht nur, weil ein Nabel an sich schon tiefer liegt, als die Bauchdecke, sondern vor allem auch dadurch, weil die über dem Genitalbereich gekreuzten Hände das Tuch anhoben.

Für die Teilnehmer und Referenten dieser Konferenz stand zweifelsfrei fest: das Turiner Grabtuch mit seinem bemerkenswerten Körperbild kann nicht das Werk eines Künstlers oder Fälschers sein. - Was aber war es dann? Wie war das Bild entstanden - und wann? Die wissenschaftliche Neugier der Männer war nicht gestillt, sondern im Gegenteil, noch gewachsen.

Am zweiten Tag der Konferenz setzten sich die Wissenschaftler zusammen und erarbeiteten eine Struktur für den Forschungsplan, dem sie folgen könnten, sollten sie die Erlaubnis zur Untersuchung des Originalobjektes wirklich bekommen. Nach dem Meeting galt es dann, die „Hausarbeiten“ zu machen; jeder Wissenschaftler oder Spezialist sollte eine schriftliche Arbeit anfertigen, in der er auflistete, was er am Originaltuch untersuchen wolle und wie - und was er dazu benötige.

Don Devan erinnerte sich später: „Dies war die erste Konferenz von vielen, auf der ich war, wo niemand sagte: ‚Do it my way!‘ Die Leute fingen tatsächich an zu sagen: ‚Hör mal, ich denke, deine Herangehensweise an das Problem ist besser als meine - ich werde dir helfen!‘ Ich war erstaunt über den hohen Grad an Kooperation, der sich zu entwickeln begann - und der nach dem Meeting noch weiter zunahm. Die Leute waren wirklich willens, über ihr Spezialgebiet hinauszugehen und sich auch an anderen Disziplinen zu beteiligen, den anderen bei ihren geplanten Experimenten weiterzuhelfen. Dieser Grad an Zusammenhalt und Kooperationsbereitschaft war fast unwirklich. Es war einfach berauschend!“- Auch Eric Jumper äußerte sich später ähnlich: „Das war in der Tat das wundervollste Meeting, auf dem ich je war. Es machte einfach Spaß!“ Und das lag ganz sicher nicht an den Bergen von Donuts, die das Meetings versüßten!

Peter Rinaldi musste nun an den Erzbischof und den König herantreten, um die offizielle Erlaubnis für die Untersuchung des Tuches zu erbitten. Er meinte, es sei eine gute Idee, wenn Jackson und Jumper für ein paar Tage nach Turin fliegen würden. Sie könnten sich dort dem Centro di Sindonologia (Zentrum für Grabtuchforschung) vorstellen und ihr inzwischen 243 Seiten starkes Buch mit den gedruckten Vorträgen der Albuquerque-Konferenz präsentieren. Dies wurde auch so durchgeführt. Von den Mitgliedern des Centro di Sindonologia wurden die beiden amerikanischen Wissenschaftler ziemlich kühl empfangen. Man hörte sich an, was sie zu sagen hatten und nahm ihren Kongressband in Empfang. Als Jackson und Jumper dann wieder nach Hause flogen, hatten sie keine Ahnung, zu welcher Entscheidung man in Turin kommen werde. Man musste wohl geduldig das Urteil erwarten.

Eines Tages Anfang 1978 rief Pater Rinaldi bei Jackson an und teilte ihm freudestrahlend mit, er habe „grünes Licht“ bekommen für die Untersuchung des Originals in Turin. Die gute Neuigkeit verbreitete sich mit Windeseile, und ungeheure Energie flutete durch die Gemeinschaft der Wissenschaftler. Vorbereitungen mussten getroffen und ein neues Meeting abgehalten werden, bei dem man ganz gezielt den großen Event in Angriff zu nehmen hatte. Dieses Meeting wurde im Mai 1978 in Colorado Springs abgehalten. Falls man tatsächlich im Oktober nach Turin gehen werde, so gab es ein paar riesige Probleme, die zuvor gelöst werden mussten. Es gab erstens kein Geld, es war zweitens kein privates technisches Equipment vorhanden, und es gab keine Information darüber, welcher Zeitrahmen ihnen für die Untersuchungen zur Verfügung gestellt werden würde. Darüber hinaus mussten nun detaillierte Einzelpläne für die von den verschiedenen Wissenschaftlern gewünschten Tests und Forschungen ausgearbeitet werden. Es ist ein großer Unterschied, ob jemand sagt, er möchte Röntgenstrahlen-Fluoreszenz-Studien betreiben, weil sie elementare Zusammensetzungen des vermuteten Materials auf dem Tuch zeigen könnten - und dem Aufstellen eines genauen Protokolls dieser Untersuchungen. All diese Einzelprotokolle mussten noch erarbeitet werden, und das zwischen Mai und September. Jedes Teammitglied war berufstätig, und es gab noch keinen Verwalter, Geldauftreiber, Koordinator oder Untersuchungsleiter in der Gruppe.

Zu diesem Zeitpunkt erwies sich ein neues Teammitglied als große Hilfe. Thomas D'Muhala, ein Nuklearphysiker, der die Firma Nuclear Technology in Amston, Connecticut, leitete, war durch ein technisches Journal auf das Turiner Grabtuch aufmerksam geworden. In dem entsprechenden Artikel wurde berichtet, dass diese mysteriöse Reliquie derzeit von einigen Wissenschaftlern untersucht werde. D'Muhalas Neugier war so groß, dass er von sich aus Kontakt aufnahm mit John Jackson, der ihn dann auch gleich zum Meeting nach Colorado Springs einlud. D'Muhala bot nun spontan nicht nur seine organisatorische Hilfe an, sondern wollte sich um die fehlenden finanziellen Mittel kümmern. Er erwies sich in der Folgezeit als ein echter Troubleshooter, und jeder, der ein nichtwissenschaftliches Problem hatte, bekam zu hören: „Lass D'Muhala sich darum kümmern!"

Am ersten Tag dieses Meetings setzten sich vier Männer zusammen und entwarfen einen Tisch, der das Grabtuch bei den Untersuchungen halten sollte. Er sollte aus Aluminium bestehen, und die flache Oberfläche würde Stahlleisten aufweisen, von denen eine oder mehrere entfernt werden konnten. Es musste bei der Konstruktion dieses Tisches daran gedacht werden, dass das Tuch auch von hinten betrachtet werden konnte. Die Tischplatte musste also drehbar sein, so dass sie nicht nur waagerecht, sondern auch senkrecht gestellt werden konnte. Große Magnete, mit Teflon beschichtet, mussten hergestellt werden für die vorsichtige aber sichere Halterung des kostbaren Tuches in jeder Lage des Tisches. Die Wissenschaftler von den Jet Propulsion Laboratories, die die Einsatzfreudigkeit und das Arbeitstempo des Tisch-Teams bewunderten, meinten, das Entwerfen, Konstruieren und Aufzeichnen eines solchen Spezialtisches würde bei ihnen im Institut ca. sechs Wochen dauern. Hier war diese Arbeit nach drei Stunden fertig!

Jackson hatte sich immer wieder darum bemüht, zu erfahren, welchen Zeitraum man dem Team in Turin zur Verfügung stellen würde, doch Vater Otterbein konnte ihm nur sagen, dass man dies erst nach Eintreffen in Turin erfahren werde. Das machte das Aufstellen der genauen Untersuchungspläne natürlich sehr schwierig und kompliziert. Das Team kam auf eine geniale Notlösung: es wurden einfach verschiedene „Schlachtpläne“ aufgestellt mit verschiedenen Prioritäten und Testabläufen; je ein Plan für 12 Stunden, für 24 Stunden, für 36 Stunden usw.

Für die Wissenschaftler begann nach dem Meeting eine hektische Zeit. Die Anzahl der Vorbereitungen allein für die verschiedenen Einzelprojekte war intensiv und kompliziert. So musste z.B. das gesamte Kamera-Stützsystem gebaut werden. Zusätzlich zu normalen Filtern mussten Spezialflüssigkeitsfilter konstruiert werden, Absorber mussten getestet und Filter für den Bereich vom Infrarot- bis zum Ultraviolett-Spektrum vorbereitet werden. Aufbauten für das Fotomikroskop mussten konstruiert und hergestellt werden. Was die Vorbereitungen besonders erschwerte, war die Tatsache, dass niemand im Team eine Ahnung davon hatte, welche Räumlichkeiten man ihnen in Turin zur Verfügung stellen würde. Unter diesen Umständen ist es immer am besten, anzunehmen, dass die schlechtesten aller Bedingungen herrschen werden. Die schlechtmöglichste Bedingung für Fotomikroskopie ist das Vorhandensein oder Auftreten von Vibrationen. Das allerfeinste Zittern im Mikroskop, der Kamera, dem Beleuchtungsgerät oder des Grabtuches, das fotografiert werden sollte, konnte alles ruinieren. Vibrationen kommen gewöhnlich vom Fußboden, doch nicht immer. Das System musste so gedämpft und stoßfest gemacht sein, dass die meisten der Vibrations-Interferenzen aufgefangen werden konnten. Das Problem war etwa analog dem Stabilisieren eines fotografischen Equipments mitten in einem mäßigen Erdbeben, obwohl das noch untertrieben wäre. Angeblich geringe Vibrationen auf dem Fußboden erscheinen außerordentlich vergrößert im fotomikroskopischen System.

Sobald das Fotografenteam das Problem mit den möglichen Vibrationen im Griff haben würde, musste es ein System konstruieren, mit dem es möglich wäre, mit den fototechnischen Geräten über die ganze Länge des Grabtuches zu fahren, um jeden einzelnen Punkt des Gewebes erfassen zu können. Und dann galt es, das Problem der Beleuchtung zu lösen. Das Team hatte ja auch keine Ahnung, in was für Lichtverhältnissen sie würden arbeiten müssen. Würden Wände oder Decken reflektieren - oder absorbieren? Was wäre mit den Fenstern? Könnte man sie, falls vorhanden, perfekt verdunkeln, wie es für die Infrarot-Aufnahmen nötig war? Schwarze Plastikfolie würde zwar das für die Augen sichtbare Licht ausschließen können, doch wäre sie für die Infrarot-Strahlung durchgängig.

Inmitten all der intensiven und mit großer Vorfreude sowie begeisterten Arbeitseinsatz getätigten Vorbereitungen, erwartete Jackson und Jumper ein unerwarteter Dämpfer. Drei Tage nach dem Meeting rief Vater Otterbein bei Eric Jumper an und teilte ihm mit, dass man in Turin die Erlaubnis für die Untersuchungen am Originalobjekt wieder zurückgenommen habe. Jackson und Jumper reagierten auf diese Hiobsbotschaft weitsichtig und vernünftig: sie schwiegen und ließen ihre Leute weiterarbeiten an den

Vorbereitungen, was die Ahnungslosen auch taten. Als dann zehn Tage später Rinaldi anrief und Jackson mitteilte, das „grüne Licht“ leuchte wieder, war keine Zeit verloren worden.

Tom D’Muhala hatte zwischenzeitlich die Herstellung des Untersuchungstisches in die Wege geleitet und einen Maschinenschlosser gefunden, der seine Arbeiter kostenlos für dieses Objekt zur Verfügung stellte. Daneben hatte es D’Muhala fertig gebracht, die offizielle und juristisch korrekte Gründung der Vereinigung STURP (= Shroud of Turin Research Project) in Rekordzeit über die Bühne zu bringen. Und was das Besorgen der finanziellen Mittel anbelangte, so bewirkte D’Muhala wahre Wunder. Er zog los zu potentiellen Spendern - stets mit dem TV-Video „The Silent Witness“ (ein sehr informativer TV-Film über das Turiner Grabtuch, in dem auch einige der STURP-Wissenschaftler vorgestellt wurden) und einigen Exemplaren der „Proceedings“ mit den Vorträgen der Albuquerque-Konferenz im Gepäck. Zu diesen Spendengeldern legten die Teamarbeiter noch eigenes Geld; nicht einer war unter ihnen, der nicht etliche hundert oder einige tausend Dollar beisteuerte. Sie verkauften ihre Autos, nahmen Darlehen auf und belasteten ihre Häuser mit Hypotheken oder plünderten ihre Konten. Noch eine weitere Einnahmequelle tat sich auf: als sich die geplante Untersuchung am Originalobjekt herumsprach - eine nie dagewesene Sensation! -, trat man von vielen Seiten her an einzelne Wissenschaftler heran und bat sie um Vorträge. Sie stimmten gerne zu, wenn es auch ihre so schon fast nicht mehr vorhandene Freizeit noch mehr beschnitt; sie sprachen an Universitäten, vor Schülern, Kirchgängern und wissenschaftlichen Gesellschaften. Das Honorar für diese Vorträge spendeten sie alle ausnahmslos in das große Vorhaben.

Bald schon fing D’Muhala an, von diesem Geld die ersten wissenschaftlichen Geräte zu kaufen. Gegen Ende der dreimonatlichen Vorbereitungszeit hatten die STURP-Wissenschaftler High Tech-Geräte zur Verfügung im Wert von ca. 2,5 Millionen Dollar.

Nun mussten Behälter hergestellt werden für das Verpacken und Verschicken der Geräte. Diese Geräte waren äußerst empfindlich, und jedes hatte spezifische Anforderungen an die Verpackung. Am

*Der von STURP entwickelte, drehbare Untersuchungstisch.*

schwierigsten erwies sich die Herrichtung zum Versand eines Detektors, der in flüssigem Nitrogen bei etlichen Minusgraden aufbewahrt werden musste. Sollte die Temperatur auch nur ein einziges Mal über diesen Wert steigen, war der Detektor ruiniert. Dieses Gerät musste verschickt werden in einem Vakuumbehälter mit flüssigem Gas. Die Flüssigkeit durfte nicht schwappen, noch durfte sie unter einen kritischen Wert verdunsten. Um die Flüssigkeit im nötigen Wert zu halten, musste ab und zu flüssiges Nitrogen zugefügt werden, und dies auf dem Weg von Connecticut zum Kennedy Airport in New York, während des Fluges nach Mailand oder Rom, und dann noch auf dem Landweg nach Turin zum Zollamt und zum Palast.

Mehrere der komplexen Geräte konnten nicht im Ganzen verschickt werden, sie mussten in ihre Einzelteile auseinandergenommen und einzeln verpackt werden. Einige Instrumente bestanden aus Teilen, die von verschiedenen Herstellern stammten; jedes Teil musste separat katalogisiert werden für den Zoll.

Während die Vorbereitungen auf Hochtouren liefen, war Peter Rinaldi in Turin, agierte als Verbindungsmann zwischen dem Kardinal, dem König, den Beamten, dem Centro di Sindonologia, der Geistlichkeit, dem Zoll und der italienischen Regierung. Diesen Pflichten war nicht gerade leicht nachzukommen, weil inzwischen die Ausstellung des Turiner Grabtuches begonnen hatte und Millionen von Menschen nach Turin strömten, um die kostbare Reliquie zu bestaunen oder gläubig zu verehren und das Fest der 400-Jahr-Feier der Überführung des Grabtuches nach Turin zu zelebrieren. Neben all der Rennerei von „Pontius zu Pilatus“ nahm Pater Rinaldi auch noch an einem Sindonologen-Kongress teil und tätigte die Hotelreservierungen für die amerikanischen Wissenschaftler.

Auch „drüben“ gab es keine Zeit zum Verschnaufen. Ein besonderes Problem musste noch gelöst werden: die Versorgung der Geräte mit elektrischem Strom und mit fließendem Wasser. Alle Geräte benötigten 120 Volt, doch in Italien lief alles mit 240 Volt. Rudy Dichtl und Dee German, zwei Physiker, übernahmen diesen Part der Vorbereitungen und machten darüber hinaus genaue Pläne für eventuell nötige Reparaturen und die Wartung des technischen Equipments.

# *Der Probelauf*

Der nächste wichtige Schritt vor Turin war der Probelauf, bei dem man in einer Art Generalprobe nicht nur die Geräte überprüfen und testen würde, sondern auch den genauen Ablauf der gesamten Untersuchungen einmal durchexerzieren musste. In Turin hatte dann jeder Handgriff zu sitzen, jede mögliche Panne musste vorausgesehen und ihr vorgebeugt werden.

Die Wissenschaftler trafen sich im September in Amston, Connecticut, wo Tom D'Muhala die Räumlichkeiten seiner Firma zur Verfügung stellte. Für diesen Probelauf hatte er ein Leinentuch herstellen lassen, das in Größe und Webart genau dem Turiner Grabtuch entsprach. Man engagierte einen Künstler, der ein dem Körperbild zumindest ähnliches Bild auf dem Leinen aufbrachte. Mittels eines kurzen Bades in schwarzem Tee gelang es einigermaßen, die Elfenbeinfarbe des Turiner Grabtuches nachzuahmen.

Pater Rinaldi war inzwischen aus Turin zurückgekehrt und auch nach Amston gekommen. Er berichtete, dass im Oktober bei der Untersuchung am Originaltuch auch eine kleine Gruppe italienischer Forscher zugegen sein würde, die zeitlich vor den Amerikanern ein paar Stunden lang die Gelegenheit hätten, Proben zu entnehmen; darunter sei Dr. Pierluigi Baima Bollone, der Direktor des Institutes für Gerichtsmedizin an der Universität von Turin, sowie als Gast aus Deutschland Dr. Max Frei, der ein weiteres Mal Pollenproben entnehmen werde. Außerdem wären während der gesamten Zeit Kirchenleute anwesend sowie Wächter, die ein Auge auf die Amerikaner haben würden. Eine wichtige Nachricht aber konnte Rinaldi immer noch nicht überbringen: die Information über den Zeitraum, der den Wissenschaftlern für die Untersuchungen anberaumt werde. In dieser Hinsicht gab man sich in Turin entweder geheimnisvoll oder hatte sich noch nicht entschieden. Dies bedeutete für den Probelauf, dass man alle vorher aufgestellten Zeitrahmen-Varianten durchexerzieren musste.

Bevor der Probelauf startete, berichteten die Fotografen Ernest Brooks und Vernon Miller von ihrer zwischenzeitlichen Reise nach Turin. Dort hatten sie die Kathedrale aufgesucht, wo das Grabtuch hoch über dem Altar in einem kugelsicheren Glasbehälter, gefüllt mit Edelgas, gezeigt wurde. Miller war Mormone und Brooks ein Presbyterianer; beide waren noch nie zuvor in einer katholischen Kathedrale gewesen. Sie waren begeistert von dem Prunk, der Pracht und vor allem von der grandiosen Akustik, ergötzten sich am Kerzenlicht, dem Glockengeläute und dem Chorgesang. Nach der Messe, die sie ebenfalls besuchten, und dem Verlassen der ca. 2000 Menschen der Kathedrale, wollten die beiden einige Nahaufnahmen der Reliquie sowie Messungen für die späteren Belichtungen machen. Mit Hilfe von Pater Rinaldi und einem weiteren Priester stellten sie eine Leiter auf, doch sie reichte nur bis an den oberen Rand des Altars heran. Die Leiter wurde vorsichtig auf antike Kirchenmöbel gestellt, und Miller und Brooks kletterten hinauf, wobei sie aufpassen mussten, nicht an kostbare mittelalterliche Gegenstände zu stoßen. Oben angekommen hatte Vernon Miller festgestellt, dass dort nur Platz war für eines seiner Beine; das andere platzierte er auf Brooks Schulter, während Pater Rinaldi versuchte, dieses Bein vorm Abrutschen zu bewahren. Miller fuhr sein Fotostativ aus - und wieder ein Problem: es gab nur für zwei der drei Stativbeine Platz zum aufstellen. Pater Rinaldi ging los und suchte unter antiken Ständern und Möbeln das Passende heraus und bastelte damit eine Stütze für das dritte Stativbein zusammen.

Unter solch schwierigen Umständen hatte Vernon Miller wohl noch selten Fotos geschossen: eines seiner Beine auf Brooks Schulter und eines der Stativbeine auf einem Turm kostbarer Kleinmöbel! Dann plötzlich ein überraschter Ausruf von Brooks: „Jesus Christus! Vern, ich glaube, das Blut auf dem Antlitz ist purpurrot!“ - Das Echo seiner Stimme schallte laut durch die Kathedrale und Miller zischte: „Ernie, pass auf, was du sagst!“ und „Nun, immerhin hast du IHN beim richtigen Namen genannt!“

Die Teammitglieder in Amston schmunzelten über Millers Bericht und freuten sich mit den Beiden, dass sie die gewünschten Fotos und Lichtwerte in Turin erhalten hatten. Noch etwas war vorgefallen in Turin, das Brooks und Miller zum Anlass nahmen, den anderen Wissenschaftlern zu empfehlen, Presseleuten gegenüber äußerst vorsichtig und zurückhaltend zu sein.

Als die Beiden in Turin vor dem Hotel auf den Bus zum Flughafen warteten, sprach sie ein Schweizer Reporter an. Miller hatte einige Flecken auf dem Grabtuch gesehen, die sich später bei der Untersuchung als Kerzenwachs herausstellen sollten. Er erwähnte diese Flecken gegenüber dem ihn befragenden Reporter und meinte, sie hätten die Farbe in etwa von Hühnersuppe. Und bereits beim Erreichen des heimatlichen Flughafens stand schon in der aktuellen Ausgabe einer Genfer Zeitung die Headline: „Grabtuch-Wissenschaftler findet Hühnersuppe!"

Nach diesen Gesprächen und Berichten machten sich die Wissenschaftler und Gäste wie Rinaldi bereit, mit dem Probelauf zu beginnen. Es war ein großer Raum für sie vorbereitet worden. Überall an den Seiten standen die offenen Transportbehälter mit den High Tech-Geräten. In der Mitte des Raumes befand sich der große Spezialuntersuchungstisch, und darauf lag das Grabtuch-Imitat. Jackson sagte erregt, während alle anderen mehr oder weniger tief ergriffen und schweigend herumstanden: „Oh Mann, wir werden es wirklich tun!"

Nun galt es, die Geräte zu entnehmen, zusammenzusetzen, zu justieren und vorzubrereiten, um dann die Reihenfolge der Tests zu proben, was wer wann und wie zu tun habe. Wer nicht zusammenbaute, testete oder Geräte einstellte, half oder assistierte den anderen oder sprang als Troubleshooter ein. Verschiedene Beleuchtungen wurden ausprobiert, der Umgang mit dem schwenkbaren Tisch getestet. Etwas war ganz erstaunlich und unglaublich: Murphy's Gesetz (= alles, was schiefgehen kann, geht auch schief) schien hier und jetzt außer Kraft gesetzt zu sein. Nichts ging schief, alles klappte hervorragend, und es herrschte Teamgeist at it's best!

Die meisten Tests, die für Turin vorgesehen waren, dienten dem Ziel, zu untersuchen, ob diese Reliquie eine Fälschung sei oder ein Kunstwerk - oder ob das Körperbild durch Körperchemie in Verbindung mit anderen organischen Substanzen entstanden war. Eine weitere physikalische Möglichkeit für die Bildentstehung schien ausgeschlossen. Die Wissenschaftler sollten noch lernen, umzudenken!

Eine Altersbestimmung mit der C-14-Methode wurde nicht in den Plan mit aufgenommen, da die Wissenschaftler versprechen mussten, keine große Stoffprobe zu entnehmen. Das Team plante Probenentnahmen mit Klebestreifen, die eigens für diesen Zweck entworfen und hergestellt worden waren.

Die Gruppe war übrigens nicht nur multidisziplinär, sondern bestand - was ihre religiöse Zugehörigkeit betraf - aus zwei Mormonen, drei Juden, vier Katholiken, sechs Agnostikern, aus Methodisten, Lutheranern, Kongregationalisten, Baptisten, Presbyterianern und Episkopalen. Keinen der Wissenschaftler leitete ein religiöses Motiv, sondern ihre Motivation bestand lediglich darin, die Wahrheit herauszufinden.

Nach diesen zwei Tagen des Probelaufes, an denen einfach alles hervorragend funktioniert hatte, schauten die Wissenschaftler mit großer Vorfreude und einem guten Gefühl der Reise nach Turin entgegen.

## *Unerwartete Schwierigkeiten und letzte Vorbereitungen*

Und dann war der große Tag der Abreise gekommen. Alle Beteiligten trafen sich am Kennedy Airport in New York, von wo man gemeinsam nach Mailand flog. Von dort führte die Reise dann weiter nach Turin. Der Plan für die nächsten Tage sah vor, das technische Equipment in Empfang zu nehmen, es noch einmal durchzutesten, um bereit zu sein für den großen Auftritt. Dabei gab es nur ein Problem: Die Geräte waren noch nicht eingetroffen. Von Vater Rinaldi erfuhren die Amerikaner, dass die Geräte noch immer in Mailand beim Zoll festgehalten wurden. D'-Muhala fuhr mit Rinaldi nach Mailand und geriet dort hart mit der italienischen Bürokratie zusammen. Die Kisten waren an Pater Rinaldi adressiert, und in seinen privaten Papieren war irgendein Eintrag nicht rechtzeitig vorgenommen worden. Die Zollbeamten bedauerten und sagten, dass die Sachen 60 Tage lang beschlagnahmt bleiben sollten, ehe man sie herausgeben würde. Pater Rinaldi redete mit „Engelszungen“ auf die Beamten ein, bat und tobte. Doch alles war umsonst. Thomas D'Muhala kontaktierte jeden Geschäftsmann in Italien, den er kannte, und Rinaldi ließ seine Beziehungen spielen.

In der Zwischenzeit wurde Luigi Gonella, der wissenschaftliche Berater des Turiner Erzbischofs, aufgesucht, und er versprach, nachzuforschen, wieviel Zeit man denn nun dem amerikanischen Team bewillig habe. Monsignore Cottino vom Centro di Sindonologia, der diese Entscheidung nun zu treffen hatte, zeigte sich großzügig. Er gestattete den Wissenschaftlern 120 Stunden für ihre Tests: fünf Tage und fünf Nächte! Die STURP-Mitglieder waren mehr als erfreut.

Doch nützten diese Stunden freilich nichts ohne die entsprechenden Geräte. In Sachen Zoll hatte sich immer noch nichts getan. Aber die Forscher waren davon überzeugt, dass sich dies Problem rechtzeitig lösen werde, und so besichtigten sie mit Pater Rinaldi schon einmal die Räumlichkeiten, in denen sie würden arbeiten dürfen. Der Königspalast, direkt neben der Kathedrale, ist inzwischen ein Nationalmuseum, für den gewöhnlichen Besucher nur in Teilbereichen zugänglich. In diesem Prachtbau stiegen die Amerikaner, eskortiert von Wächtern mit Maschinengewehren, durch das Treppenhaus bis zur Prinzensuite. Hier würden sie sich also schon bald 120 Stunden lang intensiv mit der umstrittensten aller Reliquien befassen dürfen.

Ein prächtigeres Labor kann man sich wohl schwerlich vorstellen. Der erste von sieben Räumen war ein riesiger Ballsaal. Die Wände waren bedeckt von goldenem Seidendamast mit blassgrüner Täfelung und vergoldeten Leisten. Die Decken waren sehr hoch. Man sah prächtige Marmorstatuen, und an der Decke farbenprächtige Fresken mit Cherubim, Seraphim und biblischen Szenen.

Im zweiten Raum sollte das Grabtuch ausgelegt werden. Auch dieser Raum war luxuriös ausgestattet mit purpurrotem Seidendamast, und der Fußboden war bedeckt mit einem kunstvoll verlegten Parkett. In jedem Raum der Prinzensuite hingen herrliche Kristallkerzenleuchter. Abnehmbare Kunstwerke wie z.B. Gemälde waren bereits von den Wänden genommen worden und stapelten sich auf dem Boden. Überall gab es Deckenfresken, auf denen sich allegorische Figuren, Wolken, fliegende Schwäne und Putten tummelten. Die Möbel waren nicht minder prächtig, mit Gold, Silber, Holzintarsien und Elfenbein verziert. In der Prinzensuite gab es ein Badezimmer mit zwei Toiletten und einigen Waschbecken. Von hier würde man das benötigte Wasser in den Untersuchungsraum leiten müssen. Rudy Dichtl und Dee German durften schon damit beginnen, die Stromversorgung für die benötigte Stromstärke umzurüsten, obwohl man immernoch auf die Geräte wartete.

So langsam wurden die Wissenschaftler nervös. Es war bereits Mittwoch, und laut Plan hätte das Team schon seit zwei Tagen mit dem Überprüfen und Vorbereiten der Geräte verbringen müssen. Rinaldi hatte inzwischen dem Mailänder Zollamt regelrecht den Krieg erklärt. Er wandte sich nach Rom an den Handelsminister und sagte ihm eindeutig und klar, dass - falls die Kisten nicht endlich vom Zoll freigegeben würden - es zu einem internationalen Skandal käme. Er selbst wolle die gesamte Presse davon in Kenntnis setzen, falls der Minister nicht dafür sorge, dass die Geräte pronto von Mailand nach Turin kämen. - Das schien endlich zu wirken, denn bereits am Donnerstag gab der Mailänder Zoll die Kisten frei. Doch nun sollte das nächste Problem auftauchen: sie landeten nun beim Turiner Zollamt, wo man eine derart saftige Zollgebühr kassieren wollte, dass die amerikanischen Wissenschaftler einfach nicht in der Lage waren, diese Summe aufzubringen, sie war schier astronomisch hoch. Hier brachte Monsignore Cottino Hilfe in der Not; der Leiter des Centro di Sindonologia wandte sich an den Erzbischof und erklärte diesem das Dilemma. Die Wissenschaftler waren hoch erfreut, als ihnen dann mitgeteilt wurde, dass man diese Summe für sie der Kirchenkasse entnehmen und für sie bezahlen werde. Einer der STURP-Männer witzelte: Hoffentlich müsse man dazu keine Hypothek auf die Kathedrale aufnehmen!

Man kann sich die Spannung vorstellen, unter der die Wissenschaftler standen, als sie in der Freitagnacht Stunde um Stunde auf das Eintreffen ihrer Geräte warteten. Als sich bereits Frustration und Unruhe breitzumachen begann, ertönte plötzlich ein Schrei: „Sie kommen!“ Ein riesiger Lastkraftwagen rollte auf den Palast zu, bepackt mit Containern, Dutzenden von Kisten und Behältern. Acht Tonnen wertvolles High Tech-Equipment - bereit zum Einsatz für das Lösen eines wissenschaftlichen Rätsels. Eilig rannten die Amerikaner nach draußen, bevor der Truck auch nur zum Stehen gekommen war. Auf die Frage des Lastwagenfahrers: „Wo ist der Gabelstapler?“, entgegnete D'Muhala gelassen: „Gabelstapler? Hier ist keiner.“ Erstaunt sahen sich der Fahrer und der Beifahrer an und meinten, einige der Kisten seien so schwer, dass man sie unmöglich ohne Gabestapler würde bewegen können. Und außerdem: wo seien denn die Träger und Helfer?

Nun, die Beiden sowie alle anderen neugierigen Zuschauer und immer präsenten Wächter hatten keine Ahnung von der Energie einer Gemeinschaft frustrierter, zorniger und verzweifelter Forscher im Adrenalinrausch! Wie Heuschrecken schwärmten die Wissenschaftler über den Lastwagen aus und begannen abzuladen. Sie packten die Kisten, steuerten auf den Palasteingang zu, stürmten die Treppen hinauf in die Prinzensuite hinein. Und das so lange und so oft, bis alle Geräte an ihrem Platz waren. Die Italiener staunten: berühmte Professori schwitzten wie Bauarbeiter, packten zu, als hätten sie nie etwas anderes getan - und das alles ohne Murren oder Stöhnen. Im Gegenteil, sie lachten und scherzten auch noch bei der Plackerei! Einige der Kisten hatten die Größe eines Sofas und wogen einige hundert Pfund. Trotzdem machte niemand schlapp. Die Wissenschaftler hielten durch, trieften vor Schweiß und keuchten wie Lokomotiven. Dr. Joseph Gambescia, ein Pathologe aus Pennsylvania, erinnerte sich später: „Es war ein Wunder, dass keiner einen Herzinfarkt bekam oder sich einen Bruch hob. Es war eine virtuose Performance von Muskeln, Geschwindigkeit und Einsatzbereitschaft.“

*1978: Ankunft des High Tech-Equipments von STURP in Turin*

*Die Geräte werden abgeladen.*

Als man endlich alle Kisten und Behälter in der Mitte des Ballsaales abgestellt hatte, wartete auf die erschöpften aber vor Vorfreude auf die Untersuchungen förmlich strahlenden Wissenschaftler das nächste Problem. Ein Museumsdiener kam völlig außer sich angerannt und versuchte auf Italienisch und Gebärdensprache den Wissenschaftlern etwas enorm Wichtiges mitzuteilen. - Schließlich verstand man, was er meinte, nachdem er auch noch Block und Bleistift zu Hilfe genommen hatte: Der Ballsaal könne kein Gewicht von acht Tonnen, in der Raummitte konzentriert, aushalten! Entsetzen packte die Amerikaner; sie griffen erneut zu und verteilten, so rasch es ging, die Kisten mit den Geräten rundherum auf dem Boden und an den Wänden. Doch Zeit zum Luftholen und Ausruhen gab es nicht.

Die peinliche und ärgerliche Sache mit dem Zoll hatte die Gruppe fünf wertvolle Tage gekostet, so dass die Aktivitäten nun ein rasendes Tempo annahmen. Hämmer und Brechstangen flogen, und jetzt zeigte sich, wie gut es war, dass man in Connecticut einen Probelauf veranstaltet hatte. Jeder wusste, was in welcher Kiste zu finden war, und wer was auszupacken hatte. Der Ballsaal wurde nun hergerichtet für Reparaturarbeiten, die Wartung der Geräte und logistische Kontrolle. Roger und Marty Gilbert, Spezialisten für optische Physik von Stanford, Connecticut, hatten eine große Sammlung von optischen Ersatzteilen mitgebracht, so auch D'Muhala. Es sollte sich noch zeigen, dass sie während der Untersuchung auch schnell zum Einsatz kommen sollten. Die Fenster und Türen wurden mit dicker schwarzer Plastikfolie abgedichtet. Weil alle Öffnungen derart dicht waren, kam kaum noch frische Luft herein, so dass an den nächsten fünf Tagen Kohlendioxid und Wasserdampf-Gehalt beträchtlich ansteigen würden.

Andere Räume wurden als Vorbereitungsräume eingerichtet, wo man die Geräte adjustieren, testen und kalibrieren konnte, bevor sie in den eigentlichen Untersuchungsraum gebracht wurden. Ron London, ein Spezialist für Radiographie, der vergnügt mit Cowboystiefeln durch den Palast stampfte, verwandelte das Badezimmer in eine Dunkelkammer, so dass dort Filme verschiedener Arten entwickelt

*Massenandrang herrschte bei der Ausstellung des Grabtuches in Turin 1978*

*Das Grabtuch wurde während der Ausstellung von hinten beleuchtet.*

werden konnten. Wasserschläuche wurden angeschlossen und verlegt, Tanks installiert, Sicherheitslampen angebracht und elektrische Verbindungen gelegt. Die Röntgenröhren würde man mit Wasser kühlen müssen. Über die Fußböden schlängelten sich bündelweise Kabel und Schläuche. Einer der Wissenschaftler, besorgt um den schönen Parkettfußboden, ging los und besorgte einen Packen Babywindeln. Jede Metall- oder andere Verbindung wurde nun eingewickelt mit schwarzem Klebeband und dann noch mit einer Windel geschützt, so auch alles andere, was drohte, irgendwo zu reiben, zu kratzen oder anzustoßen. Als die Museumsaufseher kamen, um zu sehen, ob ihre kostbaren Schätze auch keinen Schaden erleiden würden, und dann sahen, mit welcher Sorgfalt dem entgegengewirkt wurde, waren sie erleichtert und beeindruckt.

Mit viel Phantasie, Einsatz und Glück mussten einige unerwartete Pannen behoben werden, so z.B. bei der Stromversorgung. Und Vernon Miller hatte ein Problem mit seiner Fotoausrüstung. Er hatte für einen Teil seiner Fotos sechs Trockenzellenbatterie-Packungen, die er unabhängig nach Turin verschickt hatte, vorgesehen. Doch sie waren nicht eingetroffen. Da diese Sorte seit 15 Jahren nicht mehr hergestellt worden war, befürchtete er, keinen Ersatz auftreiben zu können, erst recht nicht in dieser kurzen Zeit, die ihm noch vor Beginn der 120 Stunden zur Verfügung stand. Bevor er anfing, herumzutelefonieren, sah er zufällig einen Fotografen vom „National Geographic", der die gleiche Sorte Trockenzellenbatterien benutzte. Dieser lieh ihm gern eigene aus.

Falls sich Pannen während der 120 Stunden ergeben sollten, so hatte man insofern vorgesorgt, als dass immer ein anderes Team bereit stand, einzuspringen und mit einem Test zu beginnen, so dass keine Zeit verschwendet werden mußte.

An den zwei vorausgegangenen Tagen hatte ein internationaler Kongress der Grabtuchforschung in Turin stattgefunden, an dem die Amerikaner gerne teilgenommen hätten. Doch durch die Schwierigkeiten mit dem Mailänder Zoll hatten sie zu viel Zeit verloren, die sie nun für die Vorbereitungen brauchten. Nur Dr. Bucklin nahm am Kongress teil und präsentierte einen Vortrag über pathologische Aspekte des Mannes auf dem Grabtuch und über die Blutflecken. Auf diesem Kongress waren insgesamt 450 Wissenschaftler, Grabtuchforscher, Historiker und Spezialisten anwesend, die auf Einladung des Centro di Sindonologia nach Turin gekommen waren. Keiner von ihnen ahnte, zu welch atemberaubenden Ergebnissen die bevorstehende Untersuchung des Originalobjektes führen sollte, und jeder von ihnen fragte sich, ob man endlich erfahren werde, ob die Reliquie das Werk eines Künstlers oder Fälschers sei oder das echte Grablinnen Christi.

## *Acht Tonnen High Tech-Geräte testen das Originaltuch*

Sonntagnachmittag standen sozusagen alle in den Startlöchern. Der große Untersuchungstisch war bereits aufgestellt. Um sicher zu sein, dass kein auch noch so mikroskopisch kleinstes Teilchen Staub oder Schmutz vom Tisch auf das Grabtuch geraten könne, hatten die Wissenschaftler alles mit der gleichen 1-mm-Gold-Mylar-Folie abgedeckt, die schon bei der Mondlandefähre zum Einsatz gekommen war. Alle waren bereit: die Amerikaner, ihre Techniker und Helfer, auch Monsignore Cottino, Prof. Baima Bollone, Prof. Max Frei, Giovanni Riggi und einige Angehörige des Ordens der Armen Klarissen.

Und dann war der große Moment gekommen. Kurz vor Mitternacht murmelte jemand: „Hier kommt es!" Durch den Korridor schritten zwölf Männer, sechs auf jeder Seite eines großen Sperrholzbrettes, das sie auf den Schultern trugen, und das umhüllt war von roter Seide. Ehrfürchtig wurde die kostbare Fracht abgesetzt, und eine der Armen Klarissen nahm die Seide ab. Die Amerikaner konnten nun - abgesehen von Brooks und Miller, die ja schon in der Kathedrale das Grabtuch gesehen hatten - zum ersten Mal einen Blick auf das Original werfen. So gut wie jedem der Wissenschaftler gingen Gedanken wie dieser durch den Kopf:

*Das Grabtuch wird auf dem Untersuchungstisch befestigt.*

*Meeting im Turiner Palast vor Beginn der Tests..*

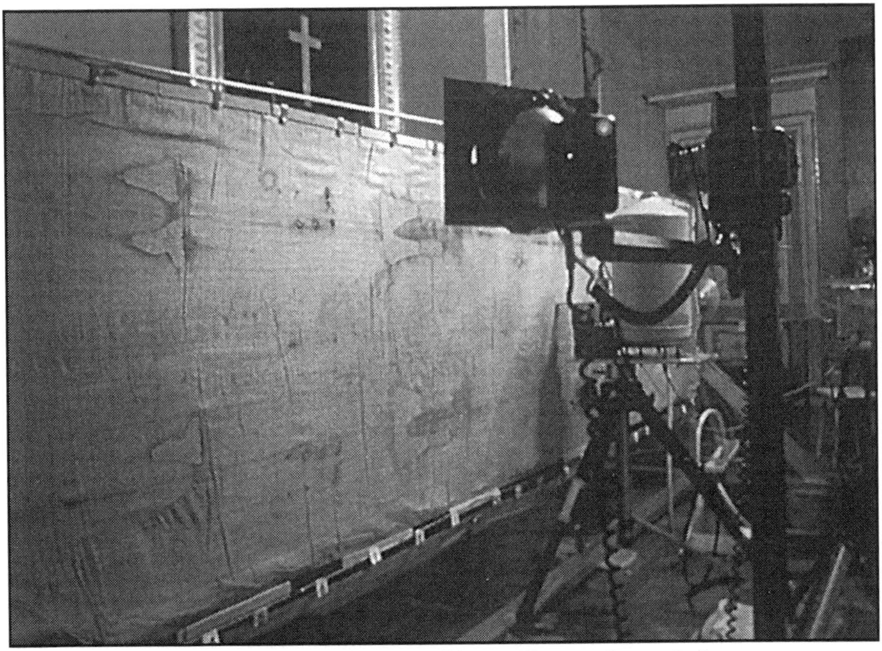

*Das Grabtuch auf dem drehbaren Untersuchungstisch.*

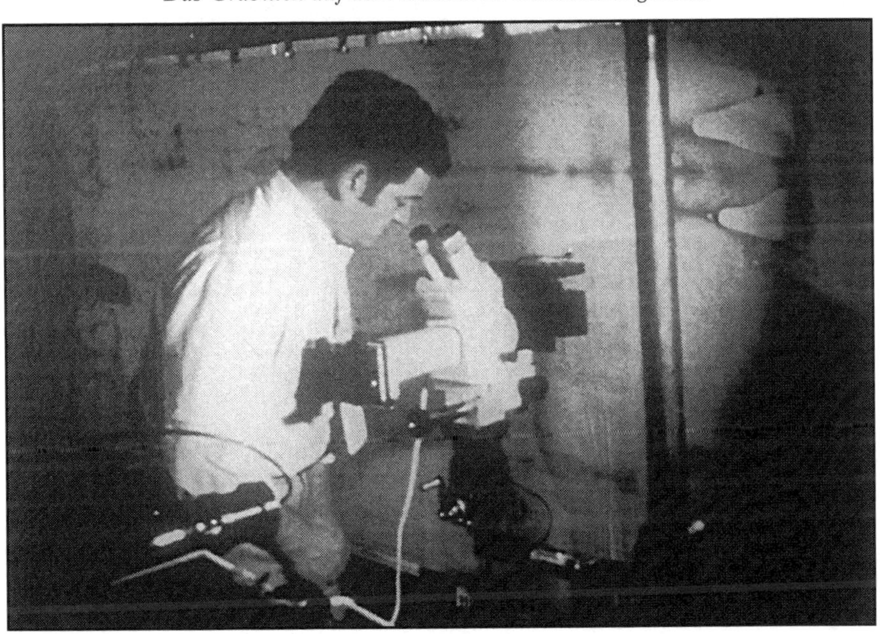

*Fotomikroskopie am Turiner Grabtuch.*

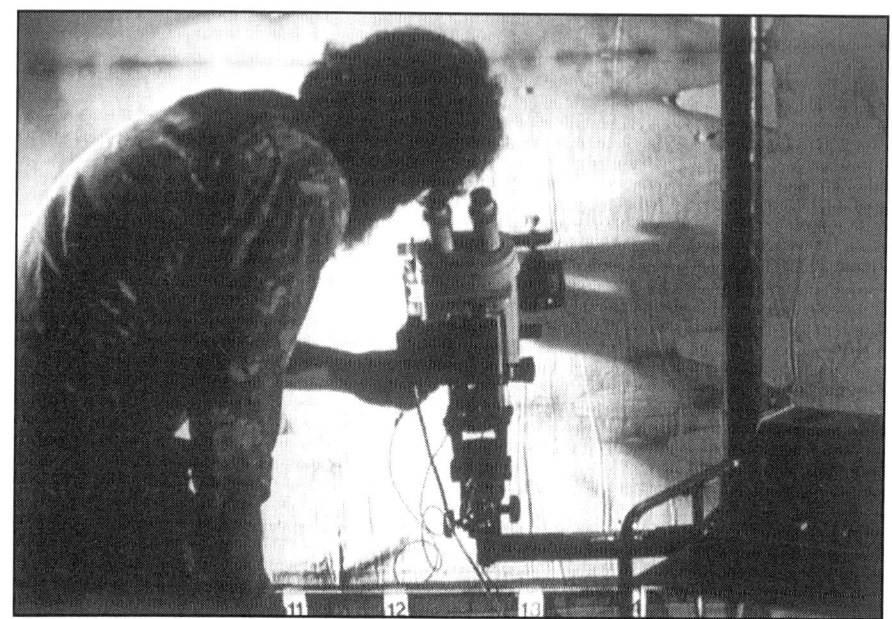

*S. Pellicori - jeder Handgriff muß sitzen.*

*High Tech-Geräte zeigen das Antlitz des Grabtuches.*

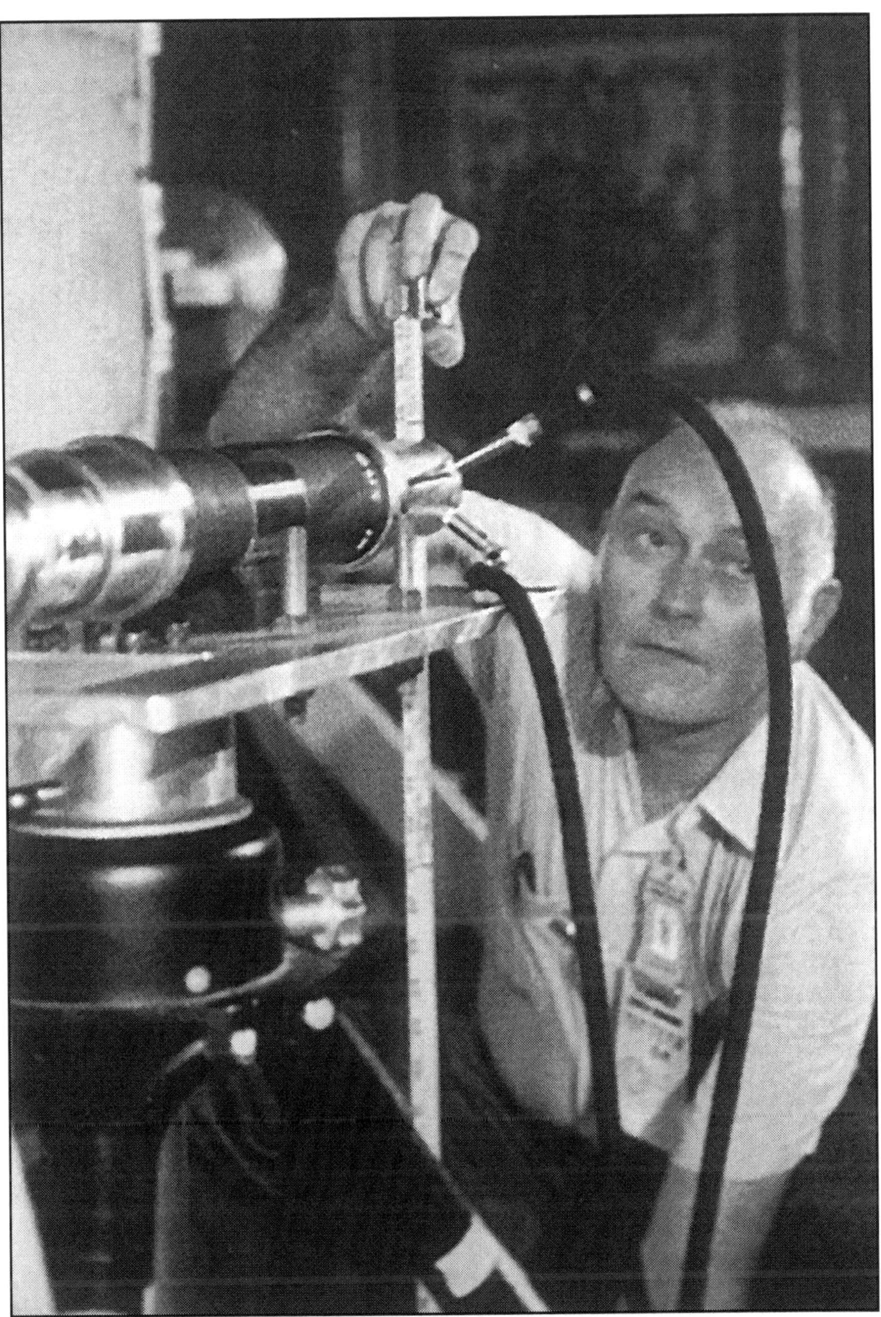

*Robert W. Mottern bereitet die Röntgenstrahlenuntersuchung des Tuches vor.*

*Vernon Miller sammelt Daten für eine spektroskopische Analyse des Grabtuches.*

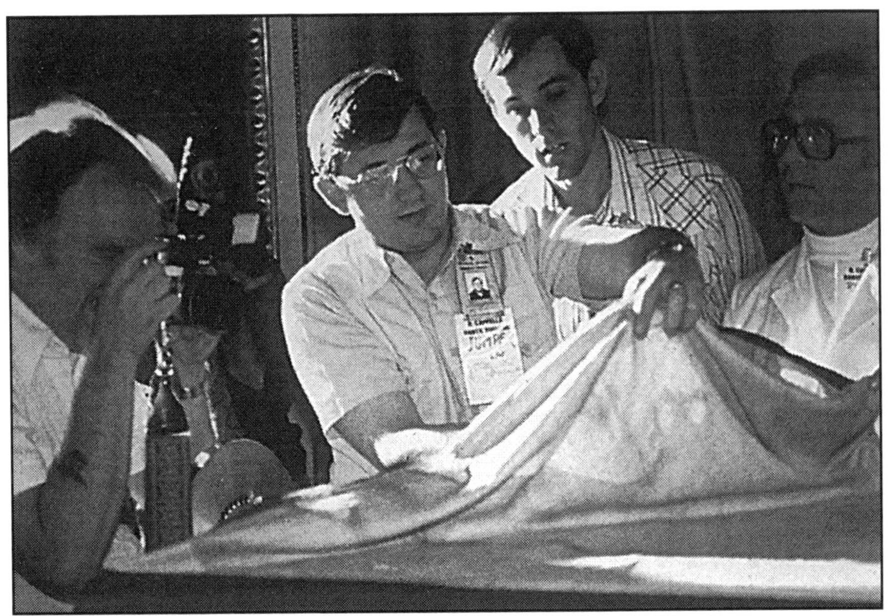

*Vernon Miller, Eric Jumper, John Jackson und Giovanni Riggi bei der Untersuchung.*

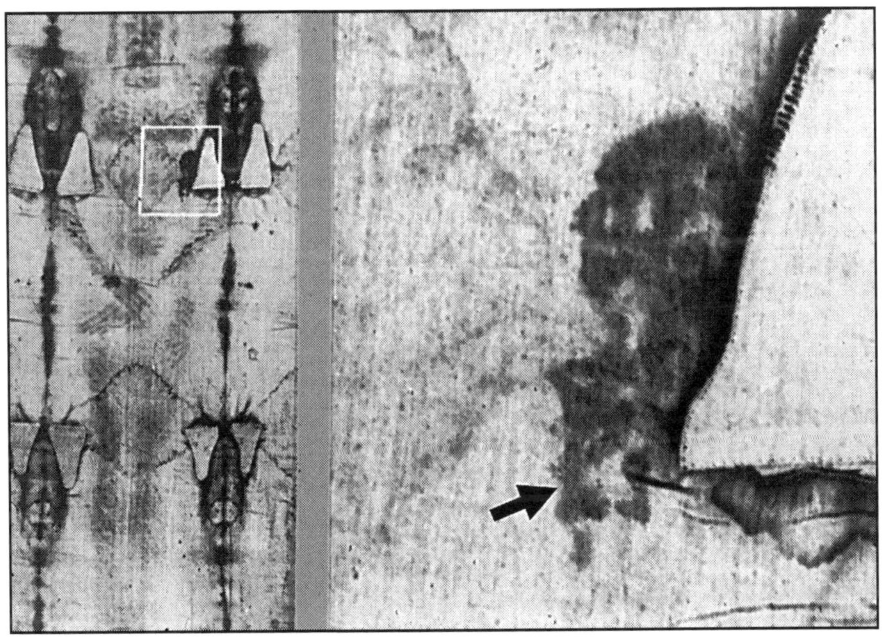

*Die Stelle mit der Seitenwunde auf dem Grabtuch.*

Dies ist ein großer historischer Moment, und ich habe das Glück, dabei zu sein! Jetzt liegt es an mir, mein bestes zu geben und eine sorgfältige wissenschaftliche Arbeit zu leisten.

Die ersten Stunden waren dem italienischen Team vorbehalten, und die Amerikaner durften erst einmal nur zuschauen. Monsignore Cottino zog einige alte Metallreißzwecken heraus, mit dem das Tuch auf der Sperrholzplatte befestigt war. Den amerikanischen Wissenschaftlern standen ein wenig die Haare zu Berge, als sie sahen, wie man mit dem Original umgegangen war; diese Reißzwecken, die das Tuch durchstochen hatten, kamen ihnen barbarisch vor, und in der Tat sah man nach dem Entfernen an einigen Stellen nun kleine Flecken, die diese Reißzwecken hinterlassen hatten. Robert Dinegar, ein Physiker und Chemiker vom Los Alamos National Laboratory, sammelte diese Reißzwecken, wohl aus einem sentimentalen Gefühl heraus, als Andenken ein und behielt sie.

Nun machte sich die italienische Gruppe an die Arbeit, und die Amerikaner schauten gespannt zu. Prof. Bollone entnahm Fadenstücke vom Körperbild und von den Blutfleckenzonen, die sichtbare Löcher hinterließen. Ein zweites Mal standen den Amerikanern die Haare buchstäblich zu Berge! Hatte man ihnen doch nicht gestattet, auch nur einen einzigen kompletten Faden zu entnehmen. John Jackson zuckte regelrecht zusammen; er erinnerte sich in diesem Augenblick daran, wieviel Zeit und Mühe das Team besonders darauf verwendet hatte, alle Test und Untersuchungen so zu planen, dass keine auch noch so geringste Beschädigung des Originals geschehen könne.

Als nächstes entnahm Dr. Max Frei Pollen mittels eines simplen Scotch-Klebestreifens. Dabei benutzte er ein paar Baumwollhandschuhe, das er sich von den Amerikanern ausgeliehen hatte; diese Handschuhe waren aus den USA vom Team mitgebracht worden, jedoch auf keinen Fall zu diesem Zweck. Frei berührte mit diesen Handschuhen auch das Tuch, und die Amerikaner argwöhnten, dass er nun sicherlich auch ein paar Pollen aus den USA finden werde. Dann entnahm Giovanni Riggi Proben; die STURP-Wissnschaftler waren diesmal sichtlich beeindruckt, wie umsichtig und professionell er mit einem Mikrovakuum-Gerät arbeitete.

Acht lange Stunden gingen hier wie im Fluge vorbei, und nun war es endlich wirklich soweit: das, was Dr. John Heller später „120-Hour-Adrenalin-High“ nannte, nahm seinen Anfang. Das sorgfältig vorbereitete Programm, dem die Wissenschaftler mit großer Spannung entgegengefiebert hatten, lief routiniert ab. Fünf Tage lang rund um die Uhr, Tag und Nacht, wurde gemessen, getestet, fotografiert, bestrahlt usw., und dies mit Feuereifer und hochmotiviert, angetrieben durch ein Rätsel, das die moderne Wissenschaft möglicherweise würde lösen können. Man hatte keineswegs vor, die Authenzität des Grabtuches für rechtsgültig zu erklären noch hinfällig zu machen; Objektivität war das Motto dieser Experten.

Meist arbeitete eine Gruppe am oberen Ende des Grabtuches, während gleichzeitig eine andere am untern Ende tätig war, und eine dritte Gruppe in der Mitte Untersuchungen vornahm. Das Foto-Team hingegen war 120 Stunden im Non-Stop-Einsatz. Unter Leitung von Don Devan fertigten Don Lynn, Jean Lorre, Vernon Miller, Ernest Brooks und Mark Evans unzählige unterschiedliche Fotos des Originaltuches an, während Barrie Schwortz diese 120 Stunden durch Fotos dokumentierte. Vom Grabtuch wurden Verkleinerungen und Vergrößerungen angefertigt, ein Fotomosaik jedes Teils des Tuches, mit dem später die Computer Oberflächenanalysen ausarbeiten würden, hergestellt. Es wurde blau, grün, rot u.a. gefiltert, Kontrast gesteigert, mit UV bestrahlt, verschiedene Linsen vorgesetzt. Man benutzte verschiedene Kameras, verschiedene Objetive, Filme, usw., machte spezielle Vergrößerungen von Faserndetails, Blutflecken usw., Spektrometer kamen zum Einsatz, Fotomikroskopie, Stereobildsystem-Technologie und Fiberglasoptik; diese Optik wurde speziell für Aufnahmen der Tuchrückseite eingesetzt. Erst zum vierten Mal seit 1898 wurden Fotos vom Turiner Grabtuch gemacht, und zum ersten Mal wurde auch die Rückseite des Tuches abgelichtet. Dank dieser Fiberglasoptik konnte seit 470 Jahren - als die Nonnen von Chambery die Feuerschäden des Brandes ausbesserten und ein Leinentuch auf die Rückseite der Reliquie nähten - zum ersten Mal wieder ein „Blick“ auf die hintere Seite des Originaltuches

*Stopfstelle aus dem Jahr 1534, als Nonnen in Chambery die Feuerschäden ausbesserten.*

geworfen werden. Man trennte die Naht zwischen Tuch und dem Unterfutter ein Stück weit auf und erlangte dank dieser Technik Fotos von der Tuchrückseite. Auf diese Weise wurde festgestellt, dass das Körperbild auf der Rückseite nicht zu sehen ist, während einige der größeren Blutflecken bis an diese Stellen durchgesickert waren, also Kapillarfluss zeigten.

Dee German und Rudy Dichtl waren unermüdlich im Einsatz als Troubleshooter. Jedesmal, wenn eine Steckdose defekt wurde, ein Gerät ausfiel, Kurzschlüsse auftraten, waren sie sofort zur Stelle und halfen. Nicht alle Probleme waren elektrischer oder elektronischer Art. So klemmte z.B. Ernie Brooks Stativ. Nachdem er sich eine Weile damit abgequält hatte, fand German heraus, dass tief im Innern der Stativstütze ein Plastikring zerbrochen war. Mit großen Schwierigkeiten entfernte er den Ring und klebte ihn wieder zusammen, nur um zu erkennen, dass die Ursache, die zum Zerbrechen geführt hatte, daher rührte, dass kein Schmiermittel im Schaft war. Trotz der unzähligen Werkzeuge und Ersatzteile, die jeder mitbrachte, hatte niemand daran gedacht, Schmieröl zu besorgen. Dies passierte natürlich ausgerechnet nachts, wo kein Geschäft geöffnet hatte. Kurzerhand schickte Dee German jemanden zum Hotel, um ein wenig Butter zu besorgen. - „Ernie“, sagte er, während er den Schaft einbutterte, „nach einer Weile wird es stinken, doch es wird seinen Zweck erfüllen, bis wir mit den Untersuchungen fertig sind.“

Auch hier in Turin bewährte sich der Teamgeist wieder einmal hervorragend. Jeder, der gerade nicht mit einer Spezialaufgabe befaßt war, half den Anderen. Chemiker halfen Physikern, Biologen den Fotografen usw. Die Zusammenarbeit war außergewöhnlich, und das gute „Betriebsklima“ einfach berauschend. - Giovanni Riggi, der interessiert und tief beeindruckt diesen Profis bei der Arbeit zusah, entschloss sich spontan, der STURP-Gruppe als Mitglied beizutreten. Dies, so tat er kund, sei die Art von Wissenschaft, an die er glaube. Die Amerikaner hießen ihn mit Freude im Team willkommen.

Jedesmal, wenn die Erschöpfung ein Teammitglied zu übermannen drohte, versuchte er oder sie, ein kurzes Nickerchen zu machen. Man hatte im hell erleuchteten Ballsaal für diesen Zweck

Feldbetten aufgestellt. Barrie Schwortz erinnerte sich später, dass er dort kein Auge schließen konnte, weil ihn die Fresken an der Decke so faszinierten, dass er völlig hingerissen immer nach oben starren konnte. Manche gingen auch für eine kurze Ruhepause ins Hotel. Doch im Grunde war jedermann viel zu aufgeregt, um Ruhe finden zu können. Die durchschnittliche Schlafzeit betrug pro Person in 24 Stunden maximal 1 - 2 Stunden! Es war wahrlich für jeden der Wissenschaftler ein, wie Heller es zu nennen pflegte, „Fünf-Tage-und-Nächte-Adrenalin-Rausch".

Da die Wasserbecken so gut wie immer für die Kühlung der Röntgenröhren u.a. belegt waren durch weiterführende Wasserschläuche, und meist nicht für einen kleinen Frischwassertrunk verfügbar waren, wurden die Wissenschaftler von Zeit zu Zeit mit Wein versorgt, der aus Luigi Gonellas privatem Bestand stammte und den Teammitgliedern von Wächtern gebracht wurde, die auch dabei nicht ihre Maschinengewehre ablegten.

Sogar die einzige Toilette, die allen gemeinsam im Badezimmer zur Verfügung stand, wurde periodisch von Barrie Schwortz beschlagnahmt, der dort im Schnellgang Fotos entwickelte, um die Qualität der Bilder zu kontrollieren.

Robert und Marty Gilbert machten einen 20-Stunden-Lauf mit einem Reflektorspektroskop. Nachdem sie so den bildlosen Hintergrund vermessen hatten, begannen sie bei den Füßen des Mannes auf dem Grabtuch, um sich am Körper aufwärts zu bewegen in der Hoffnung, dem Rätsel der Bildentstehung ein wenig näher zu kommen. Als sie gerade die Anfangsreihen der Spektren der Ferse betrachteten, machten sie schnell einen Lauf über das Bein der Figur bis zum Knie. Das Spektrum der Ferse war total verschieden im Vergleich mit dem des gesamten Beines. - Was ist da Merkwürdiges an der Ferse? fragten sie sich. Man rief Sam Pellicori; der brachte ein Mikroskop in Positur und schob es zurecht, bis es genau über dem Punkt über der Ferse war, wo das Spektroskop diese Abweichung gezeigt hatte. Er betrachtete sorgfältig die Vergrößerung, und nach langem Anschauen drehte er sich um und sagte: „Es ist Schmutz!"

*Massenandrang herrschte bei der Ausstellung des Grabtuches in Turin 1978.*

Jeder wollte es nun selbst sehen, und alle drängten sich um das Mikroskop. Da waren tatsächlich Schmutzteilchen zu sehen auf und zwischen den Fäden des Gewebes. Die Wissenschaftler spekulierten: es sei dann logisch, dort am Fuß des Mannes Schmutz zu finden, wenn dieser kurz vor dem Tod barfuß gegangen wäre - vorausgesetzt natürlich, im Tuch hat ein wirklicher menschlicher Körper gelegen, ein Umstand, den niemand der STURP-Gruppe mehr bezweifelte. Dieser Mann musste barfuß gewesen sein, ehe man ihn ans Kreuz nagelte. Es war allerdings nicht genug Schmutz vorhanden, um mit bloßem Auge gesehen werden zu können, dies hatte erst ein High Tech-Gerät ans Licht bringen können. Undenkbar, dass ein Fälscher hier winzigste Schmutzpartikelchen aufgebracht haben sollte, die später nur mit dem Mikroskop zu sehen wären. Auch die Wissenschaftler waren nur aufgrund des anormalen Spektrums auf die Idee gekommen, hier mit einem Mikroskop nachzuschauen.

Im Gegensatz zu Max Frei's simplen Klebeband hatte das Team für das Experiment zur Probenentnahme keine Kosten gescheut, um dem Grabtuch keinerlei Schaden zuzufügen. Es hatte lange Diskussionen gegeben darüber, wie diese Klebestreifen beschaffen sein sollten. Das Klebematerial durfte keine Rückstände auf dem Stoff hinterlassen und trotzdem Proben aufnehmen können. Es wurden Klebestreifen extra für diese Aktion hergestellt, und sie kosteten stolze 5000 Dollar pro Stück! Das Team ging davon aus, dass die Streifen des Hollandstoffes, die nach dem Brand von 1532 über die Brandlöcher genäht worden waren, die festesten Stoffteile sein würden. Das Originaltuch - das Alter musste sich im Rahmen von 630 bis 2000 Jahren bewegen - wäre unweigerlich durch die Jahrhunderte geschwächt. Leinen kann zwar gut überdauern in trockenen Zonen wie der Sahara, doch nicht in der Temperaturzone von Frankreich oder Norditalien. Dämpfe, Oxidation und Organismen wie Bakterien und Pilze verursachen seine Verderbung, die Fäden werden brüchig, Fasern brechen ab. Das Team ging davon aus, dass sich das Originaltuch in einer heiklen, angegriffenen Kondition befinden müsse. Die Wissenschaftler waren über alle Maßen erstaunt, dass dies nicht der Fall war.

Der Stoff war statt dessen geschmeidig, stark und fühlte sich an wie neues, teures Tuch. Man war sich einig darüber, dass, falls es mit Schimmelpilzsporen bedeckt sei, sie doch keinen Schimmel nachweisen konnten. Sie hatten keine Erklärung für die unerwartete und großartige Erhaltung des Gewebes. Etwa zwanzig Jahre später sollte ein Wissenschaftler eine sensationelle Entdeckung machen, die diesen Umstand erklären sollte.

Roger Dinegar und Ray Rogers, die das Klebenstreifen-Experiment durchführten, wussten, dass sie dabei äußerst vorsichtig zu Werke gehen mussten. Falls die erste Berührung mit dem Streifen die kleinste Beschädigung des Tuches verursachte, würden sie das Experiment unverzüglich abbrechen. Im Probelauf war genau festgelegt worden, von welchen ausgewählten Zielpunkten die Proben zu entnehmen seien. Zufrieden stellten Dinegar und Rogers fest, dass sie mit der Wahl ihrer Klebestreifen ein gutes Händchen bewiesen hatten, das Experiment klappte hervorragend und hinterließ keinerlei Spuren auf dem kostbaren Gewebe. Proben wurden entnommen von allen wichtigen Zonen: dem bildlosen Hintergrund, von den Hollandstoff-Flicken, von den Brand- und Versengungsstellen, von den Blutflecken, den Rändern der Blutflecken und - am wichtigsten - von den Körperbildzonen. Einige Proben wurden von Schnittstellen entnommen, z.B. beim Übergang der Wasserflecken von 1532 in andere Zonen. Kurz und gut, von allem und jedem, das nur irgendwie zu identifizieren oder analysieren sei, wurden mehrmals Proben von verschiedenen Stellen entnommen. Und nach jeder Probenentnahme wurde diese Stelle wiederum physikalisch vermessen und erfasst und in ein Gitternetz eingetragen.

Manchmal gab es auch einige amüsante Pannen. So hatte z.B. Tom Haverty Probleme mit seinem Infrarotfilm. Dieser reagierte so empfindlich auf unsichtbare IR-Strahlen, dass Haverty keinen Platz finden konnte, der dunkel genug war, um den Film in seine Kamera einzulegen. In seiner Verzweiflung kroch er unter den Grabtuch-Schwenktisch und stieß einen Schrei der Empörung aus, als Vern Miller drei Räume weiter ein Licht anschaltete. Frustriert marschierte Haverty in die Badezimmer-Dunkelkammer und stellte sich auf die offene Toilettenschüssel, einen Fuß auf jeder Seite des Randes. Plötzlich ein weiterer Schrei: er war hineingerutscht. Eric Jumper habe sich vor Lachen auf dem kostbaren Parkettfußboden gekugelt, erzählten die STURPies später.

Während der gesamten 120 Stunden war stets auch ein Vertreter des Erzbischofs und der Universität von Turin anwesend, zum einen, um zu überwachen, ob dem unersetzlichen Original kein Schaden entstehe, zum anderen, um Untersuchungsprotokolle zu unterschreiben, in die jeder Forscher täglich seine Tests und Ergebnisse eintrug. Nach etwa zwei Tagen waren diese kirchlichen und akademischen Aufpasser über alle Maßen beeindruckt von der peinlichen Sorgfalt, mit der die Wissenschaftler arbeiteten, daß sie sich nicht länger um die Unversehrtheit der Reliquie sorgten.

Obwohl 120 Stunden anfangs mehr als ausreichend erschienen, war doch viel zu schnell der Moment da, wo plötzlich nur noch 30, dann 24 und dann noch weniger Stunden übrig waren. Das Tempo der Untersuchungen nahm rapide zu, da allen die verrinnende Zeit bewusst war. Tauchte nun ein Problem auf, so gab es eine Blitzkonferenz mit Jackson oder Jumper oder beiden. Entschlüsse wurden minutenschnell gefasst und die Problemlösungen rasch in die Tat umgesetzt. Die Fehlerrate beim technischen und elektronischen Equipment begann anzusteigen, und die Ersatzteillager begannen sich zu leeren. Stecker, Drähte, Kontakte, Widerstände, Schaltungen - alles begann aufzuhören, zu funktionieren. Die Aktivitätsrate der Troubleshooter German und Dichtl steigerte sich zu einem rasanten Level. Franko Faia, ein Elektronik-Experte aus Turin, musste nun rund um die Uhr verfügbar sein, denn er war der Einzige, der mit allen Stromkreisen des Palastes vertraut war. Die Teammitglieder hatten sich inzwischen teilweise in einem Zwei-Meilen-Radius um den Palast verteilt, um alle Geschäfte, Läden und Wartungsstellen ausfindig zu machen, wo Ersatzteile zu erhalten waren.

Immer wieder wurden Daten oder Teildaten überprüft, um rasch festzustellen, wo eine nochmalige Wiederholung einer Messung oder eines Tests nötig sei. Und ganz allmählich begannen sich auf den Gesichtern Erschöpfung und Spannungslinien abzuzeichnen.

Als die letzten Stunden herbeigekommen waren, wollten Brooks und Miller noch spezielle Polaroidfotos anfertigen. Der Film war ein brandneues Produkt, speziell dafür entwickelt, um die Farben der Fotos für mindestens ein Jahrhundert zu erhalten. Das Team hatte lediglich 30 dieser Filme bekommen können. Dies war die letzte Prozedur, die durchgeführt wurde, und Jumper, der schon in Eile war, die Dinge zu Ende zu bringen, brummte Ernie und Vern an, sich zu sputen. Ernie Brooks meinte gelassen: „Diese Polaroidaufnahmen werden noch für deine Urenkelkinder ungeheuer wertvoll sein! Sei kein Dummkopf!“

Dann kam der Augenblick, wo alles getan war, alles gemessen, fotografiert, aufgeschrieben und dokumentiert; man hatte ein Tonbandprotokoll der gesamten 120 Stunden angefertigt. so dass später nachvollzogen werden konnte, was wer wann und wie getan hatte. Ursprünglich war geplant, einige Daten via Satellit heimzuschicken, so dass sie in den Labors zu Hause bearbeitet werden konnten, damit schnell festgestellt werden könnte, ob noch andere Messungen nötig seien. Dieser Plan war leider nicht zu verwirklichen gewesen, und so wurden alle Daten gesammelt und mit nach Hause genommen. Viele Wissenschaftler fertigten Duplikate an von ihren Daten, um sie zwei veschiedenen Leuten in Obhut zu geben, für den Fall, dass etwas verloren gehen oder abhanden kommen sollte.

Die durch die Untersuchungen erhaltene Datenmenge war riesig: allein die Anzahl der Fotos betrug ca. 30.000. Was auch immer durch die Analysen entdeckt werden sollte, es würde mit Sicherheit nicht an spezifischen, reproduzierbaren Beweisen scheitern. Ganz gleich, was die Auswertung der Daten für Ergebnisse erbringen würde, die profihaft und sorgfältig durchgeführten Experimente würden eindeutige, unbestechliche Daten liefern. Hochkompetente Wissenschaftler hatten bestmögliche Arbeit geleistet - und jedem von ihnen war klar, dass dies eine einmalige Gelegenheit gewesen war, wie sie vielleicht in ihrer Generation nicht noch einmal geboten würde. Ihnen war ebenso klar, dass zahlreiche Menschen auf der ganzen Welt mit Spannung auf die Untersuchungsergebnisse warteten, und dass ihre Resultate über jeden Zweifel erhaben sein mussten.

Zum Schluss gab es noch eine Abschiedszeremonie. Ein Priester sprach ein Gebet, verbeugte sich und küsste das Grabtuch. Einer der Wissenschaftler hätte nun am liebsten noch einmal eins der High Tech-Geräte herbeigeholt, um über diese Kussstelle hinwegzumessen. Ernie Brooks, ein Presbyterianer, wartete ab, bis alle den Saal verlassen hatten, trat auf das Grabtuch zu und küsste es ebenfalls.

Nach der Zeremonie ging es wieder lockerer zu, Monsignore Cottino und die anderen Kirchenleute sowie die italienischen Wissenschaftler, Wachleute - immer noch mit ihren Maschinengewehren - und die Amerikaner kamen zurück; man schoss Fotos voneinander und signierte sie, hielt noch kurze und erregte Schwätzchen, wenn auch den Wissenschaftlern nun die Müdigkeit deutlich ins Gesicht geschrieben stand. Doch jeder genoss noch einmal diese letzte, entspannte und harmonische Atmosphäre. Dann kamen auch die Armen Klarissen wieder in den Raum; die Oberin nahm Nadel und Faden und nähte mit eiligen Bewegungen ein neues rotes Seidentuch oben auf das Grabtuch. Als sie mit dieser Arbeit fertig war, überreichte sie die Nadel als Geschenk einer sehr jungen Nonne, die tief ergriffen so strahlend lächelte, als habe sie gerade ein Engel berührt.

## *Erste überraschende und unerwartete Ergebnisse*

Am 14. Oktober wurden all die komplizierten High Tech-Geräte wieder in die USA gesandt. Nach und nach verließen auch die Wissenschaftler Turin, gespannt auf die Ergebnisse, welche die nun folgenden Analysen und Forschungen noch ergeben würden. Konnten sie das Rätsel um die mysteriöse Bildentstehung lösen? Die Ergebnisse und Schlussfolgerungen sind sensationell und völlig überraschend, soviel sei an dieser Stelle schon verraten.

Die Wissenschaftler kehrten indes nicht ganz ohne erste Teilergebnisse ihrer Untersuchungn nach Hause. Es waren Milben und Arachniden im Gewebe nachgewiesen worden, und es stand mit ziemlicher Sicherheit fest, dass für die Entstehung des Körperbildes keine Malfarben benutzt worden waren. Unter dem Elektronenmikroskop waren die Flachfasern, aus denen die Leinenfäden gesponnen wurden, klar zu erkennen gewesen. Sie bestanden aus länglichen aneinandergereihten Zellen, die bambusähnlich aufgebaut sind. Diese Fasern zeigten keinerlei Fremdmaterial, weder darauf noch dazwischen. Die Fasern-Zwischenräume waren völlig frei, abgesehen von zufälligen Materialien wie Bruchstücke von Insekten, Pollenkörnern und ähnlichen Verschmutzungen, die mit der Färbung des Tuchbildes nichts zu tun haben. Nach Farbspuren hatten die Wissenschaftler auch mittels UV-Fluoreszenz-, Infrarot- und Röntgenstrahlen gesucht, doch das Ergebnis war stets das gleiche gewesen: es ließen sich nicht die geringsten Spuren einer maltechnischen Herstellung des Bildes finden.

Zum gleichen Resultat hatten mikrochemische Analysen geführt, bei denen man mit verschiedenen Reagenzien, wie Benzin, Azeton, Äthanol usw. gearbeitet hatte. Die Gelbfärbung der Fasern des Körperbildes ließ sich mit keinem der zur Bestimmung von Farbstoffen gebräuchlichen Reagenzien beeinflussen. Das negative Ergebnis enthüllt den Forschern ganz klar: es befinden sich keine fremden Substanzen in der Bildregion, keine Farbpigmente, kein Puder oder andere Farbmedien, weder pflanzlicher, tierischer oder mineralischer Art.

Auch das schon erwähnte Feuer von 1532 in Chambery hätte bei organischen Farbpigmenten chemische Veränderungen am Körperbild in den betroffenen Zonen verursacht haben müssen. Doch solche Veränderungen konnten nicht nachgewiesen werden, da offenbar kein Material existiert, das auf diese Weise hätte chemisch beeinflusst werden können. Das gleiche galt für das heiße Löschwasser, das damals auf das Grabtuch gelangte. Zur Überraschung der Forscher gab es keine Unterschiede in der Intensität des Körperbildes zwischen solchen Partien, die vom Löschwasser betroffen waren und solchen, die nicht betroffen waren, die Bildspuren hatten sich durch diesen erheblichen physikalischen Eingriff nicht einmal verändert. Das ist unvorstellbar, wenn irgendwelche Farben verwandt worden wären.

Die Wissenschaftler waren sich auch darüber im klaren, dass dies Ergebnis immer noch Gültigkeit hätte, wenn sich vereinzelte Spuren von Malfarbe auf dem Tuch finden sollten. Das Turiner Grabtuch ist immer wieder kopiert worden, und von einigen Kopien ist bezeugt, dass sie auf das Original gelegt wurden, um ihnen damit eine höhere Weihe zu geben. Es ist aber offensichtlich, dass solche vereinzelten Spuren mit dem Tuchbild selbst und seinen charakteristischen Merkmalen nichts zu tun haben.

Gegen die Behauptung, das Turiner Grabtuch sei das Werk eines Fälschers oder Künstlers, sprach auch das Fehlen jeglichen Anzeichens von Kapillarität. Darunter versteht man das Eindringen und durch Aufsaugen weitere Vordringen von Material flüssigen oder dampfhaltigen Charakters. Ein solcher Kapillarfluss wäre aber bei Flachsfasern zu erwarten bei der Verwendung von Malfarben oder bei der Entstehung des Bildes durch Dampf, Schweiß oder ein flüssiges Medium. Doch die Wissenschaftler konnten in den Regionen des Körperbildes keinerlei Anzeichen für Kapillarfluss finden und konnten somit jede Flüssigkeitsbewegung auf dem Tuch ausschließen, was das Ende bedeutete für Paul Vignons Entstehungstheorie durch Todesschweiß und Begräbnisspezereien.

Nach den Untersuchungen stand nun fest: das Bild musste durch einen trockenen Prozess entstanden sein. - Doch durch welchen? Die Wissenschaftler standen vor einem Rätsel. Am meisten verblüffte sie der Oberflächencharakter des Tuchbildes. Sie hatten festgestellt, dass in den Bildpartien nur jeweils die Zellen der obersten Spitzen einzelner Fasern verfärbt sind, und zwar nur auf der dem Körper zugewandten Seite des Tuches. Welche Farbeinwirkung auch immer die Ursache für die Entstehung des Bildes war, sie hatte zu keinem bedeutenden Grad den Stoff durchdrungen. Diese Flachsfasern haben einen Durchmesser von nur 1/60 bis 1/100 mm; sie verlieren sofort ihr strohgelbes Aussehen, wo ein Querfaden sie überdeckt. Die Färbung folgt nicht den Biegungen und Spalten der sich überkreuzenden Fäden; dazu kommt noch, dass überall nur einige, nirgends alle Faserspitzen verfärbt sind. Es ist maltechnisch absolut unmöglich, so dünne Fasern einzeln zu bemalen, ohne eine Faser daneben zu berühren. Selbst unsere feinsten Pinsel wären um ein Vielfaches zu grob dafür. So dünne Pinsel sind gar nicht herstellbar. Diese Wissenschaftler schmunzelten nun über die Vorstellung eines Künstlers, der nicht nur den dünnsten Pinsel der Welt hätte benutzen müssen, sondern nur ein superdünnes einzelnes Pinselhaar, um damit die Faserspitzen von der Stärke eines 1/100 mm zu bemalen. Die dünnsten bekannten Pinselhaare sind aus Zobel, doch ein Zobelhaar ist riesig im Durchschnitt im Vergleich mit einer solchen Leinenfaser! Ganz abgesehen davon könnte auch kein Künstler der Welt die Hand still genug halten, um eine einzelne Faser zu bemalen. Dazu kommt noch der Umstand, dass das wie hingehaucht wirkende Körperbild als solches erst aus zwei oder mehr Metern Abstand überhaupt erkennbar ist; noch dazu hat es eine auffallend hohe Auflösung und Detailgenauigkeit. Die STURPies amüsierten sich prächtig bei der Vorstellung eines mittelalterlichen Malers mit einem mindestens zwei Meter langen, superdünnen Pinsel - und gleichzeitig ausgestattet mit einem Fernrohr, um seine Arbeit am Tuch verfolgen zu können. Eine absurde Vorstellung!

Einer der Wissenschaftler versuchte in einem Interview, diesen Oberflächencharakter des Tuchbildes zu beschreiben: „Stellen Sie sich vor, Ihr eigener Arm wäre ein einzelner Faden des Grabtuchgewebes. Die winzigen zahlreichen Körperhaare auf dem Arm entsprächen den Fasern dieses Fadens. Verfärbt wären nur lediglich die allerobersten Spitzen dieser Körperhaare, und zwar alle betroffenen Haarspitzchen in der gleichen Intensität; an manchen Stellen mehr Haarspitzen, an anderen weniger. So in etwa muss man sich die Verfärbung auf dem Turiner Grabtuch vorstellen."

Lorre und Lynn hatten durch ihre Tests bestätigt, was schon vor ihnen etliche Wissenschaftler vermutet hatten: das Körperbild zeigt auch keine Konturen oder Umrisslinien. Für die STURP-Forscher ein weiterer Punkt, der gegen einen Künstler und für eine unrealisierbare Maltechnik spricht. Schon für viele Besucher der Grabtuch-Ausstellungen war es eines der mysteriösesten Merkmale des Köperbildes, dass die Gestalt und das Antlitz auf dem Tuch, wenn man näher hinzutritt, um die Details zu sehen, zu verblassen scheint, als würde das Bild vom Tuch aufgesogen, bis schließlich nichts mehr zu sehen ist als eine formlose Abschattung. Wenn man nur noch einen Schritt vom Tuch entfernt steht, kann man nicht einmal mehr die Stellen, die das Abbild tragen, von denen unterscheiden, auf denen sich nichts befindet. Man sieht nur noch die Färbungen durch das Blut.

Über die vergangenen Jahrhunderte hinweg hatte dieses Bildmerkmal als unerklärliches Wunder gegolten, während andere über Massensuggestion spöttelten. Doch nun hatte sich herausgestellt, dass dieses verwirrende Phänomen auch bei der Betrachtung und Vergrößerung von Fotos des Grabtuches auftrat. Schon ein Jahr vor dieser spektakulären Aktion in Turin hatte Ray Rogers, ein Physiker vom Los Alamos National Laboratory, festgestellt, dass dieser Effekt weder ein Wunder noch eine Einbildung sei, sondern dass diese Eigenschaft des Grabtuches wissenschaftlich erkärbar ist. Das Körperbild auf dem Tuch ist schwach und hat keinen klar gezogenen Rand, keine Konturen. Doch jede Anfertigung des Bildes, das Auftragen von Farbe oder anderen Fremdsubstanzen durch einen Fälscher oder Künstler würde ein charakteristisches Merkmal aufweisen: Konturen, wie vorsichtig auch immer der Künstler malen oder arbeiten würde. Doch das Bild auf dem Turiner Grabtuch hat definitiv keine Konturen. Das Bild „verliert" sich unmerklich im Gewebe, es hat verschwimmende Umrisse. Diese Konturenlosigkeit schließt jegliche Pinselstriche oder andere Linienauftragung von Fremdsubstanz aus. Jede Kopie des Turiner Grabtuches hat solche Konturen, wie die Wissenschaftler zuvor recherchiert hatten, wie sehr auch der kopierende Künstler versuchte, das Original so exakt wir möglich nachzubilden.

Schon bald nach Bekanntwerden dieses Merkmales des Körperbildes gab es in den Medien Kritiker aus den Reihen der Kunsthistoriker, die nun behaupteten, dass es in der Malerei durchaus Techniken gebe mit umrisslosen Darstellungen. In Europa käme z.B. der Pointilismus oder in China die sogenannte „knochenlose Malerei" in Frage. Doch die Wissenschaftler konnten diese Einwände widerlegen: diese Techniken verlieren unter dem Mikroskop und auf molekularer Ebene ihre Besonderheit und lassen sich in keiner Weise mit der mysteriösen und offenbar einmaligen Bildentstehung auf dem Turiner Grabtuch vergleichen.

Andere Kunsthistoriker gaben nun zu, dass dies Bild, wenn es denn doch ein Künstler oder Fälscher hergestellt habe, völlig außerhalb jeglicher künstlerischer Tradition gestanden haben musste. Da sei einmal die Unvollkommenheit des Bildes, die gegen ein Kunstwerk spreche. Das Bild der Person befand sich ursprünglich nicht in der Mitte des Tuches, was später durch einen angenähten Tuchstreifen ausgeglichen worden war. Das Rückenbild war noch dazu schief. Alle Hersteller von Kopien hatten diese Merkmale stillschweigend korrigiert. Für die Anordnung als Doppelbild, Kopf an Kopf, gebe es keine Parallele, und so früh sei noch kein nackter Körper dargestellt worden, so hieß es nun in den Reihen der Kunstexperten. Das Bild weise darüberhinaus Verzerrungen, Unregelmäßigkeiten und das Fehlen ganzer Bildteile auf. Dieser hypothetische Künstler hätte einen Herstellungsprozess anwenden müssen, der bei allen großen Meistern seiner Zeit unbekannt war, und der niemals zuvor noch danach wieder angewandt wurde. - Thomas D'Muhala sagte später auf Vorträgen in den USA: „Wir dachten alle, dass wir eine Fälschung vorfinden würden und innerhalb einer halben Stunde unsere Taschen wieder packen könnten. Stattdessen sind nun alle Mitarbeiter überzeugt, dass der Echtheitsbeweis erbracht ist."

Doch wie entstand denn nun das Körperbild und aus was bestand es? Das herauszufinden war das Ziel der nun folgenden Forschungen und Auswertungen der in Turin gewonnenen Daten.

Auch die Kirchenleute in Turin und der Besitzer des Grabtuches profitierten von der erfolgreich durchgeführten Untersuchung des Originalobjekts. Die STURP-Wissenschaftler überreichten ihnen nicht nur die bereits gewonnenen Ergebnisse, sondern sie gaben ihnen auch wertvolle Tipps für die optimale Aufbewahrung und Lagerung der kostbaren Reliquie betreffs der Temperatur, der Luftzusammensetzung und der Luftfeuchtigkeit. Beiden Parteien war gleichermaßen an der guten Erhaltung des Gegenstandes gelegen.

## *Das Blut auf dem Grabtuch ist echt!*

Niemand unter den „daheim gebliebenen“ STURP-Wissenschaftlern hatte der Rückkehr der Männer aus Turin gespannter entgegengefiebert, als Dr. John Heller. Sollte er doch derjenige sein, der Fasern des Turiner Grabtuches, entnommen aus den Zonen, die Blutflecken darstellten, untersuchen sollte. Diese Blutflecken hatten das Interesse des Biophysikers geweckt, nachdem er zum ersten Mal einen Artikel über die rätselhafte Reliquie gelesen hatte. Er hatte damals an Prof. Jackson geschrieben, um anzufragen, ob bereits Tests auf die Echtheit oder Unechtheit dieses „Blutes“ durchgeführt worden seien. Wusste man eventuell, ob es sich um gemaltes Blut handele? Jackson hatte ihm geantwortet und berichtet, dass es im November 1973 zu einer Untersuchung am Grabtuch durch eine Expertenkommission gekommen war, bei der auch einige Fadenstücke entnommen worden seien, so u.a. von einem Blutflecken. Die Forscher seien aber nicht zu einem Ergebnis gekommen, der Bluttest habe erfolglos zu den Akten gelegt werden müssen. Daraufhin antwortete Dr. Heller in einem weiteren Brief an Prof. Jackson, er verstehe nicht, was ein „erfolgloser“ Bluttest sei. „Er ist entweder negativ - oder positiv“, so Heller, „es gibt nichts dazwischen.“

John Heller machte sich nun kundig und erfuhr mehr über den Test, den zwei italienische Wissenschaftler durchgeführt hatten. „Es ist kein Wunder, dass sie keine Antworten bekamen“, sagte Heller einige Wochen später zu Jackson, und er erklärte ihm, dass, wenn man nicht den richtigen Test auf die richtige Weise mache, man auch kein eindeutiges Ergebnis erhalte. Er selbst würde Mikrospektrophotometrie anwenden für einen Porphyrin-Nachweis. Jackson versprach dem neugebackenen STURP-Mitglied, ihm einige Fasern zur Untersuchung aus Turin mitzubringen.

Und er hielt sein Versprechen, dem Porphyrin-Test stand nichts mehr im Wege. - Porphyrine sind Schlüssel-Moleküle in der Natur, organische Moleküle von grundsätzlich gleicher Struktur, ge-

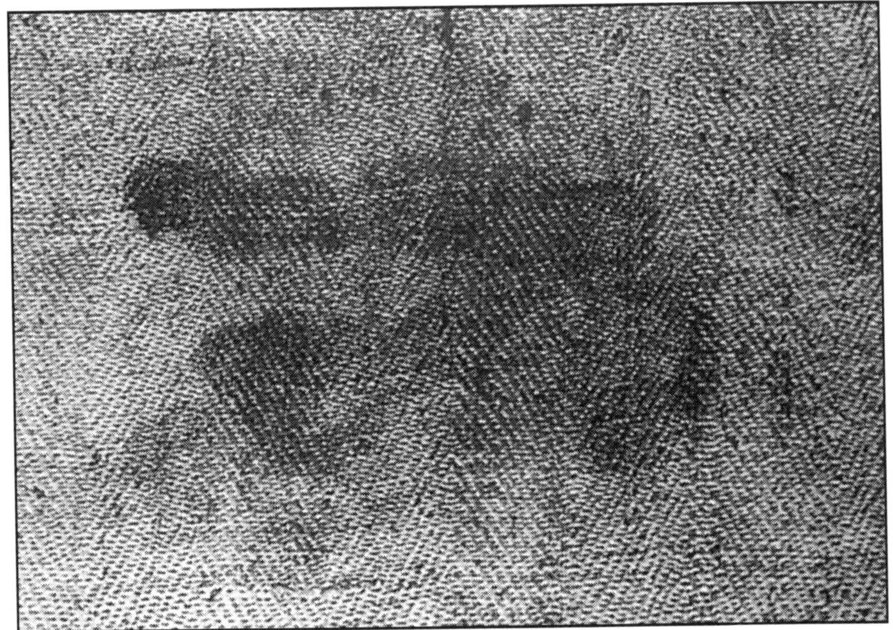

*Die Blutflecken der Handwunde auf dem Turiner Grabtuch.*

*Starke Vergrößerung eines Blutflecks vom Turiner Grabtuch.*

wöhnlich mit einem Metallatom im Zentrum. Es gibt in der Natur viele Porphyrine, und alle erledigen verschiedene Arbeiten für die Pflanze oder das Tier, in dem sie sich befinden. Chlorophyll enthält z.B. Porphyrin mit einem Magnesium-Atom im Zentrum, und ohne das Porphyrin würde sich keine Photosynthese ereignen. Blut enthält ein Eisenatom im Zentrum des Porphyrin-Moleküls. Im Hämoglobin ermöglicht Porphyrin die Sauerstoffaufnahme in der Lunge in die roten Blutzellen und den Weitertransport durch den Körper. - Wenn man nun in einer Probe Hämoglobin das Porphyrin auf eine bestimmte Art chemisch behandelt, kann man das Eisenatom im Zentrum dazu bringen, zu fluoreszieren. Unter Fluoreszenz versteht man einen physikalischen Prozess, bei dem eine bestimmte Wellenlänge des Lichts das Atom anregt, Licht in einer anderen Wellenlänge abzustrahlen. Dies abgegebene Licht kann verstärkt und gemessen werden.

Dr. John Heller wandte sich telefonisch an einen langjährigen Kollegen, Dr. Alan Adler, einen Chemiker, Physiker, Thermodynamiker und - last bur not least - Porphyrinexpterten. Heller fragte ihn, ob er Lust habe an einem wirklichen „fun project" mitzuarbeiten, das außerdem mit Porphyrin zu tun habe. Selbstverständlich war Adler interessiert, und er traf bald darauf bei Heller ein, wo dieser von ihm wissen wollte, ob er das Turiner Grabtuch kenne. Auch Adler fragte irritiert: „Das was von wo?" Heller informierte ihn gründlich (wenn auch nicht so wortgewandt und langatmig, wie es Jackson getan hätte). Dr. Adler war begeistert; das war doch einmal eine außergewöhnliche Herausforderung!

Für die Durchführung des Tests gab es ein großes Problem: es stand nur äußerst wenig Testmaterial zur Verfügung; es waren lediglich 700 Picogramm Hämoglobin. Der Versuch sollte mit einem Mikrospektrophotometrie-Gerät durchgeführt werden. Ein ehemaliger Klassenkamerad Hellers, Dr. George McCorkle, tätig an der biologischen Abteilung der Yale University, besorgte ein solches Gerät für Heller und Adler. Dr. Heller fuhr nun mit seinen Fasern nach Yale. Er erklärte Dr. McCorkle, dass einige STURP-Mitglieder die Reflektionsspektren von Blut aufgezeichnet hatten, man könne versuchen, diese in ein Transmissionsspektrum umzurechnen. Auf dem Gerät würde sich bei ca. 400 Nanometer eine gut sichtbare Spitze in der Kurve auf dem Monitor zeigen, wenn es sich bei der Probe wirklich um Blut handeln sollte. Dr. McCorkle war mit einem Probelauf einverstanden.

Sie begannen die Messung bei 700 nm und arbeiteten sich mit je 10 nm weiter abwärts auf der Skala. Als sie 450 nm erreichten, fing Hellers Puls an zu rasen. Bei 430 nm gingen sie nur noch in 5 nm-Schritten abwärts, und bei 425 nm fing die Kurve an zu steigen. Bei 420 und 415 stieg sie weiter an und erreichte ihren Gipfelpunkt bei 410 nm. Heller wusste, falls die Kurve wieder zu fallen begänne, hätten sie etwas absolut Großartiges herausgefunden; falls die Kurve aber weiter ansteigen würde, wäre das Testergebnis negativ: kein echtes Blut. Bei 405 schien die Kurve flacher zu werden. Hellers Puls nahm noch einen Zahn zu. Später erinnerte er sich noch gut daran, was ihm in diesem Moment durch den Kopf gegangen war: „Cool down! Es ist nur ein Experiment, nicht mehr, nicht weniger. Daten sind einfach nur Daten!“ Bei 400 nm begann die Kurve deutlich abzufallen, mehr noch bei 395 nm. Bei 390 nm war sie wieder ganz unten.

„Oh mein Gott! Es ist wirklich Blut!“ will Heller laut ausgerufen haben. Auch auf der Heimfahrt von Yale konnte er an nichts anderes denken. Seine Begeisterung für diese so wichtige Entdeckung in der Geschichte der Grabtuchforschung spiegelte sich auch noch Jahre später wieder, als er in einem Buch über den Bluttest und seine Mitarbeit am Grabtuch-Projekt schrieb: Dies sei ein „abso-bloody-lutely firstclass interesting project!“

Zurück im New England Institute rannte Heller schnurstracks zu Adler, um ihm diese umwerfende Neuigkeit gleich mitzuteilen. Er nannte Adler die Daten, die er in Yale mitgeschrieben hatte. - „John“, strahlte nun auch Alan Adler, „das ist Hämoglobin! Es ist denaturiert und sehr alt!“ Dann riefen sie Dr. Bruce Cameron an, einen Spezialisten für Hämoglobin in all seiner mannigfachen Art, und auch dieser bestätigte, dass es sich bei diesen Daten um die von altem Methämoglobin handele. Dr. Cameron hatte keine Ahnung, um was es sich handelte, als Heller und Adler ihm die Daten nannten, aber plötzlich war ihm wohl ein Licht aufgegangen, denn er sagte: „Hey, wartet eine Minute - arbeitet ihr zwei Burschen etwa am Turiner Grabtuch?“ Man sieht förmlich die vergnügt schmunzelnden Gesichter von Heller und Adler vor sich, als sie dies bestätigten.

Als sich im Mai des darauffolgenden Jahres die STURP-Mitglieder in Santa Barbara, Kalifornien, zu einer Konferenz versammelten, um erste Untersuchungsergebnisse auszutauschen, war Hellers Bericht einer der Highlights der Veranstaltung. Die Blutflecken auf dem Grabtuch, so referierte er, waren durch echtes menschliches Blut entstanden. Besonders an der Stirn, an der Brust, an Händen und Füßen sowie auf dem Rücken konnte jeder Betrachter der Reliquie diese Blutflecken mit bloßem Auge erkennen. Bereits die Ärzte, die das Objekt selbst oder wenigstens die Großaufnahmen von Enrie kannten, hatten die Blutspuren übereinstimmend als wirkliches Blut diagnostiziert, obwohl sie nur den optischen Befund vor Augen hatten. Die Richtigkeit dieser ärztlichen Statements durch die moderne Wissenschaft war einer der Meilensteine in der Grabtuchforschung.

Etwa zwei Jahre später sollte Prof. Pierluigi Baima Bollone, der Direktor des Instituts für Gerichtsmedizin an der Universität von Turin, dieses Ergebnis um noch ein Detail erweitern. Auch er untersuchte Fäden aus den Blutzonen des Grabtuches, diesmal mit einem immunbiologischen Verfahren. Er und seine Mitarbeiter konnten nicht nur erneut nachweisen, dass es sich hier um menschliches Blut handele, sondern sie konnten sogar die Blutgruppe bestimmen: AB; eine Blutgruppe, die im 1. Jahrhundert noch nicht so selten war, wie heute. Hatte man nun die Blutgruppe von Jesus Christus bestimmt?

Man kann sich vorstellen, dass diese Blutflecken erneut ins Gespräch kommen mussten, als die Altersbestimmung von 1988 diese Reliquie als mittelalterliche Fälschung „entlarvte“. „Wenn wir der Hypothese folgen“, so Gonella im schon zitierten „Spiegel-Interview“ von 1988, „das Körperbild sei von einem Künstler gemalt worden, wie hat er dann die Blutflecken hinbekommen? Denn es handelt sich nicht um gemalte Flecken, sondern sie haben die ganze chemische Charakteristik eines Bluttropfens, der durch Direktübertragung in den Stoff eingedrungen ist. Hier ist keine Substanz hinzugefügt worden."

Ganz anders das Statement von einem der Wissenschaftler, die am Alterstest beteiligt gewesen waren. Kurz nach der Bekanntgabe des Ergebnisses der Altersbestimmung schrieb Prof. Wölfli an den Grabtuchforscher Werner Bulst: Als er, Wölfli, das Grabtuch am Tag der Probenentnahme in Turin zum ersten Mal gesehen habe und die Blutflecken mit einer Lupe habe in Augenschein nehmen können, habe er gesehen, dass dies kein echtes Blut sein könne! Offenbar war ihm nicht bekannt, dass Heller und Adler sowie Prof. Bollone bereits die Blutflecken einwandfrei als menschliches Blut nachgewiesen hatten; oder Prof. Wölfli ignorierte dies Ergebnis einfach, da es ja nicht so recht zu der von ihm vertretenen „mittelalterlichen Fälschungs"-Theorie passte.

Es war auch behauptet worden, das Blut der Wunden sei „viel zu rot", um wirklich alt zu sein, während andere wiederum glaubten, dies rote „unverfälschte" Blut sein ein Zeichen für ein Wunder. Tatsächlich aber war die rote Farbe der konkrete Nachweis einer schrecklichen Misshandlung des abgebildeten Körpers. Bei einem Menschen, der schwere und wiederholte Traumata erleidet, bildet sich eine heftige Hämolyse, d.h. ein Aufbrechen der roten Blutkörperchen, wobei Hämoglobin austritt. In dreißig Sekunden erreicht dieses Hämoglobin die Leber, die aber wegen der anhaltenden Traumata keine Zeit hat, es zu verarbeiten, sondern seine getrennten Stoffe, darunter auch das Bilirubin, in das Blut entlädt. In den Wundflecken des Turiner Grabtuches findet sich eine sehr große Menge Bilirubin; eine solche Menge entsteht dann, wenn ein Körper eine lange Zeit die schrecklichsten Misshandlungen erleidet. Die lebhafte Farbe auf dem Grabtuch war also durch Bilirubin, das sich parahämisch mit Methämoglobin vermischt hatte, hervorgerufen worden.

Die Blutflecken auf dem berühmten Tuch sind außerordentlich differenziert, wie es der komplizierten Zusammensetzung des Blutes und dem ebenso komplizierten Gerinnungsvorgang entspricht. Ärzte unterschieden eindeutig venöses von artiellem Blut, Blut vom lebenden Körper sowie postmortales Blut, das erst nach dem Tod des Mannes im Tuch ausgetreten war. Das prämortale Blut zeigt sich mit hellerem Plasma im Zentrum und einem Fibrinkranz an den Rändern, während das postmortale Blut - wie das der Seitenwunde - mit einem Plasmakranz an den Rändern und Fibrin im Zentrum erscheint.

Der erste Grabtuchforscher, der artielles von venösem Blut auf dem Körperbild unterschied, war Caselli, der dies bereits auf einem Sindonologen-Kongress, der 1939 in Turin stattfand, bekanntgab.

Ein besonderer Erfolg für die Bibelforscher bedeuteten die Untersuchungsergebnisse der Ärzte, die mittels UV-Strahlen die Existenz der Seitenwunde des gekreuzigten Mannes sichtbar machten und damit ein Indiz für die Richtigkeit der neutestamentlichen Stelle in Johannes 19, 34-35 lieferten, wo von dieser Seitenwunde bei Jesus Christus die Rede ist. Auf dem Körperbild ist um die Stellen mit stärkerem Blutfluss herum ein weißer „Hof" zu sehen, um dic Seitenwunde herum besonders stark. Dieser stammt von dem wässrig aussehenden Serum, das sich nach dem Tod des Mannes von den roten Blutkörperchen absonderte. Ein Beobachter, der dies nicht wusste, konnte damals „Blut und Wasser" sehen. Die Seitenwunde befindet sich an der anatomisch genau richtigen Bildstelle.

Der Gerichtsmediziner Dr. Robert Bucklin, einer der STURP-Wissenschaftler, stimmt mit anderen Grabtuchforschern darin überein, dass auf der rechten Seite des Mannes auf dem Grabtuch eine lange schmale Klinge in nach oben führender Richtung eindrang, den Thorax-Hohlraum durchdrang, durch die Lunge bis ins Herz führend. Dass getrennte Bestandteile von roten Blutzellen und klarem Serum aus der Wunde ausliefen, ist für Dr. Bucklin ein Hinweis darauf, dass der Körper des Mannes zu diesem Zeitpunkt bereits tot war. Das Grabtuch zeigt, dass auch dann noch Flüssigkeit aus der Seitenwunde auslief, als der Körper bereits waagerecht, mit dem Gesicht nach oben, hingelegt worden war.

Die echten Blutflecken bieten aber noch ein weiteres Indiz gegen die „mittelalterliche Fälscher"-Theorie. Die Gerichtsmediziner und Ärzte unter den Grabtuchforschern machten darauf aufmerksam, dass die Blutflecken auf dem Tuch einen authentischen Blutfluss von einem menschlichen Körper darstellen; dies bedeutet, ein Fälscher hätte genaue Kenntnisse vom menschlichen Blutkreislauf haben müssen, lange Zeit vor dessen Entdeckung. Die erste wissenschaftlich bedeutsame Arbeit über den menschlichen Blutkreislauf veröffentlichte 1628 der englische Physiker William Harvey.

Die Ärzte identifizierten Blut auf dem Tuch aus vier verschiedenen Perioden über einen Zeitraum von ca. 12 Stunden. Da sich die Blutspuren optisch, physikalisch und chemisch grundlegend vom sonstigen Körperbild unterscheiden, muss man für die Entstehung von Blutflecken und Bild zwei verschiedene Ursachen annehmen: die Blutflecken entstanden auf völlig natürliche Weise durch einen im Tuch liegenden Körper, während die Bildspuren durch einen anderen Prozess entstanden sein müssen, und zwar NACH den Blutflecken! Unter den Blutflecken befinden sich keine Bildspuren; das Blut schirmte das Gewebe gegen die Verursachung der Verfärbung ab. Dies war eines der Ergebnisse der STURP-Wissenschaftler; einmal vom Blut gereinigt, erwiesen sich die Fasern gänzlich unverändert und bildlos.

Die Blutspuren sind vom Negativcharakter des Bildes ausgenommen; sie erscheinen daher in der fotografischen Umkehr als helle Farben (wie dies dunkle Details eines Fotos auf unseren modernen Negativen tun). Sie haben auf dem Original Positiv-Charakter. Und noch in einem weiteren Punkt unterscheiden sich die Blutflecken von den Bildspuren, sie zeigen Kapillarfluss. Unter dem Elektronenmikroskop sieht man, dass die Leinenfäden hier mit fremdem Material umhüllt sind. An Stellen, wo mit noch nicht geronnenem Blut zu rechnen ist, wie bei den Fußwunden und der Spur im Rücken, ist das Blut durch das Tuch hindurchgedrungen, also auch auf der hinteren Tuchseite zu sehen.

Das Turiner Grabtuch war nun nach diesen Forschungsergebnissen noch rätselhafter geworden, als es ohnehin schon war. Die Blutflecken waren also vor dem Körperbild entstanden, und nach der Entstehung des Körperbildes waren keine neuen Blutflecken auf das Tuch gelangt. Doch am mysteriösesten sollte sich der Fakt erweisen, der besagte, dass der Körper dieses Tuch auf eine Weise verlassen haben musste, bei der es zu keiner noch so geringsten Verschmierung des noch nassen Blutes gekommen war. Die Wissenschaftler standen vor einem Problem, denn es schien schwerer als je zuvor, herauszubekommen, wie denn nun diese Reliquie entstanden war. Hatte ein mittelalterlicher Künstler einen gekreuzigten Mann, dem die gleichen Wunden beigebracht worden waren, wie sie in den Evangelien von Christus berichtet werden, auf ein altes Linnen gelegt, die eine Hälfte über ihn geklappt, diesen Körper dann aus dem Tuch genommen, ohne das Blut zu verschmieren, um dann mit einem meterlangen Pinsel mit einem einzigen dünnen Härchen Punkt für Punkt das Körperbild aufzumalen, dabei perfekt an die Blutflecken angepasst, wobei er in einer Hell-Dunkel-Umkehrung arbeitete und dem Bild auch noch einen 3-D-Kode verpasste, den erst ein Weltraumgerät unseres Jahrhunderts entdecken sollte? Völlig absurd! - Aber wie war denn nun das Körperbild wirklich entstanden?

# *Kapitel IV*

# Dematerialisation im Grab?

## *Das Körperbild: eine Versengung*

Als die STURP-Wissenschaftler begannen, all die Daten und Proben zu verarbeiten, die sie aus Turin mitgebracht hatten, gingen sie völlig unvoreingenommen ans Werk. Es galt z.B., Paul Vignons Theorie zu überprüfen, die besagte, dass das Körperbild das Resultat eines Direktkontaktes sei, eine Art Vaporographie, verursacht durch Ausdünstungen des Körpers zusammen mit Begräbnisspezereien. Dieser Gedanke war nicht ganz neu. Seine Vorläufer wären die alten Texte, die in bezug auf das Mandylion (= das Turiner Grabtuch in Edessa und Konstantinopel) von Todesschweiß sprachen im Zusammenhang mit der Bildentstehung - immer aber hier mit einem mysteriösen übernatürlichen Faktor verknüpft. - Kaum anders spekulierte Chiuso bereits etwa 100 Jahre vor Vignon. Der Verfasser des Buches „Das heilige Tuch und die Spezereien", zeigte darin auf: diese Spezereien „haben entweder durch einen natürlichen Prozess oder durch ein übernatürliches Geschehen das Abbild des Erlösers der Welt auf dem Tuch hinterlassen."

Die Experimente, welche die STURP-Wissenschaftler durchführten, um diese Theorie zu bestätigen, blieben negativ. John Jackson erklärte seinen Zuhörern auf der Konferenz 1979 in Santa Barbara: „Versuche, es (das Körperbild) als das Ergebnis eines natürlichen Übertragungsprozesses zu erklären, etwa als Direkt- oder hindurchgehender Dunst-Kontakt, haben sich nicht als überzeugend erwiesen."

Ganz besonders eingesetzt für die Überprüfung dieser Körper-Kontakt-Hypothese hatte sich Ray Rogers. Sein Interesse am Turiner Grabtuch war in erster Linie geweckt worden durch die Tatsache, dass es 1532 von einem Brand betroffen worden war, bei dem Teile des silbernen Behältnisses, in dem es verwahrt wurde, geschmolzen waren. Geschmolzenes Metall hatte sich durch die gefalteten Tuchlagen gebrannt, wobei es zu hässlichen Löchern und versengten Stellen auf beiden Seiten des Leinentuches gekommen war. Für Ray Rogers war klar, dass dieser unglückliche

Vorfall die Voraussetzung für ein erstklassiges Thermal-Experiment geschaffen hatte. Er als Thermo-Chemiker war vertraut mit dem Schmelzpunkt von Silber während des Mittelalters. Silber war praktisch niemals rein, es hatte immer Verunreinigungen wie Quecksilber, Kupfer, Blei und Arsen. Rogers machte Berechnungen zur Temperatur, die damals im Silberkasten geherrscht haben musste, vor und nach dem Begießen mit Löschwasser, und er wusste, dass irgendwelche organischen Farbstoffe eine Künstlers - oder auch anorganische Pigmente in einem organischen Medium - durch diese Hitze einer Veränderung unterzogen worden wären, die man würde chemisch feststellen können. Das gleiche wäre auch der Fall, wenn das Körperbild durch biologische Materialien wie Aloe und Myrrhe im Zusammenhang mit Körperdämpfen entstanden wäre.

Dieser Effekt war jedoch eindeutig auf dem Grabtuch nicht feststellbar. Das Ergebnis der Untersuchungen und Experimente Rogers war das Aus für die von vielen Forschern lange favorisierten Vaporographie-Hypothese.

Rogers erläuterte die Fakten, die gegen Vignons Direktkontakt-Hypothese als Bildentstehungsprozess sprechen: An erster Stelle wäre da der fehlende Kapillarfluss: Dunst, Schweiß oder Dampf würden ringsum auf weitere Fäden einwirken bzw. weiter vom Gewebe aufgesogen werden, aber das Körperbild auf dem Grabtuch wies keinerlei Kapillarfluss auf - abgesehen von den Blutflecken. Um eine Vaporographie hervorzubringen, wäre mehr Ammoniak nötig gewesen, als normalerweise in einem toten Körper vorhanden ist; tot aber war der Körper im Tuch, das hatten einmütig die Mediziner unter den Grabtuchforschern ermittelt. Reste dieser Materialien aus Schweiß, Dampf und Begräbnisspezereien wären bei den Untersuchungen gefunden worden, doch da war nichts dergleichen auf dem Tuch. Eine Vaporographie hätte auch niemals einen 3-D-Effekt hervorbringen können, und auf dem Körperbild wären keine Haare abgebildet, wie sie es aber sind.

Das überraschendste Ergebnis all der bisherigen Tests und Untersuchungen aber war dieses: die Bildspuren auf dem Grabtuch wiesen am ehesten den Charakter einer Versengung auf. War das

Körperbild kein Kunstwerk und kein Produkt eines Direktkontaktes, sondern das Produkt eines geheimnisvollen Feuers, welches das Tuch an den Bildstellen versengt hatte? Die Untersuchungen am Originalstoff mittels Densitometrie zeigten eine Beschädigung der verfärbten Faserspitzen ähnlich einer Versengung, wie wir sie auch im normalen Alltagsleben kennen. Langsam, sozusagen in Zeitlupe, versengt - vergilbt - die Sonne unsere weißen Gardinen; schneller versengt Zigarettenglut ein Tischtuch. Eine solche Versengung der Faserspitzen des Grabtuches zeigten auch die Ergebnisse der spektrofotometrischen Studien des Forscher-Duos Gilbert und Gilbert sowie die Ergebnisse der Tests im Infrarot-Spektrum, im sichtbaren Spektrum, bei Tests mittels Röntgen-Fluoreszenz und bei UV-Aufnahmen. Diese „Versengung" zeigte sich durch eine Oxydation und Dehydrierung der Faserspitzen. Eine Versengung würde auch die Hitzebeständigkeit und die Wasserresistenz der Bildspuren erklären.

Kopfzerbrechen bereitete jedoch den Wissenschaftlern der nachgewiesene Oberflächencharakter des Bildes, der sich darin ausdrückte, dass nur die allerobersten Faserspitzchen der Fasern - nicht der ganzen Fäden - von Bildspuren betroffen waren. Zahlreiche Tests, die eine Imitation dieser Bildentstehung zum Ziel hatten, wurden in den Laboratorien der STURP-Mitarbeiter durchgeführt. Man hätte sich vorstellen können, dass ein Künstler oder Fälscher eine heiße Statue verwendet hatte, einen körperähnlichen Gegenstand. Doch alle Experimente mit einer erhitzten Statue verliefen negativ. Jedesmal, wenn eine Statue heiß genug war, um ein Bild auf das Leinen zu produzieren, verfärbte die Hitze die Tuchrückseite ebenfalls innerhalb einiger Sekunden, obwohl Leinen der gleichen Stärke und Webart wie beim Original benutzt wurde. Es erwies sich als unmöglich, auf diese Weise ein Bild zu produzieren, wie das auf dem Turiner Grabtuch. Außerdem ergaben Untersuchungen mittels UV-Fluoreszenz-Fotos, dass es einen wesentlichen Unterschied gab auf dem Original zwischen den versengten Zonen, die das Feuer von 1532 hervorgerufen hatte, und den Körperbildzonen: die alten Feuerstellen auf dem

Tuch fluoreszierten, während die Körperbildzonen dies nicht taten. Wann immer eine im Labor produzierte Versengung getestet wurde, fluoreszierte sie mit rötlicher Strahlung. Das entsprach nicht den Körperbildzonen auf dem Original. Diese Versengung war nicht zu imitieren - und somit auch nicht das Körperbild, schon gar nicht dessen verblüffender 3-D-Effekt.

Für Aufregung sorgte die Behauptung eines Wissenschaftlers, dem man nach dem Event in Turin ebenfalls Faserproben des Turiner Grabtuches zur Untersuchung mitgebracht hatte. Walter McCrone wollte herausgefunden haben, dass ein Fälscher mittels Eisenoxid-Staub das Bild hergestellt hatte. Auf die Idee waren die STURP-Mitglieder auch schon gekommen und hatten sie überprüft. Sie waren zu dem Ergebnis gekommen, dass diese Theorie falsch sei. Eisenoxid konnte nur in geringen Mengen in den Schmutzrändern der Löschwasserflecken von 1532 nachgewiesen werden. Dabei handelt es sich lediglich um Eisen, das in jedem natürlichen Wasser enthalten ist; im Bereich des Körperbildes konnten hochsensitive chemische Tests keinerlei Anzeichen von Eisenoxid feststellen. Eisenoxid könnte auch nicht den 3-D-Effekt des Bildes erklären, nicht den Oberflächencharakter, nicht die Wasserresistenz der Bildspuren, nicht die Unbeschädigtheit der Bildspuren durch das Feuer von 1532, nicht die Abbildung von Körperregionen, die das Tuch gar nicht berührten. Doch das Hauptargument war das fehlende Eisenoxid in den Bildzonen. McCrone ließ sich von den STURP-Wissenschaftlern nicht überzeugen und beharrte stur auf seiner Theorie. Während die STURP-Mitglieder noch nicht an eine Veröffentlichung ihrer Forschungsergebnisse dachten, da noch kein Ende all der Tests und Experimente abzusehen war, wandte sich McCrone mit seiner Eisenoxid-Fälscher-Theorie an die Medien, und vielerorts glaubte der Zeitungsleser denn auch, das Rätsel um das Turiner Grabtuch sei gelöst. Während die STURP-Wissenschaftler in aller Stille weiter forschten und nach Antworten suchten, verlor die Öffentlichkeit das Interesse am Turiner Grabtuch; es sollte erst nach dem unglücklichen Radiokarbontest im Jahr 1988 wieder für Medienrummel sorgen.

Für die amerikanischen Wissenschaftler wurde das berühmte Grabtuch immer mysteriöser. Sie hatten schon bald erkannt, dass man es hier nicht mit einer normalen Versengung zu tun haben konnte. Diese Versengung - wenn es denn eine war - musste ohne große Hitze vonstatten gegangen sein. Mit Hitze wäre das Blut an den Körperbildstellen verbrannt, doch das war beim Bildentstehungsprozess nicht geschehen, wohl aber während des Brandes von 1532. Alle Tests und Experimente ergaben, dass der Bildentstehungsprozess mit einer Temperatur von unter 200°C vor sich gegangen sein musste. - Sicher war bisher nur eines: Der Bildentstehungsprozess hatte zu Sauerstoffzufuhr - Oxydation - und zu Wasserstoffentzug - Dehydration - bei den betroffenen Faserspitzen geführt. In Oxydation und Dehydrierung beruht aber im wesentlichen der Vorgang einer Alterung von Leinen, sichtbar werdend in der Vergilbung. Das Tuch weist also im Bereich des Körperbildes einen höheren Alterungsgrad auf, als in den nicht betroffenen Teilen bzw. Fasern. Zudem zeigen die vergilbten Faserstücke, verglichen mit den glatter aussehenden Fasern außerhalb des Bildes, eine beschädigte, korrodierte Oberfläche. Auch das entspricht einer fortgeschrittenen Alterung. Was hatte diese Bildspur-Fasern versengt oder so schnell altern lassen? Hier war also kein Künstler am Werk gewesen, sondern ein unbekannter Prozess, der in chemischer Hinsicht auf einem Dehydrierungs- und Oxydationsprozess einzelner Faserspitzen des Tuches beruhte, ein Prozess, der die Molekularstruktur der Zellulose des Gewebes verändert hatte, die man nun chemisch nachweisen konnte. Überraschend für die STURP-Wissenschaftler war die Feststellung, dass unter den Blutspuren dieser Prozess keine Spuren hinterlassen hatte. Das Blut musste wie ein Filter gewirkt haben, der die Bildspuren dort verhinderte.

Was aber verursacht Oxydation und Dehydrierung bei Leinenfaserzellulose? Das Aussetzen unter Licht oder Hitze. Doch welcher Mechanismus oder welche Ursache kann durch Licht oder Hitze lediglich die obersten Faserspitzen eines Tuches versengen, ohne dabei tiefer in den Faden einzudringen? Die Bildentstehung zeigte sich als sehr viel rätselhafter, als die Forscher zuerst angenommen hatten. Dieser Prozess musste trocken, extrem kurz und kontrolliert abgelaufen sein, er musste gleichzeitig vollkommen senkrecht nach oben und unten gewirkt haben, vom Körper aus gesehen, er musste die chemische Natur der betroffenen Fasern verändert haben, einen 3-D-Code im Bild hinterlassen und ein perfektes Bild verursacht haben. Und dieser Prozess musste mit physikalischer Gesetzmäßigkeit gewirkt haben. An ein Wunder mochten die Wissenschaftler nicht glauben.

## *Ist das Grabtuch doch 2000 Jahre alt?*

Während die STURP-Wissenschaftler mit Eifer nach einer Lösung des Rätsels um die Bildentstehung des Turiner Grabtuches suchten, war die Grabtuchforschung auch andernorts weitergegangen.

Die lückenlose Dokumentation der geheimnisvollen Reliquie reicht zurück bis zum Jahr 1357. Zu dieser Zeit fand nachweislich, wie schon erwähnt, die erste uns bekannte öffentliche Ausstellung des Tuches statt. Riesige Pilgerscharen zogen damals aus aller Welt zum kleinen französischen Ort Lirey, um dort in der Stiftskirche das „wahre und echte Leichentuch Christi“ zu bestaunen.

Wo aber hatte sich das Tuch in der Zeit davor befunden? Die Historiker waren fündig geworden. Eine heiße Spur führte in das byzantinische Königreich des 10. Jahrhunderts. In dieser Zeit war Konstantinopel, unser heutiges Istanbul, die Hauptstadt des östlichen Königreiches. Im Jahr 943 belagerte die kaiserlich byzantinische Armee die Stadt Edessa, einen oft umkämpften Eckpfeiler an der Grenze zum persischen Reich. Edessa war die Hauptstadt des kleinen Königreichs Osrhoene im nördlichen Mesopotamien und als syrisches Bistum Mittelpunkt von Theologie und Mission. Im Jahr 639 war Edessa in die Hände der Araber gefallen, und nun, 943, lag vor den Toren der Stadt die kaiserlich byzantinische Armee. Für uns sind hier weniger die politischen Hintergründe der damaligen Verhältnisse interssant, als die Tatsache, dass Johannes Kurkuas, ein genialer armenischer Feldherr und Führer dieser Armee, die Aufgabe hatte, eine bestimmte, in Edessa befindliche Tuchreliquie an sich zu bringen. Dieses Tuch sollte er dann nach Konstantinopel überführen, wo es beim 100. Jahrestag der Orthodoxie, an dem der Sieg über die Bilderfeinde unter den Christen gefeiert wurde, dabei sein sollte. Es kam in der belagerten Stadt Edessa zu langen Verhandlungen vor dem Kalifen Al-Muttaki-Billahi mit Kadis und Fakhis, d.h. Juristen und Theologen. Hauptpunkt der Verhandlung war die Herausgabe dieser Tuchreliquie. Man versprach die Verschonung der Stadt, Verzicht auf die Eroberung sowie die Freilassung von 200 muslimischen Gefangenen und dauernde Immunität Edessas vor Angriffen; zuguterletzt wurden dann noch 12.000 Silberkronen in Aussicht gestellt. Einzige Bedingung: die Herausgabe der heiligen Tuchreliquie - dort Mandylion genannt - an die byzantinische Armee.

Diese Verhandlungen zogen sich vom Frühjahr über den Sommer bis in den Herbst hinein fort; schwierig machte eine Einigung der Umstand, dass die Araber sehr zögerten, eine so gepriesene christliche Reliquie aus den Händen zu geben. Unter den Teilnehmern dieser Verhandlungen hatte zunächst die konservative ablehende Haltung die Oberhand. Es entspräche nicht der Tradition der Muslime, so wurde argumentiert, ein von jeher im islamischen Land befindliches Heiligtum auszuliefern; darin liege eine Erniedrigung. Doch allmählich setzte sich die - besonders durch den Ex-Wesir Ali Ibn Isa vertretene - praktische Ansicht durch (oder waren es die verlockenden 12.000 Silberkronen?), es sei besser, kriegsgefangene Muslime aus ihrem Elend zu befreien, als solch ein Tuch zu behalten. Diese Entscheidung, das Tuch auszuliefern, wird den Arabern nicht leicht gefallen sein, denn dieses Tuch mit wunderbarem Bild galt auch bei ihnen als heilige Reliquie. Für sie war es ein Tuch, das Jesus benutzt hatte. Die arabische Bezeichnung für die Reliquie lautete mandil = Handtuch. Davon leitete sich auch die Bezeichnung Mandylion ab, unter der es weit bekannt war.

*Mandylion in Edessa:*
*g: Die Relique wird im 1. Jahrhundert versteckt;*
*h: Das Mandylion wird im 6. Jahrhundert wiedergefunden*
*i: Das Mandylion wird bei einer Belagerung durch die Perser zum Schutz eingesetzt*
*j: Das Mandylion wird von Edessa nach Konstantinopel überführt*

Massudi, ein arabischer Augenzeuge und Chronist, schrieb in seiner Geschichte der byzantinischen Kaiser über den Vorfall: In der Kirche von Edessa „war ein Tuch (mindil), das die Christen sehr verehrten... Dieses Tuch war immerfort weitergegeben worden, bis man ihm in der Kirche von Edessa einen festen Platz gab. Als die Byzantiner den Muslimen heftig zusetzten und Edessa einschlossen, wurde ihnen im selben Jahr 331 (=943 nach christlicher Rechnung) jenes Tuch übergeben. So wurden sie zum Waffenstillstand geneigt."

Ein Bischof namens Abramios von Samosata wurde ausersehen, das Tuchbild im Namen des Kaisers von Byzanz in Empfang zu nehmen. Für die Christen von Edessa muss das ein harter Schicksalsschlag gewesen sein, denn sie verehrten dieses Tuch nicht nur, sondern es galt als wundermächtig und sollte die Stadt sogar im 6. Jahrhundert vor einem Angriff des persischen Heeres bewahrt haben, als man es zur Abwehr der Feinde auf die Stadtmauern brachte. So leicht wollten sich die Edessa-Bürger nun nicht von der kostbaren und heiligen Reliquie trennen. Sie versuchten es zuerst mit einem Trick und sandten an Bischof Abramios eine Kopie des Tuchbildes. Doch Abramios erkannte den Gegenstand als unecht, und die Byzantiner waren erst zufrieden, als man ihnen sowohl die vorhandenen Kopien des Mandylions der Monophysiten und der Nestorianer als auch das Original aushändigte. Bei der Übergabe kam es zu hitzigen Tumulten, denn sowohl Muslime als auch Christen demonstrierten lautstark gegen die Übergabe des Tuches. Bischof Abramios und der Bischof von Edessa, welche die Aufgabe hatten, das Mandylion zu tragen, wurden von einer aufgebrachten Menschenmenge bis zum Ufer des Euphrat verfolgt, wo beide eilig auf einem Schiff Zuflucht suchten und sich erst auf der anderen Seite des Stromes in Sicherheit fühlten.

Das heilige Tuch wurde nun nach Samosata transportiert, und von hier aus brachte man es auf dem Landweg weiter bis nach Konstantinopel. Am 15. August 944 erreichte die kostbare Tuchreliquie die Hauptstadt des byzantinischen Kaiserreiches. Zunächst einmal wurde das Tuch in die Kirche der heiligen Maria

*Diese Miniatur aus dem Codex Skylitzes (um 1100) zeigt die Rückkehr des Grabtuches nach Konstantinopel 944. Das hochgestellte Haupt (mittig) soll das Antlitz sein.*

*Kreuzigungsdarstellung des 5. Jh; die Kenntnis vom Mandylion in Konstantinopel (ab 10 Jh.) führte zur „Dreinägeldarstellung" der Kreuzigung nach Vorbild der Reliquie.*

von Blachernai gebracht, wo es in der Sakristei aus einem Schrein genommen wurde, in dem es mehrfach gefaltet jahrhundertelang aufbewahrt worden war. Es kam zu einer privaten Besichtigung durch zwei Kaisersöhne sowie einige auserwählte Personen. Die beiden jungen Kaisersöhne drückten ihren Eindruck vom Bild damals als „äußerst verwischt" aus - eine durchaus angebrachte Umschreibung des Tuchbildes, die genau zu dem Eindruck passt, den das Bild auf dem Turiner Grabtuch noch heute auf den Betrachter macht. Weitere in Konstantinopel gemachte Aussagen sollten zeigen, dass das Turiner Grabtuch mit dem heiligen Mandylion in der Tat identisch ist.

Nach dieser ersten, privaten Besichtigung durch einen ausgewählten kleinen Kreis, wurde die Reliquie noch in der gleichen Nacht auf einer Galeere zum Bukoleonpalast gebracht und dort in der Pharoskapelle - der Reliquienkammer des Palastes - niedergelegt. Die öffentlichen Feierlichkeiten begannen bereits am nächsten Tag, dem 16. August, indem in einer Triumphprozession das Tuch - wieder zusammengefaltet im prachtvollen Schrein - um die Stadtmauern von Konstantinopel gerudert und getragen wurde. Das erste Zwischenziel dieses sicher Menschenmassen anziehenden Spektakels war die Hagia Sophia, wo die kostbare Reliquie auf den Gnadenthron gelegt wurde, um hernach wieder in den Bukoleonpalast gebracht zu werden. Dort legte man die Reliquie im Goldthronsaal auf dem kaiserlichen Thron nieder und brachte sie dann wieder zurück in die Pharoskapelle, wo sie fortan bleiben sollte. Hier hing das kostbare Tuch in einem Goldschrein eingeschlossen an silbernen Ketten in der Mitte des Raumes hernieder bis zur Zeit der Kreuzzüge.

Gregorius, der Archidiakon und Referendar der Hagia Sophia, wurde auserwählt, am 16. August die Festrede zu halten anlässlich der Ankunft des heiligen Tuches in Konstantinopel. Auch diese schriftliche Quelle, die uns als Handschrift in der vatikanischen Bibliothek als Cod. Vat. Graec. 511 aus dem 10. Jahrhundert erhalten geblieben ist, zeigt recht deutlich, dass wir es bei dem Mandylion und dem Turiner Grabtuch mit demselben Gegenstand zu tun haben. Gregorius hatte das Tuch auseinandergefaltet im Ganzen gesehen und sich bereits Gedanken gemacht über die mysteriöse Bildentstehung. Er gehörte vermutlich der kaiserlichen Delegation an, die ein Jahr zuvor für die Auslieferung und Prüfung des Mandylions verantwortlich gewesen war. In seiner Festrede sprach Gregorius von Todesschweiß als mögliche Entstehungsursache und wies auf die Blut- und Seitenwunden-Flecken hin. Er sprach in seiner Rede: „Der Glanz... ist nur von den Schweißtropfen der Todesangst eingeprägt worden, die auf dem Antlitz, das Ursprung des Lebens ist, wie Blutstropfen hervorgetreten sind, und" - hier brachte Gregorius das „Überirdische" ins Spiel - „vom Finger Gottes." Gregorius hatte sich seine eigene Entstehungstheorie ausgedacht: Zuerst sei im Garten Gethsemane das Kopfbild entstanden - durch Schweiß der Todesangst, den Jesus in das Tuch gewischt habe -; das Tuch sei dann aufbewahrt und erneut benutzt worden als Grabtuch, wo dann die Blut- und Seitenwunden-Flecken dazugekommen seien sowie ein unbekannter Faktor, der die „verwischten" Bildmerkmale der ganzen Figur hinzugefügt habe: „Gottes Finger."

Noch ein weiterer Punkt spricht in der Festrede des Gregorius für die Identität des Turiner Grabtuches mit dem Mandylion. Gregorius nannte die Reliquie „Tetradiplon" - „Vierdoppeltes". Gemeint war damit der Fakt, dass das Mandylion in acht Schichten - vier mal doppelt - gefaltet aufbewahrt worden war, möglicherweise, um so seine Natur als unreines Begräbnislinnen zu verbergen. Auf diese Weise war nur das Antlitz zu sehen gewesen, im rechteckigen Querformat, und so wurde es in einem kostbaren Rahmen aufbewahrt, welcher dies Rechteck mit dem Antlitz Christi freiließ und zeigte. Würde man das Turiner Grabtuch auf die gleiche Weise falten, käme das Antlitz genau in die Mitte einer der acht Faltflächen zu liegen, die das gleiche Querformat hätten wie die Kopien des Edessa-Mandylions zeigen. Prof. John Jackson hat mit modernsten Verfahren Spuren dieser alter Faltungen im Turiner Grabtuch nachgewiesen, die einmal mehr beweisen, dass die Reliquie über einen langen Zeitraum achtfach gefaltet aufbewahrt worden sein muss. Wie will man diesen Tatbestand mit dem Ergebnis des Radiokarbontestes in Einklang bringen, das besagt, dass das Turiner Grabtuch nicht älter sein könne als 600 bis 700 Jahre? Diese Faltungen werden schon von Gregorius bezeugt durch seine Formulierung „Tetradiplon“ in der Festrede vom 16. August 944.

Ein Jahr später wurde am Hofe des byzantinischen Kaisers ein Bericht abgefasst, die „Geschichte des Edessabildes“. Dieser alte Text beschreibt das Bild als eine „nasse Feuchtigkeit ohne Farben oder künstlichen Farbstoff“. Das Bild bestehe „nicht aus irdischen Farben“. Diese Formulierung passt nicht nur perfekt zu den Bildmerkmalen des Turiner Grabtuches, sondern ebenso zum modernen Forschungsergebnis unserer Zeit, in der das Fehlen von Farben oder Farbmaterial durch allermodernste Geräte bestätigt wurde.

Es gibt eine ganze Reihe von Textquellen aus der Zeit, in der das Mandylion sich in Konstantinopel befand, die belegen, dass es sich bei dieser Tuchreliquie nicht nur um ein abgebildetes Antlitz auf einem rechteckigen kleinen Tuch - wie es zur Edessa-Zeit bekannt war - handelte, sondern um ein langes Grablinnen, auf dem der ganze Körper einer Leiche zu sehen war. Ebenso zeigen Christusbilder aus dieser Zeit, dass den Künstlern und Illustratoren das Grabtuch bekannt gewesen sein muss.

Im 10./11. Jahrhundert entwickelten sich in Byzanz aus dem bis dahin bildlosen Aer-Tuch der Liturgie die sogenannten „Epitaphios-Tücher“. Darunter versteht man in der östlichen Liturgie Tücher, mit denen während der liturgischen Handlungen Brot und Wein bedeckt wurden. Schon das bildlose Aer-Tuch soll das Grabtuch Christi symbolisiert haben; der Nachfolger - das Epitaphios-Tuch - trug nun ab etwa der Zeit, in der sich das Mandylion in Konstantinopel befand, ein lebensgroßes Bild des Christus-Leichnams nach dem Vorbild des Bildes wie wir es heute auf dem Turiner Grabtuch kennen.

Bereits ab dem 11. Jahrhundert wurden Szenen dargestellt, auf denen ein langes Tuch zu sehen ist, das mit der ganzen Länge des Turiner Grabtuches übereinstimmt. Zuvor waren Begräbnisszenen mit Christus immer nur nach „Mumienart eingewickelt“ gemalt worden. Außerdem begannen zu diesem Zeitpunkt Darstellungen des Leichnams Christi in der gleichen Position, wie der Körper auf dem Turiner Grabtuch heute zu sehen ist.

Man kann daraus nur den einen Schluss ziehen: das Mandylion war in der Tat das Tuch, das wir heute als Turiner Grabtuch kennen; es war in Edessa - achtfach gefaltet - in einem Rahmen so gezeigt worden, dass man nur das Antlitz sehen konnte, und es muss in Konstantinopel immer wieder einmal aus dem Behältnis herausgenommen und im Ganzen vorgezeigt worden sein. Ob vor bevorzugten und auserwählten Besuchern des Bukoleonpalastes, oder ob zu bestimmten Zeiten vor der Öffentlichkeit, können wir heute nicht mehr wissen; doch spielt es keine Rolle für die Theorie, dass die Änderungen der Motive in der Kunst - von Byzanz ausgehend - einen realen Grund gehabt haben müssen: die Kenntnis der Details auf dem Grabtuch Jesu!

Noch ein wichtiger Punkt spricht für die Kenntnis des Turiner Grabtuches = Mandylion für die Zeit vor 1260, dem Datum, das die Radiokarbontester uns 1988 als ältestes mögliches Datum für die Entstehung dieser Reliquie weismachen wollten. Gegen Ende des 12. Jahrhunderts taucht ein neuer Typus von Kreuzigungsbildern auf: das sogenannte „Drei-Nägel-Kreuz-Bild“. Bis zu dieser Zeit zeigten alle dargestellten Kruzifixe vier Nägel: zwei für die Hände des Gekreuzigten und zwei für die Füße. Dann verbreitete sich von Byzanz her rasch die neue Auffassung, dass die Füße des Gekreuzigten übereinandergeschlagen und mit einem einzigen Nagel ans Kreuz geheftet gewesen seien. Genau dies aber zeigt das Turiner Grabtuch! - Woher dieser Wandel in der darstellenden Kunst? Das Vorbild abgegeben haben kann nur das Mandylion = Turiner Grabtuch, seitdem es in Konstantinopel aufbewahrt und dort auch immer wieder im Ganzen vorgezeigt wurde. Diese neue künstlerische Norm verbeitete sich sehr rasch und wurde so zwingend für die Darstellung, dass sogar in etlichen Fällen ältere Kruzifixe nachträglich umgearbeitet wurden, was Kunsthistoriker nachweisen konnten.

Etwa im Jahr 1130 (eventuell schon einige Zeit vorher) fügte eine unbekannte Hand einen Einschub dem Predigtbuch des Papstes Stephan II., das dieser im 8. Jahrhundert verfasst hatte, hinzu. Der anonyme Ergänzer des Textes versuchte, das ihm bekannte Bild auf dem Mandylion mit einer Legende von Edessa (dem Herkunftsort des Tuches), bei der nur von einem geheimnisvollen Christus-Portrait die Rede war, mit dem in Einklang zu bringen, was tatsächlich auf dem Mandylion zu sehen war, wenn es auseinandergefaltet war. In dieser Legende heißt es, Christus habe dem König Abgar V. (1. Jahrhundert) von Edessa ein mysteriöses Portrait von sich auf einem Tuch zukommen lassen. Dieser unbekannte Ergänzer des Predigtbuches nun schrieb: Jesus habe sich nackt in ganzer Länge auf einem Tuch ausgestreckt, dabei sei auf wunderbare Weise ein Abdruck-Bild entstanden, das er dann König Abgar als Geschenk übersandt habe: „Denn derselbe Mittler zwischen Gott und den Menschen (Christus) selbst, um den König in jeder Weise zufriedenzustellen, streckte seinen ganzen Leib auf ein Tuch aus, weiß wie Schnee, worauf das glorreiche Bild des Antlitzes unseres Herrn und die Länge seines ganzes Leibes so plötzlich abgebildet wurde, dass es für jene genügte, die den Herrn nicht leiblich im Fleische sehen konnten, die Transfiguration, die auf dem Tuch geschehen war, zu sehen.“ Wichtig an diesem alten Text ist vor allem die Formulierung „seinen ganzen Leib auf ein Tuch“, die einmal mehr zeigt, dass das Mandylion eben nicht nur ein Antlitz Christi zeigte, sondern auseinandergefaltet den ganzen Körper einer männlichen Person. - Eine weitere Handschrift aus der gleichen Zeit, als Codex heute ebenfalls in der Bibliotheca Vaticana erhalten, spricht vom „Bild nicht nur meines (Christus) Angesichtes, sondern meines ganzen Leibes.“

Uns sind eine ganze Reihe von Berichten aus dem 12. Jahrhundert bekannt, in denen Besucher der Stadt Konstantinopel, besonders der Pharoskapelle im Bukoleonpalast, unter den dortigen Reliquien Grablinnen auflisten. Ein Abt von Thyngeyr aus Irland, Nikolaus, spricht 1157 von „Binden mit dem Sudarium und dem Blute Christi“, so auch Wilhelm von Troyes 1171, der König Amalrich I. von Jerusalem bei einem Staatsbesuch begleitete, der ein Grablinnen dort gesehen haben will. Ein Brief aus dem Jahr 1192, den wahrscheinlich Kaiser Alexios I. Komnenos geschrieben haben soll, listet in der Reliquienaufzählung der Pharoskapelle „Linnen, die nach der Auferstehung im Grab gefunden wurden“ auf.

Der überzeugendste Beweis aber dafür, dass das Turiner Grabtuch, so wie wir es heute in Turin sehen können, bereits vor dem frühesten Radiokarbontest-Datum von 1260, bekannt war, liefert eine Pergamenthandschrift aus der Nationalbibliothek in Budapest, datiert in die Zeit zwischen 1150 und 1195. Der Grabtuchforscher A. M. Durbarle machte auf diese künstlerische Darstellung aufmerksam, bei der es nicht den geringsten Zweifel daran gibt, dass dem Illustrator das heute so genannte Turiner Grabtuch bekannt war und als Vorbild diente. Es handelt sich um ein Doppelbild. Während das obere Bild die Grablegung Christi darstellt, zeigt das untere Bild die Frauen am Ostermorgen am leeren Grab. Ein Engel steht vor ihnen und weist auf das verlassene Grabtuch hin. Auf diesem Grabtuch ist bereits, wenn auch vereinfacht, das auffallende Fischgrätmuster dargestellt sowie - und das ist das Sensationellste - die sogenannten „Ordal-Brandlöcher“ des Turiner Grabtuches. Bei diesen handelt es sich um einige kleine, regelmäßig angeordnete Brandlöcher auf der Vorderseite des Tuches beiderseits der Hände der Figur, auf dem Rückenbild in Höhe der Oberschenkel. Es sind vier mal vier Brandmale, jeweils in „L“-Form, die nichts mit dem Brand von 1532 zu tun haben, sondern sehr viel älter sind, vor allem aber auch älter als das sogenannte „früheste Radiokarbondatum“ von 1260. Diese regelmäßigen kleinen runden Brandlöcher erwecken den Eindruck, als seien sie absichtlich mit einem Gegenstand verursacht worden. Haben wir es vielleicht mit den Folgen eines Gottesurteils zu tun? Für eine Reliquie, deren Echtheit umstritten war, kannte man damals nur zwei Echtheits-Kriterien: Wunder, die diese Reliquie bewirkt, oder ein Gottesurteil. Letzteres führte man damals meist als Feuerprobe durch mittels eines glühenden Eisens. Von einer Art Gottesurteil an einem Sudarium - Grablinnen - Jesu durch eine Feuerprobe berichtet bereits Bischof Arculph im Jahr 670 in seinem Pilgerbericht.

Diese Löcher könnten aber auch durch Kerzen verursacht worden sein, zu einer Zeit, in der man die kostbare Reliquie als Altardecke benutzte. Eine andere Möglichkeit für die Entstehung der Löcher kann man sich noch vorstellen durch herabtropfendes Weihrauchharz.

Diesen regelmäßigen Brandlöchern auf dem Turiner Grabtuch muss man eine besondere Bedeutung beigemessen haben, selbst als man deren Ursache oder Sinn nicht mehr kannte, denn sie wurden oftmals mit abgebildet, z.B. auf der Pilgermedaille von Lirey, die man als Souvenir zur Tuchausstellung prägte. Das Ausstatten der Jesus-Grablinnen in der Budapester Handschrift mit diesen deutlich erkennbaren regelmäßigen Brandlöchern beweist eindeutig, dass das Turiner Grabtuch nicht erst 1260 oder später von einem mittelalterlichen Künstler hergestellt worden sein kann!

Wo also holten sich die Künstler des 10., 11. und 12. Jahrhunderts die Details für ihre Grab- oder Christusbilder? In Konstantinopel, wo sich das mit dem heutigen Turiner Grabtuch identische Mandylion befand - entweder durch persönliche Inaugenscheinnahme, oder durch Kopieren dieser Details anderer Künstler-Arbeiten von Kunstschaffenden, welche die Reliquie selbst gesehen hatten. Dass das Mandylion immer wieder im Ganzen - nicht nur das Antlitz des Bildes - gezeigt wurde, belegt uns ein Bericht des Kreuzfahrers Robert de Clarin von 1203, der Konstantinopel besuchte und das Grablinnen beschrieb, „in das Unser Herr gewickelt war, das jeden Freitag ausgebreitet wird, so dass die Gestalt Unseres Herrn darauf gesehen werden konnte."

Auch ein Gedicht, das etwa im Jahr 1190 verfasst wurde und das Papst Innozenz III. zugeschrieben wird, zeigt recht deutlich, dass das heute so genannte Turiner Grabtuch mit seinen mysteriösen Bildmerkmalen zu dieser Zeit bekannt war:

*„Von Ängsten verdunkelt,*
*mit heiligem Blut getränkt,*
*so hat dich das Tüchlein bedeckt,*
*in dem die Gestalt blieb..."*

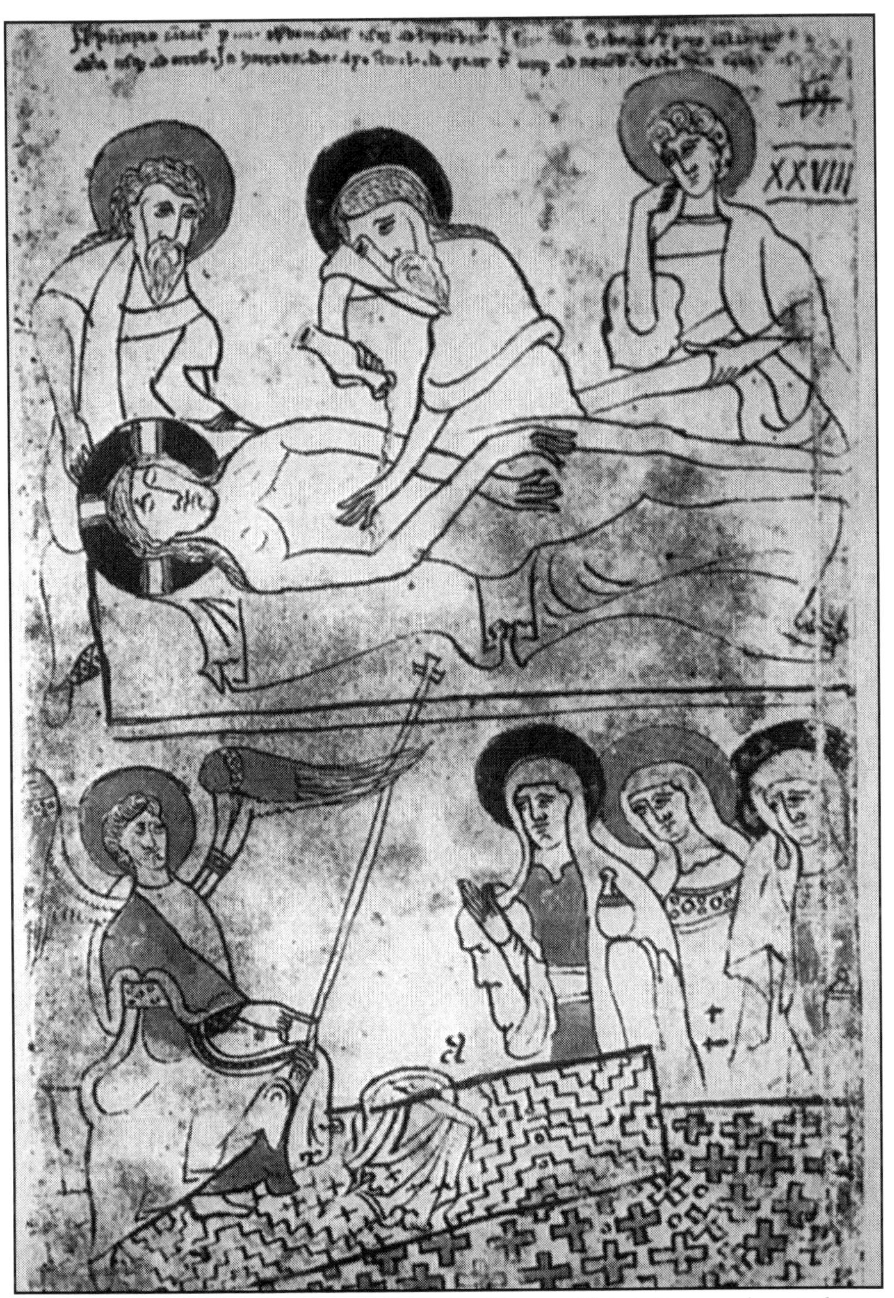


*Budapester Handschrift von 1192/95: Grablegung Christi. Gut zu sehen sind die alten Brandlöcher und das Fischgrätmuster des Turiner Grabtuches.*

*Dieses Detail aus der Budapester Handschrift (siehe S. 163) zeigt die sog. „Ordallöcher".*

*Mandylion-Kopie. Ist sie der Versuch eines Künstlers den Negativcharakter des Originals zu erfassen?*

Wir sehen also, dass das Ergebnis des Radiokarbontests von 1988, das die Entstehungszeit des Turiner Grabtuches für den Zeitraum von 1260 - 1390 festlegte, nicht stimmen kann. Die Tuchreliquie, die im Jahr 944 in der Stadt Edessa der byzantinischen Armee ausgehändigt wurde, und die dann in Konstantinopel aufbewahrt wurde, ist mit dem Turiner Grabtuch identisch. Es gibt kein anderes Tuch mit einer solch typischen Abbildung einer Leiche eines Gekreuzigten - das Turiner Grabtuch ist absolut einmalig. Die oben geschilderten Belege aus Kunst uns Literatur können sich nur auf das Turiner Grabtuch beziehen.

Über einen Punkt herrscht noch Unklarheit. Wie gelangte die Reliquie von Konstantinopel nach Frankreich? Wir wissen nur, dass das Tuch sehr wahrscheinlich zur Zeit des 4. Kreuzuges verschwand, als Kreuzritter Konstantinopel plünderten. Die Historiker kennen mehrere in Frage kommende Möglichkeiten für die Lücke in der Dokumentation der Tuchreliquie zwischen Konstantinopel und Frankreich:

*Möglichkeit 1:* Die Kreuzritter brachten die Reliquie mit nach Frankreich. Schon im 14. Jahrhundert wurde behauptet, der französische Ritter Othon de la Roche hätte die Tuchreliquie gestohlen und sie dann an die Kathedrale von Besancon verschenkt. Hier sei die Reliquie geblieben, bis man sie während einer Feuersbrunst geraubt habe. Nachdem das Tuch durch die Hände mehrerer Könige gegangen sei, wäre sie in Besitz des Gottfried de Charny in Lirey gelangt. Auch Bonifaz von Montferrat, der Anführer jenes Kreuzzuges, steht in Verdacht, der Dieb gewesen zu sein, der das heilige Tuch in Konstantinopel habe mitgehen lassen. Seine Familie habe dann möglicherweise die Reliquie an den Templer-Orden verkauft.

*Möglichkeit 2:* Waren die Tempelritter die Zwischenbesitzer des Grabtuches? Ihr sogenanntes „Kopf-Idol“, genannt Baphomet, könnte dafür sprechen, da in einigen alten Texten die Rede davon ist, das Idol habe vier Arme und Füße gehabt, was gut zu der doppelten Körperabbildung auf dem Turiner Grabtuch passen würde. Die Familie de Charny, in deren Besitz wir das Grabtuch im 14. Jahrhundert finden, hatte Verbindungen zu dem 1308 aufgelösten Templerorden. Gottfried I. de Charny kämpfte während des letzten Kreuzzuges im Heiligen Land. Seine Familie könnte über die Templer an das Tuch gekommen sein.

*Möglichkeit 3:* Wurde die Tuchreliquie vom byzantinischen Kaiser verkauft? Da dieser zu der in Frage kommenden Zeit nahezu bankrott war, wäre es durchaus denkbar, dass er einige wertvolle Gegenstände an den französischen König veräußerte. Wir wissen, dass Balduin II., der letzte „lateinische Kaiser" (1237 - 1261) in einem Schreiben an den französischen König Ludwig IX. diesem viele Reliquien aus der Pharoskapelle übereignete, darunter die „sancta toella tabule inserta" (= das auf eine Tafel aufgezogene Handtuch = mandil = Mandylion?) Diese Reliquie könnte durchaus bis zu dieser Zeit in der Pharoskapelle verblieben sein, denn zum einen handelte es sich bei diesem Palastteil um ein wahres „byzantinisches Fort Knox", wo die zahlreichen Reliquien scharf bewacht wurden, da die Pilger der damaligen Zeiten mit noch größerem Eifer Jagd auf Andenken machten, als die nachfolgenden Kreuzritter. Zum anderen war sehr wahrscheinlich der Bukoleonpalast als Residenz für den zu wählenden „lateinischen Kaiser" von der Plünderung beim Kreuzug ausgenommen. Die Reliquie könnte also durchaus auf dem Weg der Veräußerung an den französischen König nach Frankreich gekommen sein.

Vielleicht gelingt es ja der zukünftigen historischen Forschung, diese noch immer zwischen Konstantinopel und Frankreich klaffende Lücke in der Dokumentation des Grabtuches zu schließen. Aber auch so können wir bereits davon ausgehen, dass es sich beim Mandylion von Konstantinopel mit an Sicherheit grenzender Wahrscheinlichkeit um das heutige Turiner Grabtuch handelte.

Was wissen wir über die Tuchreliquie in Edessa, deren Auslieferung an die byzantinische Armee den Bürgern der Stadt so schwer fiel? Im Jahr 525 verheerte eine schwere Überschwemmung die Stadt. Über 30.000 Menschenleben hatte die Flut gefordert und die Zerstörung praktisch aller größeren öffentlichen Ge-

*Diese mittelalterliche Miniaturmalerei stellt Geoffrey de Charny dar.*

bäude verursacht. Während des nun folgenden Wiederaufbaus erlebten Arbeiter, die an der Stadtmauer Schäden reparierten, im Bogengewölbe über dem Westtor eine Überraschung. In einer versiegelten Nische entdeckten sie ein Tuch mit einem darauf befindlichen Bild sowie einen Ziegelstein, auf dem der Abdruck eines Antlitzes zu sehen war. Die Festpredigt, die anlässlich der Überführung des Mandylion nach Konstantinopel geschrieben wurde (944), schildert die Auffindung der Tuchreliquie weitaus dramatischer: Im Mai des Jahres 544 wurde Edessa vom Heer des Perserkönigs Khosrev I. Anoscharvan belagert. In diesen Tagen der Not und der Bedrängnis erschien vor Bischof Eulalios eine lichte, überirdische Frauengestalt, die ihm befahl, ein bestimmtes Christusbild zu nehmen und damit einen Bittgang zu machen. Der Bischof habe darauf geantwortet, so heißt es, er wisse von keinem derartigen Bild. Die lichte Frauengestalt verriet ihm, dass dies Bild sich an einer bestimmten Stelle im Stadttor befinde. Der Bischof ließ am nächsten Morgen danach suchen, und tatsächlich fand man an besagter Stelle ein Christusbild auf einem Tuch sowie einen Ziegelstein mit Bild, beides beleuchtet durch eine auf wunderbare Weise immer noch brennende Lampe. Bischof Eulalios ging nun mit der Tuchreliquie an die Stelle der Stadtmauer, wo die Perser versuchten, in die Stadt einzudringen. Die Perser hatten bereits Feuer gelegt, doch vom Tuchbild, mit dem Eulalios oben auf der Stadtmauer stand, sei ein gewaltiger Wind ausgegangen, der das Feuer auf die Feinde selber zurückgeworfen habe.

An dieser Version der Bildauffindung stört die Historiker jedoch die Tatsache, dass der Chronist Prokop, der seinen Bericht über diese Belagerung der Stadt bereits zwei Jahre später schrieb, nichts von einem solchen Bild geschweige denn Wunder erwähnt. Auch kennt die historische Überlieferung keinen nachweisbaren Bischof Eulalios. Als Bischof zur Zeit der Belagerung Edessas im Jahr 544 galt den Syrern Jakob bar Addai. Doch dies spricht nicht unbedingt gegen einen gleichzeitigen Bischof Eulalios, denn es gab zu dieser Zeit in Edessa verschiedene christliche Gemeinden mit eigenen Bischöfen.

Welche Version der Bildauffindung auch realer sein mag, fest steht, dass die Christen von Edessa dies Bild als „Acheiropoietos" (= nicht von Menschenhand gemacht) betrachteten. Ohne den geringsten Disput anerkannten es die Christen der Stadt als das sagenhafte Christus-Portrait, das König Abgar gut 500 Jahre zuvor von Jesus Christus gesandt worden sein sollte. Während der Keramion genannte Ziegel wohl nach Hierapolis gelangte, wurde für die Tuchreliquie in Edessa eine Kathedrale gebaut, die Hagia Sophia. Das Bild wurde dort in einem silbernen Schrein so aufbewahrt, dass nur das Antlitz sichtbar blieb, und auch dies wurde nur selten gezeigt. Trotzdem führte dieses Antlitz auf dem Tuch in der Kunst zu Christusbildern, die dem Antlitz auf dem Turiner Grabtuch in eindeutigen Merkmalen ähneln. Grabtuchforscher Paul Vignon wies bereits 1938 darauf hin, dass auf byzantinischen Christusbildern ab dem 7. Jahrhundert der Stirnblutfluss - auf dem Turiner Grabtuch gut zu erkennen - als Haarlocke fehlinterpretiert und dargestellt wurde.

Einige wenige Betrachter müssen jedoch das Tuch auch im Ganzen gesehen haben. Kenntnisse von Körperspuren auf Christi Grabtuch zeigte die mozarabische Liturgie, die durch Braulion von Zaragoza im Jahr 600 schriftlich fixiert wurde. In dieser Liturgie wird eine mündliche Tradition erkennbar, die von Bildspuren auf dem Grabtuch Christi zu sprechen und sich dabei auf das Johannes-Evangelium zu berufen scheint. Historiker sind der Meinung, dass diese Tradition aus der Spätantike stammen müsse. Diese Tradition meint, dass es die am Ostermorgen auf dem Grabtuch Christi entdeckten Bildspuren gewesen seien, die den Evangelisten zum vielumstrittenen Satz veranlasst hätten: „Er sah und glaubte." Im Gebet für den Samstag der Osterwoche heißt es: „Petrus lief mit Johannes ans Grab und erblickte die frischen Spuren auf den Linnen des Toten und Auferstandenen." Dies zeigt doch ganz eindeutig, dass das heute so bezeichnete Turiner Grabtuch bereits damals als Tuch mit den Spuren eines Körpers bekannt war und als das Grabtuch Christi angesehen wurde. Und das mehr als 600 Jahre vor einer angeblichen Herstellung des Bildes durch einen mittelalterlichen Fälscher!

Die Spuren des Turiner Grabtuches vor dem Jahr 525 verlieren sich im Dunkel der Zeit. Sollte das Tuch tatsächlich gut 400 Jahre lang in der Nische der Stadtmauer von Edessa versiegelt gelegen haben? Als sicher kann gelten, dass man dies Tuch - wie auch viele weitere christliche Bilder - zur Zeit der zuvor herrschenden Bilderfeindlichkeit verbarg, um ihre Vernichtung zu verhindern. Wie und wann das Mandylion in der Nische versteckt und versiegelt wurde, wissen wir nicht. Doch wird durch diese alten Daten und Texte die Dokumentation des mysteriösesten aller Gegenstände, die wir je erforschten, zurückgeführt bis in das Jahr 525. Daran ändert auch das mehr als fragwürdige Ergebnis der Radiokarbon-Altersbestimmung von 1988 nicht das Geringste. Den angeblichen mittelalterlichen Fälscher oder Künstler können wir ruhig zu den Akten legen. Gegen ihn spricht so gut wie alles - und es ist sehr wahrscheinlich, dass das Bild auf dem Turiner Grabtuch durch ein phantastisches Ereignis auf den Stoff gebannt wurde, das vor 2000 Jahren stattfand.

## *Ein Strahlenblitz brannte das Bild auf das Tuch*

Doch wie genau war denn nun das Bild auf den Stoff geraten? Die STURP-Wissenschaftler hatten inzwischen in aller Ruhe weiter geforscht und analysiert, getestet und vermessen - und waren doch noch immer nicht hinter die Bildentstehungsursache gekommen. Es gab jedoch Zwischenergebnisse und Vermutungen, die das Turiner Grabtuch noch rätselhafter machten, als es ohnehin schon war. Fest stand bisher nur, dass die Verfärbungen, die das Bild ausmachen, in einer Oxydation und Dehydration der obersten, dem Körper zugewandten Faserspitzen bestehen. Die Wissenschaftler hatten sich darauf einigen können, dass der dies auslösende Prozess trocken, extrem kurz, 200 °C nicht überschreitend und kontrolliert gewesen sein muss. Die Mediziner unter den Grabtuchforschern hatten noch den Fakt hinzugefügt, dass während der Bildentstehung ein toter Körper im Tuch gelegen haben muss. Könnte, so mutmaßten die Wissenschaftler, eine Art Strahlung der Auslöser gewesen sein? Fakt war: die Bildspuren wirkten wie senkrecht projiziert, und die hypothetische Strahlung musste ziemlich eng um den Körper herum begrenzt gewesen sein, da die Bildentstehungsursache das Tuch nur da erreicht hatte, wo es nahe genug an den Körper heranreichte.

Konnte eine elektromagnetische Strahlung das Bild auf das Tuch geprägt haben? Diese Art von Strahlung enthält Photonen im UV- oder im unteren Röntgenstrahlenbereich, die in ausreichendem Maße zu photochemisch modifizierter Zellulose führen kann. Bei Wellenlängen in einem Bereich von weniger als 150 nm wird diese Art Strahlung im Abstand von 1 mm oder weniger in normaldichter Luft absorbiert. Das würde gut zu der anscheinend örtlich eng um den Körper begrenzten hypothetischen Strahlung passen.

Experimente durch die STURP-Wissenschaftler erbrachten ein überraschendes Ergebnis. John Jackson studierte Verfärbungseffekte von UV-Strahlen auf Leinen. Eines der Experimente bestand im Bestrahlen einer Leinenprobe im 254 nm-Bereich von annähernd 1 mw/qcm für fünf Tage. Diese Photonenenergie reichte aus, um photochemische Reaktionen in der Zellulose zu verursachen. Nach der Bestrahlung mit UV stellte Jackson fest, dass die belichtete Region relativ zum Hintergrund hell gebleicht war. Jackson versuchte dann, die Tuchproben künstlich zu altern und legte sie für 18 Stunden in einen Ofen bei einer Hitze von 150°C. Es stellte sich heraus, dass die gebleichte Region sich schneller verfärbte (=alterte), als der unbestrahlte Tuchhintergrund, und eine bräunliche Farbe annahm. Diese bräunliche Verfärbung war auf die Faseroberfläche beschränkt.

Eine „kurze, aber intensive Strahlung - etwa durch elektromagnetische Wellen im Ultraviolettbereich“ könnte nach Meinung des NASA-Wissenschaftlers Donald Lynn das Körperbild verursacht haben. Lynn, der Bilder analysierte, die von Raumsonden des Typs Mariner zur Erde gefunkt werden, ist sich sicher, dass das Bild keinesfalls von Menschenhand hergestellt worden ist, sondern durch Strahlung entstand. Diese habe die innere Oberfläche des Stoffes „versengt“, ähnlich wie eine Kurzwellenbestrahlung im Weltall dies auf Textilien verursachen würde oder wie das im Prinzip bei der Thermografie in der Medizin geschehe, wo verstärkte Wärmestrahlen in Körperpartien Schwärzungen auf einem Polaroidfilm hinterlassen.

Das Bild entstand nicht, solange noch postmortales Blut ins Tuch geriet, und der Körper kann nicht länger als maximal 40 Stunden im Tuch geblieben sein. Nach der Bildentstehung gelangte kein Blut mehr ins Tuch - und der Körper verschwand aus dem Tuch, ohne irgendeinen Blutflecken zu verwischen. Die ideale Vorstellung wäre unter diesen Voraussetzungen diese: Das Bild entstand genau zu dem Zeitpunkt, da der Körper - ohne das Tuch zu bewegen - aus diesem verschwand, nachdem er bis zu 40 Stunden im Tuch verblieben war. Den Wissenschaftlern wurde bei dieser Vorstellung durchaus mulmig zumute, doch dies waren keine haltlosen Spekulationen, sondern die Schlussfolgerungen, die sich aus ihren Forschungsergebnissen ergaben.

Andere Wissenschaftler vermuteten als Bildverursacher eine thermonukleare Strahlung. Hatte eine Art atomarer Strahlenblitz das Körperbild auf das Tuch gebrannt? Dr. Eric Jumper war der Meinung, das, was das Bild schuf, müsse eine extrem hochintensive Explosion von kurzer Dauer gewesen sein, die gleichmäßig nach oben und unten wirkte. Ähnlich argumentierte auch STURP-Mitglied Thomas D’Muhala. Seiner Meinung nach sei möglicherweise das dreidimensionale Bild auf die Tuchoberfläche projiziert worden durch den Ausbruch irgendeiner Art von Strahlung, ausgehend von jedem Punkt des Körpers in einem 2000stel-Sekunden-Blitz.

Einige Forscher dachten an die Schattenbilder, die in Hiroshima nach der Atombombenexplosion an Wänden zu sehen waren. Dort waren „Bilder“ von verschwundenen Gegenständen und Personen regelrecht „eingebrannt“ worden. - Bot das Turiner Grabtuch also eine Analogie zu den japanischen „Schattenbildern“? Werner Bulst meinte dazu: „Aber was wäre bei so gewaltsamen Vorgängen vom Grab, vielleicht sogar von Jerusalem, übriggeblieben?“ Auch spricht gegen eine thermonukleare Strahlung die

Tatsache, dass der bildverursachende Prozess offentsichtlich nur senkrecht zur Symmetrie-Achse nach oben und unten gestrahlt hatte, nicht aber nach den Seiten oder nach schrägen Richtungen.

Oder kam eine andere Strahlung in Frage? Im Gespräch waren energiegeladene Strahlung, „Strahlenblitz-Photolysis“, Laserstrahlen oder eine „High-level-Energie“, für die man noch keinen Namen wisse, so der Chemiker Alan Adler, um nur einige Lösungsvorschläge zu nennen.

Eine Art von reaktionsfähigem Licht als Auslöser des Körperbildes kann man ausschließen. Damit wäre der 3-D-Charakter des Bildes nicht vereinbar, da eine Schwächung der Lichtintensität durch die Luft nicht erfolgt. Damit wäre eine unterschiedliche Versengung des Tuches in Abhängigkeit von der Distanz zwischen Körperoberfläche und Tuch nicht möglich gewesen.

Oder entstand das Bild durch eine Art von Röntgenstrahlung? Experimentell ließ sich bestätigen, dass die oberflächliche Versengung der Zellulose durch langwellige (in der Luft gut absorbierbare) Röntgenstrahlen entstehen kann. Der Wissenschaftler Giles F. Carter hat vergleichbare Veränderungen von Leinenproben wie im Turiner Grabtuch durch langwellige Röntgenstrahlen (K-Strahlen verschiedener leichterer chemischer Elemente) erhalten. Es ließ sich auch nachweisen, dass derartige Röntgenstrahlen durch die Luft genügend absorbiert werden und nicht allzu tief in die Zellulosefasern eindringen. Also könnten durchaus langwellige Röntgenstrahlen oder eine andere energetisch vergleichbare, weiche radioaktive Strahlung (g-Strahlen) die Spuren auf dem Grabtuch erzeugt haben. Das Hauptproblem liegt aber darin, wie solche Strahlen entstanden sein könnten. Eine eventuell angenommene stark-radioaktive Umgebungsstrahlung hätte das gesamte Tuch versengen müssen, jedoch kein Körperbild erzeugen können. Es ist auch nicht anzunehmen, dass vom Körper aufgenommene radioaktive Elemente der Auslöser gewesen wären, denn ein derart stark strahlender Körper wäre nicht lebensfähig. Die normalerweise in jedem menschlichen Körper vorhandenen natürlichen radioaktiven Elemente bräuchten hingegen für einen solchen Effekt schätzungweise eintausend Jahre.

Für eine Strahlung als Auslöser bzw. Verursacher des Körperbildes auf dem Turiner Grabtuch könnten die abgebildeten Münzen auf den Augenlidern des Leichnams sprechen. Als John Jackson und Bill Mottern ihrem spontanen Einfall nachgegangen waren, ein Foto des Grabtuches dem VP8 einzugeben, was zur Entdeckung des 3-D-Effekts geführt hatte, war schon die Vermutung aufgekommen, dass sich auf den Augen des Leichnams zwei Münzen befinden: Das 3-D-Close-up des Antlitzes schien „knopfartige Gebilde“ auf den Augenlidern zu zeigen. Dieser Entdeckung hatte sich bald darauf Prof. Francis L. Filas angenommen, ein Numismatiker von der Loyola University in Chicago. Ihm gelang es 1980, ein Münzabbild über dem rechten Auge nachzuweisen. Auf diesem Auge hatte offenbar während der Bildentstehung eine Münze gelegen, deren Rand vier Buchstaben als Abbild auf dem Tuch hinterlassen hatte: U, C, A, I, also UCAI. Die Mittc dcr Münze hatte einen weniger klar, doch erkennbaren Krummstab abgebildet, Lituus genannt. Mühevolle Sucharbeit in Katalogen sowie zahlreiche Münzvergleiche - zuletzt am Londoner Münzmuseum - hatten ergeben, dass diese Münze wohl aus der Zeit des Pontius Pilatus stammte, denn nur von ihm waren derartige Kupfermünzen geprägt worden, eine solche wie auf dem Körperbild des Turiner Grabtuches nur im Jahr 29 n.Chr. Ergänzt lautete die Umschrift: IOUCAICAROS (= „des Kaisers Tiberius“). Dass nur wenige Buchstaben lesbar sind, ist für Numismatiker nichts ungewöhnliches, das ist bei vielen erhaltenen Münzen ebenso. Dr. Arie Kindler, Direktor des Israelischen Landesmuseums in Tel Aviv, konnte noch einig wichtige Informationen ergänzen: Die Münze ist nach der Inschrift im 15. Jahr des Kaisers Tiberius, 29/30 n.Chr., geprägt worden. Nach dem Jahr 31 hat Pilatus keine Münzen mehr prägen lassen. - Nur einmal, im Jahr 29, hat der Münzmeister einen Fehler gemacht und CAISAROS statt KAISAROS geschrieben in Anlehnung an den lateinischen Caesar. Heute sind nur drei Exemplare dieser Fehlprägung bekannt. Dass ein mittelalterlicher Fälscher etwas gewusst haben konnte von einer derartigen Münze, ist ziemlich unwahrscheinlich.

Auch auf dem linken Auge des Leichnams lag eine Münze, die jedoch viel minimalere Spuren auf dem Tuch hinterlassen hatte. Einige Bogen ließen Numismatiker auf drei zusammengebundene Kornähren schließen. Man kennt heute Originalmünzen aus der Zeit des Pontius Pilatus, die ein solches Bildnis auf der Münzoberfläche haben; ein solcher Münztyp war zu Ehren von Julia, der Mutter des römischen Kaisers Tiberius, seit dem Jahr 29 n.Chr. in Palästina in Umlauf gewesen.

Ein Mediziner an der Duke Universität in Durham, USA, Prof. Dr. Whanger, hatte durch ein besonderes Ab- und Überblendverfahren mittels zweier Projektoren und polarisiertem Licht das 3-D-Foto des Münzabbildes über dem rechten Auge mit dem gleichgroßen Fotobild der Originalmünze überlagert. Es konnten 74 Übereinstimmungsmerkmale ausgezählt werden. Zum Münzabbild über dem linken Auge wurden 73 Übereinstimmungsmerkmale zur „Julia-Münze“ ermittelt.

Am 28. Mai 1981 hatten Wissenschaftler am „Log E/ Interpretations System“ vom Overland Park in Kansas mittels einer aufwendigen Computerbildanalyse exakt die Dreidimensionalität jener Münze auf dem rechten Auge des Körpers bewiesen, erkennbar aus der Licht- und Schattenwirkung der „Erhebungen“. Die Werte für diese räumliche Darstellung waren auch hier aus der optischen Dichte-Information des Grabtuch-Münzabbildes errechnet worden.

Diese Forschungsergebnisse zeigten eindeutig, dass zwischen der Abbildungsintensität auf dem Tuch und der Entfernung des abgebildeten Objektes - der Körper eines Mannes - Abhängigkeit besteht.

Wie aber konnten diese Münzen auf dem Tuch überhaupt abgebildet werden, falls das Körperbild durch Strahlung verursacht wurde? - Wird nicht, so fragten sich etliche Wissenschaftler, elektromagnetische Strahlung durch Metalle abgeschirmt, wie wir das vom Radioempfang her kennen? Oswald Scheuermann, Grabtuchforscher seit ca. 40 Jahren, befragte zu diesem Rätsel einen Fachmann für Radiologie und erfuhr folgendes: „Die vom Leichnam ausgehende Strahlung müsste mit intensiver Elektronenstrahlung kombiniert gewesen sein. Wären die Münzen nur leicht radioaktiv gewesen, so dass sie schwache ß-Strahlung ausgesandt hätten, so hätte diese schwache Strahlung durch hochenergetische Radioaktivität oder durch andere Elektronenstrahlung zu einer intensiveren Strahlung werden können, so dass tatsächlich Münzabbilder entstanden wären.“

Oswald Scheuermann und sein Mitarbeiter Thomas Kopp unternahmen experimentelle Untersuchungen zur Münzabbildung, die interessante Ergebnisse erbrachten und die Scheuermann 1982 in seinem Buch „Das Tuch“ veröffentlichte: „Legt man eine Münze auf einen unbelichteten Film und versieht man diese mit einem elektronischen Hochspannungspotential, wie das im Zusammenhang mit Blitzen geschieht, so tritt diese Elektronenladung in Kondensatorwirkung mit unter dem Film befindlichem, ungeladenen Material, etwa mit Luft, Metall, Stein oder Leinen. Die Münzauflagenseite hinterlässt so erstaunlicherweise ein exaktes Abbild auf dem Film, und das selbst ohne sichtbare Belichtung... Auch kann man erkennen, dass spitze Enden, z.B. die von Buchstaben oder andere, durch verstärkte Elektronenabstrahlung sich häufig mehr oder weniger punktförmig verdickt abbilden.“

Diese Endspitzen-Verdickungen zeigen sich nun überraschenderweise bei der 3-D-Wiedergabe des Antlitz-Augen-Bereichs auf dem Turiner Grabtuch! Die Münze auf dem rechten Auge zeigt hier eine solche „Verdickung“ an den Enden des Buchstaben C, über dem A und an anderen typischen Stellen. Elektrische Spitzenentladungen könnten hier gewirkt haben. Oswald Scheuermann stellte sich nun die Frage: Könnten Elektronenansammlungen bzw. -entladungen, die bisher über Kondensatorwirkung auf einem Film Münzabbilder erzeugt haben, auch auf einem Tuch solche Abbilder erbringen, wie sie auf dem Gewebe des Grabtuches vorzufinden sind?

Auch hierzu führte Scheuermann Simulationsexperimente durch. Mittels eines Tuches, niederenergetischer Hochspannung und anschließender Nachahmung des Alterungsprozesses (Erwärmung des Tuches in einer Backröhre) erzeugte Scheuermann schwache, sepiafarbene Münzabbilder auf dem Stoff. In gleicher Weise wäre wohl bei entsprechend intensiver, abrupter elektronischer Entladung, so Scheuermann, die Entstehung eines Münzabbildes auf dem Grabtuch möglich gewesen. Durch die körperbilderzeugende unbekannte Strahlung wäre wohl zwischen dem eletronengeladenen Leichnam und der aufliegenden Münze einerseits und mit der nullgeladenen Umgebung andererseits über das mögliche Dielektrikum Leinen oder Luft eine starke Kondensatorwirkung aufgetreten, die zu „Versengungen" bzw. chemischen Reaktionen und damit zu Münzabbildern auf dem Leinen geführt hätte.

Da das Münzabbild auf dem Grabtuch so wie das Körperbild dreidimensionale Informationen in sich trägt, kann es kein Abdruck und auch kein Resultat von Stoffen auf der Münze mit Bestandteilen des Tuches sein, andernfalls wären nur typische zweidimensionale Bildinhalte auf dem Grabtuch gespeichert. Das bedeutet für die Bildentstehung: Münzabbild und Körperbild auf dem Tuch weisen auf eine Entstehung durch Strahlung hin. Die Münzspuren könnten in diesem Fall durch elektrische Büschelentladungen entstanden sein, die ein geringfügiges „Versengen" des Tuches bewirkten, und zwar bevorzugt an den aus der Münze herausragenden Teilen (z.B. Buchstaben, Lituus-Stab). Ist also das Körperbild durch Elektronenstrahlung geringer Energie entstanden - und wurden die Münzabbilder verursacht durch elektrische Entladungen, herrührend von der gleichen Elektronenstrahlung?

Eine der wichtigsten Entdeckungen der High Tech-Untersuchung des Tuches war die, dass der hypothetische Prozess - eben am ehesten eine Art Strahlung - die betroffenen Faserspitzen gleich stark „versengte", d.h. dass die stärker betroffenen Stellen nur darum auf dem Körperbild dunkler erscheinen, weil hier wegen des geringeren Abstandes zwischen Körper und Tuch mengenmäßig mehr Faserspitzen betroffen wurden: hier erreichten also mehr der entweder in der Länge begrenzten Strahlen („Schneckenfühler-Phänomen") oder mehr der nach sehr kurzer Strecke von der Luft absorbierten Strahlen das Tuch. Das Ergebnis ist somit eine vollkommen in der Stärke überall gleichstarke Versengung - wo sie denn die Fasern erreichte. Dies erklärt außerdem, dass die Intensität der Verfärbung der einzelnen Fasern auf dem Rückenbild nicht größer ist, als auf dem Vorderbild, obwohl der Körper auf dem Rücken flach und direkt auf dem Tuch auflag. Wäre das Bild durch eine Art chemische Reaktion des Stoffes mit Körperschweiß in Verbindung mit Begräbnisspezereien entstanden, so wäre in der Tat auf dem Rückenbild mit einer viel intensiveren Verfärbung zu rechnen. Dass dies aber definitiv nicht der Fall ist, spricht einmal mehr für die Strahlentheorie. Diese „gleichmäßige Verteilung der Flecken" (sic!), wie die Autoren Elmar Gruber und Holger Kersten dieses Körperbild benennen (beide treten in ihrem Buch „Jesus starb nicht am Kreuz" vehement für eine Bildentstehung durch Direktkontakt mit einem noch lebenden Körper ein), macht auch andere Wissenschaftler, die immer noch eine Bildentstehungsursache im Zusammenhang mit Aloe, Myrrhe, Körperdämpfen usw. suchen, stutzig. Dieser Tatbestand der überall gleich stark betroffenen Faserspitzen brachte sie auf die Idee, dass es sich bei dem Körper nur um einen noch Lebenden gehandelt haben müsse. Bei einem Toten, so argumentieren sie, herrschen in verschiedenen Körperregionen unterschiedliche Temperaturen vor. Die überall gleichmäßig verteilte Stärke aber der Bildspuren deute auf eine gleichmäßige Temperatur hin, von ihnen gedeutet auf einen funktionierenden Herz-Kreislauf-Mechanismus. Diese Vertreter einer längst widerlegten Vaporographie-Hypothese behaupten, man würde bei einem toten Körper auf dem Gesäß und den Schulterblättern stärkere Abdrücke erwarten, weil das Blut in einem toten Körper gemäß der Gravitation auf die niedrigsten Punkte herabsinken würde. Inzwischen hat sich aber ganz klar herausgestellt, dass die gleichmäßige Einwirkung der Bildentstehungsursache herrührt von einer Art Strahlung; dass der Körper im Tuch definitiv tot war, darüber ist sich die überwältigende Mehrheit der Mediziner unter den Grabtuchforschern einig. Für den Kontakt-Abdruck als Bildentstehungsrusache mittels Körperdämpfen bzw. Wundheil-Spezereien durch einen lebenden Körper spricht ebensowenig wie für den Kontakt-Abdruck eines toten Körpers.

Neben der möglichen Art der Strahlung gab es eine zweite, ebenso wichtige Frage: Von wo war diese hypothetische Strahlung ausgegangen? Vom toten Körper? Es ist ein absolutes Rätsel, wie ein menschlicher - toter - Körper zu einer abstrahlenden Energiequelle werden kann. Einige Forscher schlugen als Auslöser dieser Strahlung die mysteriöse „Auferstehung“ vor. Nach Meinung des Naturwissenschaftlers Prof. Eberhard Lindner habe dieser außerordentliche Vorgang zu einer Veränderung der Atome im Körper geführt, und dies wiederum zu einer „Neutronenstrahlung“, die im Augenblick der sogenannten „Auferstehung“ das Bild auf das Tuch geprägt habe.

Das kurzfristige Auftreten einer äußerst konzentrierten Strahlung im Augenblick der Auferstehung vermutete auch Geoffrey Ashe, ein englischer Journalist und Schriftsteller, angesichts der Bildmerkmale im Charakter einer Versengung. Schon 1966 machte Ashe einfache Versuche, eine solche Versengung zu imitieren. Er erzielte auch tatsächlich ein braunes Einbrennbild, indem er ein erhitztes Metallmedaillon auf ein Leinentuch drückte. Doch dies Bild war in keiner Weise mit dem Bild auf dem Turiner Grabtuch vergleichbar. Ashe konnte sich keinen Reim machen auf die Art dieser hypothetischen Strahlung, doch erkannte auch er, dass die Auswirkung der Strahlen auf das Tuch so sind, als hätte es eine kurze und starke Hitzewelle getroffen. In einem Artikel, der 1966 in der Fachzeitschrift „Sindon“ erschien, zog Ashe sein Fazit folgendermaßen: „Die einzige logische Erklärung für die Turiner Reliquie ist, dass dieses Tuch einst als Leichentuch einen Toten eingehüllt hat, und ferner der Umstand, dass mit diesem Leichnam sodann etwas ganz Besonderes, Unerklärliches geschehen ist.“

Dr. Willard Libby, anerkannter Fachmann auf den Gebieten der organischen und anorganischen Chemie und Nobelpreisträger, äußerte sich gegenüber dem Schriftsteller Robert K. Wilcox in dem Sinne, dass er sich keine das Bild auslösende Energiequelle vorstellen könne. Selbst ein lebender menschlicher Körper, so Dr. Libby, könne nicht ausreichend Hitze abgeben, um auf solche Weise den ihn umgebenden Stoff gleichsam „anzusengen“, von einem Leichnam ganz zu schweigen. Eine solche Energie oder Strahlung sei nur vorstellbar, wenn der Körper eine wissenschaftlich nicht erklärbare, gleichsam übernatürliche Hitze ausgestrahlt habe. Aber damit verlasse man bereits den Bereich der Wissenschaft und begebe sich ins Reich der Spekulationen, so Dr. Libby.

Ähnlich äußerten sich auch Wade Patterson und David Myers, zwei hochqualifizierte Physiker vom Lawrence-Livermore-Laboratory, gegenüber dem Autoren Wilcox, als er diese befragte, ob denn energieschwächere, nichtionisierende Strahlen das Abbild haben entstehen lassen können. Das könne man nicht ausschließen, so Patterson und Myers, man müsse einräumen, dass sehr stark konzentrierte Strahlung dieser Art das Phänomen durch bloße Hitzeeinwirkung hervorgerufen haben mochte. Doch ein solcher Vorgang sei ziemlich unwahrscheinlich, denn auf welche Weise solle ein menschlicher Körper konzentrierte Strahlung abgeben? Eine uns bekannte natürliche Ursache dafür gebe es jedenfalls nicht.

Aber muss denn diese angenommene Strahlung zwingend von dem toten Körper ausgeganen sein? - Was, wenn sie - gelenkt und kontrolliert - von außen erfolgte? Was, wenn diese Strahlung nicht natürlicher, sondern künstlicher - technologischer - Art war.

Was auch immer die Wissenschaftler als Bildverursacher vorschlugen, was auch immer sie durch Experimente zu beweisen versuchten, die rätselhafte Bildentstehung entzog sich allen Bemühungen um eine Erklärung. Schon 1902 bezeichnete Prof. Yves Delage in Paris in seinem Vortrag die Bildentstehung als verursacht durch einen „besonderen, uns noch nicht bekannten Prozess“. Sollte sich an dieser Aussage bis heute nichts geändert haben? John Jackson schrieb in einem Artikel, der 1991 in der Fachzeitschrift „Shroud Spectrum International“ erschien: „Manche Forscher und Laien nehmen stillschweigend an, dass es wohl noch eine verborgene Seite der Natur gebe, die bislang von der modernen Wissenschaft nicht beobachtet oder studiert wurde, oder die sich, aus welchem Grund auch immer, zum ersten Mal zeigte, als das Tuchbild entstand. Natürlich kann man leicht behaupten, dass das Bild auf dem Tuch durch einen einzigartigen, sich nicht wiederholenden Prozess gebildet wurde. Vielleicht war es so. Doch das würde die Diskussion von jeder wissenschaftlichen Untersuchung entfernen, weil Wissenschaftlichkeit sich durch den Begriff der empirischen Wiederholbarkeit auszeichnet."

Da bisher keine konventionelle Hypothese mit Erfolg eine Erklärung des Tuchbildes zustande gebracht hat, erinnerten einige Kirchenleute an die alte Überlieferung über „nicht von Menschenhand gemachte" Bilder. Solche Objekte kennen christliche Legenden mehrfach, um die sich Geschichten ranken, die von „wunderbar" bzw. „übernatürlich" oder gar „überirdisch" entstandenen Bildern reden. Damit geben sich Wissenschaftler natürlich nicht zufrieden. John Jackson gab seine Einstellung, die zahlreiche seiner Kollegen teilen, treffend wieder: „Wir müssen in unserer wissenschaftlichen Herangehensweise flexibler sein und auch Hypothesen erwägen, die möglicherweise in der herkömmlichen modernen Wissenschaft nicht zu finden sind, denn es ist denkbar, dass das Körperbild einen Typ der ‚neuen Physik' repräsentiert, der letztlich eine Erweiterung oder Überarbeitung der gegenwärtigen Konzepte erfordert."

Es ist ein gewaltiger Unterschied, ob man von göttlich bewirkten Wundern spricht - oder von Möglichkeiten, die sich aus der „neuen Physik" ergeben. An Wunder muss man glauben - die Wissenschaft sucht Erklärungen. Sind zur Lösung des Rätsels Turiner Grabtuch neue Denkansätze nötig? Die inzwischen zusammengetragenen Informationen und Forschungseregbnisse haben uns vor allem eines gezeigt: auf welche Weise das Tuchbild auf keinen Fall entstanden sein kann! Es sieht so aus, als ob wir momentan noch immer nicht die „richtigen" Fragen stellen, vielleicht aus dem Grunde, weil wir immer noch nicht genug über das Bild wissen, um dies zu tun. Entweder sind die Beobachtungsdaten noch unvollständig oder fehlerhaft - oder die heute allgemein akzeptierten Regeln der Physik erweisen sich als unzulänglich zur Erklärung dieses Tuchbildes. Vielleicht liegt der Ursache und Entstehung des Bildes ein unserer Wissenschaft noch unbekannter Vorgang zugrunde, der trotzdem mit den allgemein geltenden Regeln der Naturwissenschaft übereinstimmt, aber von uns noch nicht entdeckt wurde. Oder ist das Körperbild das Ergebnis eines uns technologisch weit überlegenen High Tech-Eingriffs? Jacksons atemberaubende Kollaps-Hypothese lässt dies als durchaus möglich erscheinen und zeigt eine Möglichkeit für die Bildentstehung, die geradezu phantastisch ist und gleichzeitig die Lösung sein könnte für das 2000 Jahre alte Rätsel um das „leere Grab" am später so genannten Ostermorgen in Jerusalem.

## *Die Kollaps-Hypothese: Wurde Jesus aus dem Grab gebeamt?*

Die Resultate, die die STURP-Wissenschaftler und weitere Sindonologen erzielt hatten, waren überraschend und zwangen die Forscher dazu, unter ganz neuen Blickwinkeln an dieses Artefakt heranzugehen. John Jackson verbrachte nach der spektakulären Tuch-Untersuchung im Jahr 1978 zunächst viele Jahre damit, das Tuchbild strikt nach den Regeln der herkömmlichen Wissenschaft zu sehen. Doch dies genügte nicht, um die mysteriösen Bildmerkmale in Einklang zu bringen und zu erklären. Dann entschloss er sich, über den Tellerrand der etablierten Wissenschaft hinauszuschauen, um zu sehen, wohin dies führen würde. „Das Ergebnis", so Prof. Jackson, „war eine einfache Idee, von der ich meine, dass sie alle Bildmerkmale erklären könnte, und die durch eine zukünftige wissenschaftliche Forschung getestet werden müsste." Jackson stellte seine „einfache Idee" im September 1989 auf einem Sindonologen-Kongress in Paris vor und zeigte, dass diese Hypothese bestimmte Aspekte beinhaltet, die nicht in die Kategorie moderner Wissenschaft fallen, die aber dennoch wissenschaftlich gut abgesichert und in sich konsequent sind. Seine „einfache Idee" war die Vorstellung, die ein sich gegenseitiges Durchdringen des Körpers mit dem Tuch annimmt im Augenblick des Strahlungsprozesses. Dieses Konzept eines in die darunterliegende Körperzone herabfallenden Tuches mit gleichzeitiger Bildentstehung nannte er „Kollaps-Hypothese“, und dieses Gedankenmodell ist bislang das einzige, das tatsächlich alle Bildmerkmale erklären könnte.

Schauen wir uns diese Bildmerkmale einmal genauer an. Kopfzerbrechen bereitete den Forschern vor allem die Tatsache, dass auf dem Bild keine Wiedergabe einer Körperpartie zu finden ist, die von der Seite gesehen wird. Darüberhinaus entdeckten Bildanalysatoren Stellen auf dem Tuch, wo Körperbildmerkmale und entsprechende Körperdetails nicht mit den entsprechenden Blutflecken zusammenpassen. Blutflecken erscheinen auf dem Bild vom Gesicht in die abgebildete Haarzone verschoben; weitere Stellen gibt es z.B. am hinteren Fuß, wo der Körper- und Blutabdruck nicht an der gleichen Stelle erscheinen, wie es eigentlich zu erwarten wäre. Jackson und weitere Forscher schlossen aus der Tatsache, dass die Blutflecken und das dazugehörige Körperbild nicht am selben Punkt auf dem Tuch vorkommen, darauf, dass das Tuch in zwei verschiedenen Lagen gewesen sein muss. Die erste Lage wäre diejenige, in welcher der tote Körper im Tuch lag vor der Bildentstehung; die zweite wäre diejenige im Augenblick der Bildentstehung. Besonders deutlich ist dies bei Blutflecken, die sich entlang der beiden Gesichtsseiten in der Haarregion zeigen. Jackson bemerkte dazu: „Wenn wir für den Augenblick das Körperbild ignorieren und uns fragen, woher diese Blutflecken stammen, dann würden wir mittels eines einfachen Faltexperimentes eines Tuches über ein Gesicht leicht feststellen, dass diese Blutflecken von den Seiten des Gesichtes herstammen. Die Gesichtsseiten sind jedoch im Körperbild sichtbar und erscheinen einige Zentimeter innerhalb des durch die Blutflecken gekennzeichneten Musters. Die Blutflecken müssen ihrer Lage nach auf dem Körperbild vom Direktkontakt herrühren, sie stimmen aber räumlich nicht mit der Stelle auf dem Tuch überein. Daraus folgt: falls das Körperbild und die Blutflecken durch dieselbe Körperform produziert wurden, so muss das Tuch in zwei verschiedenen Lagen gewesen sein bei der Erzeugung des Bildes und der Blutflecken.“

Das Tuchbild mit seinen Nichtübereinstimmungen, seinen verschwimmenden Seitenrändern und seiner senkrechten Ausrichtung des unbekannten Bildentstehungsprozesses gab und gibt der Wissenschaft große Rätsel auf. Man kommt der Lösung dieses Rätsels etwas näher, wenn man diese zwei Tuchlagen voraussetzt sowie einen Faktor, der im Moment der Bildentstehung zu einer senkrechten Projizierung des im Tuch liegenden Körpers auf dieses Tuch führte. Für diesen Faktor schlug John Jackson die Mitwirkung von Schwerkraft vor, da diese ein natürliches physikalisches Phänomen ist, das auch zur Zeit der Bildentstehung vorhanden war. „Es scheint so“, schrieb Jackson in einem seiner Artikel, „als sei bei diesem Bildentstehungsprozess irgendwie die senkrechte Richtung jedes einzelnen Körperpunktes bekannt gewesen. Falls der Körper in waagerechter Ausrichtung lag, ist es nicht unvernünftig zu vermuten, dass Schwerkraft für die festgestellte Senkrechtausrichtung der Bildmerkmale in Beziehung zu den Körpermerkmalen verantwortlich war, da sie eine natürliche senkrechte Ausrichtung hat.“

Diese absolut senkrechte Ausrichtung des Bildentstehungsmechanismus machte es ja auch so schwierig, den Charakter der involvierten Strahlung zu erkennen. Strahlung geht von der Quelle aus in alle Richtungen - man nennt dies isotropisch -, so wie das Licht von einer Glühbirne z.B. in alle Richtungen abstrahlt. Die einzige Strahlung, die eine senkrechte Ausrichtung hat, die wir kennen, ist Laserstrahlung. Diese angenommene Strahlung musste also zwei Bedingungen erfüllen: sie musste örtlich begrenzt um den im Tuch liegenden Körper gewesen sein (z.B. durch Absorbtion in der Luft nach wenigem Millimetern), denn sonst hätten sich keine 3-D-Informationen im Bild ergeben können, und sie musste eine perfekt senkrechte Strahlungsrichtung gehabt haben, oder - und hier kommt als Alternativlösung nur Jacksons Kollaps-Hypothese ins Spiel - Schwerkraft musste die senkrechte Ausrichtung im Strahlungsmoment verursacht haben.

War Schwerkraft ein bedeutender Faktor bei der Bildentstehung? - Welcher Entstehungsprozess auch immer an der Bildentstehung beteiligt war, er muss die Eigenschaft gehabt haben, nur in senkrechter Richtung zu wirken. Nun lassen aber die Bildmerkmale wie Nichtübereinstimmung von Körper- und Bildstellen, verschwimmende Seitenränder, Verschiebungen von Bildmerkmalen in die Randzone nur einen Schluss zu: das Tuch muss im Augenblick der Bildentstehung in einer anderen Lage gewesen sein, als zur Zeit der Blutfleckenentstehung, und zwar - das ist das sensationelle - in einer abgeflachteren oder geglätteteren Lage.

Wenn nun die Entstehung des Körperbildes einen darunter liegenden realen menschlichen Körper voraussetzt, so hätte normalerweise die Körperstruktur verhindern müssen, dass der Stoff unter seinem eigenen Gewicht - eben durch Schwerkrafteinwirkung - abflachte. Und doch lassen die Fakten keinen anderen Schluss zu:

- Im Tuch lag ein echter menschlicher, toter Körper
- Das Tuch befand sich während der Bildentstehung in abgeflachterer Form
- Die senkrechte Ausrichtung der Bildentstehung ist möglicherweise Ergebnis der natürlichen Schwerkraft, die das Tuch in eine abgeflachtere Lage herabsinken ließ.

Die Schlussfolgerung, die sich daraus ergibt, ist absolut unglaublich - und doch logisch. Jackson selbst gab zu, dass es provokativ sei, zu behaupten, dass das Tuch durch Schwerkraft abgeflacht wurde angesichts des Widerspruchs durch den diesen Tuchzusammenfall verhindernden Körper. Dennoch scheint ihm diese Kollaps-Hypothese ein vernünftiger und natürlicher Zusammenschluss zu sein der zwei sehr verschiedenen Annahmen der Schwerkraftbeteiligung bei der Bildentstehung und den zwei verschiedenen Tuchlagen.

„Falls wir“, so John Jackson, „bei der Hypthese eines in sich zusammenfallenden Tuches bleiben, so scheint mir nur noch eine Alternative zu bleiben, um alle drei Schlussfolgernungen - echter Körper im Tuch, Schwerkraftbeteiligung und zwei Tuchlagen - zu vereinigen. Wir müssen annehmen, dass das Tuch zuerst eine reale Körperform umgab, doch dass durch eine unbekannte Ursache dieser Körper das Zusammenfallen des Tuches nicht verhinderte während des Augenblicks der Bildentstehung.“

Diese Fakten brachten dann Jackson zu der Schlussfolgerung, die ein sich gegenseitiges Durchdringen des Körpers mit dem Tuch im Augenblick der Bildentstehung annimmt. Die Bildspuren entwickelten sich genau zu dem Zeitpunkt, als der unbekannte Prozess - vermutlich eine Strahlung - stattfand und bewirkte, dass der Körper nicht mehr das Zusammenfallen des Tuches in den Körper oder die Körperzone verhindern konnte. Hatte der Körper im Augenblick der Bildentstehung das Tuch auf eine uns unbegreifliche Weise verlassen? Hinterließ dieser Prozess seine Spuren auf dem Tuch in Form des heute erhaltenen Körperbildes auf dem Turiner Grabtuch?

Dazu passt auch der Oberflächencharakter des Bildes, bei dem nur die alleräußersten, dem Körper zugewandten Faserspitzen vom Prozess betroffen wurden: dieser unbekannte Prozess muss ein extrem kurzer gewesen sein. Moderne Computerbildanalysen zeigen, dass der Prozess nicht einmal so lange gedauert haben kann, bis die Vorderseite des Tuches zur Hälfte durch den darunterliegenden Raum gefallen war, eine Zone, in der doch eigentlich ein hier liegender Körper das Herabfallen des Tuches hätte verhindern müssen.

Jackson vermutete schon damals, dass bei diesem phantastischen Vorgang die Strahlung auch noch die obersten Faserspitzen auf der anderen Tuchseite dort erreicht und versengt haben könnte, wo das Gesicht und die Hände am dichtesten am Tuch anlagen. Ob er mit seiner Vermutung richtig lag, soll in einem späteren Kapitel berichtet werden, in dem die neuesten Entdeckungen und Forschungsergebnisse vorgestellt werden.

Die Schlussfolgerung, die sich aus der Kollaps-Hypothese ergibt, ist beinahe ungeheuerlich. Irgendein unbekannter Vorgang muss bewirkt haben, dass der im Tuch liegende Körper plötzlich entweder durchgängig wurde für Materie - oder in Energie verwandelt wurde - oder gar in einem Augenblick verschwand. Der Auslöser, der dies bewirkte, zeichnete diesen Vorgang als Bild auf. Total unklar ist noch immer, welcher physikalischer Natur dieser Auslöser war. Zumindest war er imstande, physikalisch mit

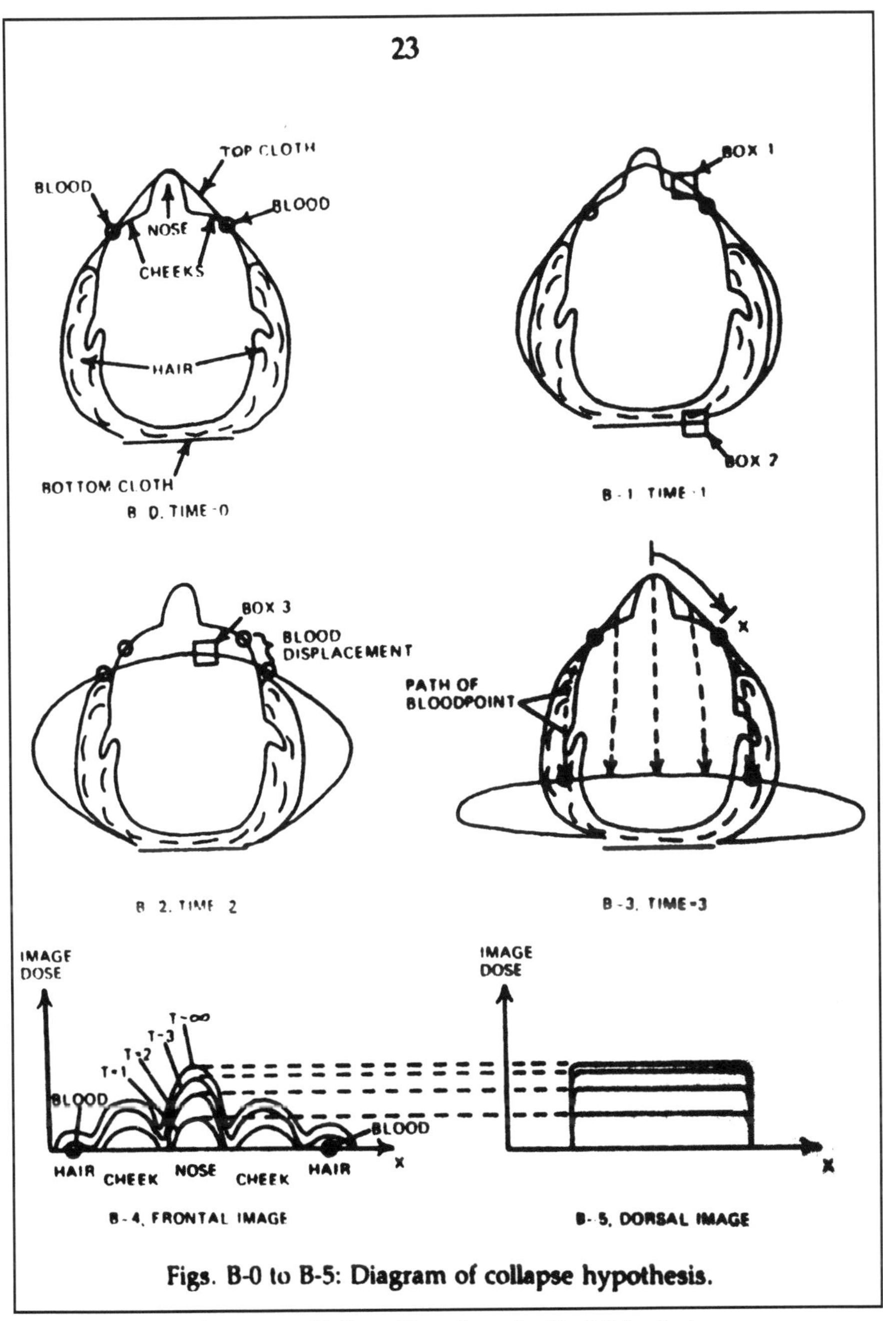


**Figs. B-0 to B-5: Diagram of collapse hypothesis.**

*Zeichnung zur Kollaps-Hypothese des Prof. John Jackson.*

dem Tuch zu reagieren, sonst wären die Bildspuren nicht entstanden. Jackson drückte die Folge dieses fremdartigen, bizarren Prozesses so aus: „Als der obere Teil des Tuches in den plötzlich durchgängigen Körper fiel, begann die Strahlung mit dem Tuch zu interagieren, so als ob während der kurzen Zeit der Passsage des Tuches durch die Körperzone hindurch eine Aufzeichnung erzeugt worden sei. Diese kurzzeitige Aufzeichnung ist es, was allgemein das Körperbild verursacht hat."

Auf zahlreiche Grabtuchforscher auf der Seite der Historiker und der Theologen hat diese Kollaps-Hypothese einen großen Eindruck gemacht. Werner Bulst, ein Theologe und Historiker, der selbst einige Bücher zum Thema „Turiner Grabtuch" veröffentlicht hat, schrieb 1991, nachdem er mit Jacksons Tuchzusammenfall-Hypothese bekannt geworden war: „Es bleibt zur Entstehung des Bildes nur eine Hypothese übrig. Mit Jackson können wir hypothetisch folgern, dass der im Tuch liegende Körper in Energie verwandelt wurde und im Hindurchgang durch das dabei zusammensinkende Tuch Strahlen, die die Bildspuren bewirkt haben, abgegeben hat."

Fiel das Tuch durch den Körper - oder fiel das Tuch in die plötzlich leere Körperzone? Die erste Variante der Kollaps-Hypothese geht davon aus, dass der im Tuch liegende Körper durch einen uns unbekannten Prozess mechanisch durchlässig wurde für seine physikalische Umgebung. - Was aber könnte einen Körper - dazu noch einen toten Körper in Leichenstarre - dazu befähigen, Materie zu durchdringen? - Wir wissen es nicht, weil wir einen solchen Vorgang weder aus der Natur noch innerhalb unserer technologischen Erfindungen kennen. So wie wir auch keinen Vorgang kennen, der einen Körper dazu bringen könnte, plötzlich nicht mehr da zu sein.

Prof. Jackson war nicht der erste Grabtuchforscher, der die Meinung vertrat, dass im Zusammenhang mit der Entstehung des Tuchbildes sich etwas ganz Außergewöhnliches ereignete. Etwas Außergewöhnliches, das eine Erklärung liefern würde sowohl für die Existenz dieses Körperbildes als auch für das 2000 Jahre lang umrätselte „leere Grab", und das eine Erklärung liefern würde für die heiß umstrittene Bildstelle im Evangelium des Johannes, wo es heißt in bezug auf die beiden Jünger, die das leere Grab betraten, einer der beiden auf die Grabtücher schaute und „sah und glaubte". - Was sah dieser Jünger, und was glaubte er? Sah er die Grablinnen, die ihn durch ihre Lage auf einen außergewöhnlichen Vorgang schließen ließen?

Bereits 1939 schrieb der amerikanische Jesuit Fr. McClellen, dass das Grabtuch in die Körperzone „herabgesunken" sei, als Jesus aus dem verschlossenen Grab „verschwand". Zehn Jahre später griff Dr. F. M. William in seinem Buch „Das Leben Jesu im Lande und Volke Israel" diesen Gedanken wieder auf und machte seine Leser mit dem Gedankenmodell vertraut, dass der plötzlich „transparente" Körper das auf ihm liegende Grabtuch irgendwie durchquert habe, worauf dieses heruntersank. Dr. William stellte sich vor, dass der Körper Jesu bei der Auferstehung „luftartig" geworden sei und somit ein in sich zusammengesunkenes Grabtuch zurückgelassen habe. Die Idee des „durchgängigen Körpers" und des zusammenfallenden Tuches war jedoch zu bizarr, zu fremdartig, zu unglaublich, um allgemein Anerkennung zu finden. Man musste dies Gedankenmodell als „göttlich erwirktes, unerklärliches Wunder" zu den Akten legen. - Vereinzelt tauchte der Gedanke um den „luftartigen" Auferstehungskörper Christi noch das eine oder andere Mal auf. 1950 schrieb Fr. Antonio Coiazzi: „Das Grabtuch... sank herab, wie ein Handschuh, der die Form der Hand behält, die er umgab", und ähnlich drückte es auch 1956 C. K. Barrett aus: der Körper „durchdrang das Leinen, es in der Lage zurücklassend, wie es vorher gewesen war.". - Wie wir sahen, bekam diese Vorstellung ganz neue Dimensionen durch die moderne High Tech-Forschung, deren Highlight unzweifelhaft Jacksons „Kollaps-Hypothese" darstellt.

Den Gedanken um den die Materie durchdringenen Körpers Christi gibt es nicht erst seit Beginn der Grabtuchforschung. Schon früh haben sich alte Kirchenväter Gedanken in dieser Richtung erlaubt. Und die Kunst schloss sich im hohen Mittelalter dann mit entsprechenden Darstellungen dieser Vorstellung an. Moderne Bibelforscher wissen wenig mit dieser Deutung anzufangen. So nannte Hans von Campenhausen den Gedanken mit der Materiedurchdringung eine „seltsame Folgerung“, die sich „ganz ungewollt“ durch die Darstellung des Oster-Ereignisses bei Matthäus ergeben habe: Ein blitzender Engel, vom Himmel herab erscheinend, wälzt den Stein beiseite und fordert die Frauen auf, sich selbst davon zu überzeugen, dass das Grab leer sei - was zu der Annahme geführt habe, „dass Jesus vorher aus dem noch geschlossenen Grabe durch den Felsblock hindurch gefahren sein muss.“ Und eben auch durch sein Grabtuch hindurch, sein Bild darauf zurücklassend. Es ist eine der sensationellsten Ergebnisse der modernen Grabtuchforschung, dass hochkarätige Wissenschaftler wieder auf dieselbe „seltsame Folgerung“, wic cs IIans von Campenhausen ausdrückte, kommen, die mit einem Mal gar nicht mehr „seltsam“ erscheint!

Oder haben wir es mit einer Dematerialisation des Körpers zu tun? Oder mit einem Vorgang, den wir heute mangels anderer Bezeichnungen mit Teleportation umschreiben? Bereits am 24. Oktober 1981 schrieb die Wissenschaftlerin Cynthia L. Theall aus Cambridge, Massachusetts, in „Science News“: „Angesichts des Turiner Grabtuches denke ich, dass Albert Einstein indirekt aber genau erklärte, wie das Tuchbild entstand. $E = mc^2$ sagt strikt und einfach, dass Materie und Energie austauschbar sind. Vielleicht demonstrierte Christus den kosmischen Zirkus-Trick. Er dematerialisierte sich und wurde zu Energie. Vielleicht wurde bei diesem Prozess das Bild erzeugt beim Freiwerden dieser Energie, bevor sie sich in der Atmosphäre zerstreute.“

Der Grabtuchforscher Oswald Scheuermann meint jedoch: „Eine abrupte Umsetzung der vorhandenen Körpermaterie zu Energie nach Einsteins Formel $E = mc^2$ darf nicht angenommen werden, da die damit gewinnbare Energiemenge ausreichen würde, Jerusalem und mehr zu verbrennen. Also hätte damals eine Steuerung jenes ‚physikalisch-chemischen’ Prozesses stattfinden müssen. Aber in welcher Weise, das weiß man nicht, vielleicht noch nicht.“

Eine Steuerung des Prozesses? Durch wen? Durch einen Leichnam wohl kaum. Angenommen, vor 2000 Jahren fand in Christus Grab tatsächlich eine Dematerialisiserung statt, warum sollte man dann zwingend voraussetzen, dass dieser Prozess von einem toten Körper ausging? Warum gehen wir nicht einen Schritt weiter und erwägen einen Eingriff, der von außen durchgeführt wurde, durch Unbekannt? Ein Eingriff, der den Transport des Körpers an einen anderen Ort (oder in eine andere Zeit, unsere ferne Zukunft?) zum Ziel hatte und das leere Grab - das 2000 Jahre lang zu Diskussionen und Spekulationen führte - zum Ergebnis hatte sowie als Nebeneffekt das Körperbild auf dem Turiner Grabtuch?

Der amerikanische Regisseur Joachim Andrew Sacco hat für „Vision 2000" im Jahr 1995 ein Interview gegeben über einen neuen Film über das Turiner Grabtuch, an dem er gerade arbeitete. Über die neuesten Forschungsergebnisse der Grabtuchforschung gab er folgendes Statement ab: „Die Wissenschaftler konnten im Test durch Computersimulation nachweisen, dass der Körper im Grabtuch einen Vorgang durchgemacht hat, der ihn in einen neuen Raum versetzt hat. Die Struktur seiner Atome hat sich neu geordnet. Dieser Körper trat in eine ‚Super-Ordnung' über. Dabei wurde viel Energie abgestrahlt, die das Bild auf dem Tuch erzeugt hat... Das Grabtuch trägt Merkmale, die auf einen Zustand jenseits von Raum und Zeit schließen lassen. Das liegt kodiert im Grabtuch vor. Es ist fast so, als stünden wir an den Toren des Himmels."

Wäre es möglich, dass der tote Körper aus dem Tuch und dem Grab hinaus teleportiert oder versetzt wurde? Dann wäre er nicht in einen möglichen „neuen Raum", wie es dieser Regisseur ausdrückt, sondern einfach an einen „anderen Ort" oder in eine andere Zeit versetzt worden. Dieser andere Ort könnte dabei ebensogut wenige Meter entfernt gewesen sein wie etliche Jahrhunderte.

Was ist einfacher vorzustellen: ein toter Körper, der sich selbst in Energie verwandelt - oder ein toter Körper, der durch einen Eingriff durch Unbekannt aus Tuch und Grab versetzt wurde? Die neuesten Entwicklungen der Wissenschaft lassen die zweite Möglichkeit - einen Eingriff von außen - wahrscheinlicher erscheinen.

Erste Erfolge der High Tech zeigen, dass Teleportation doch eines Tages möglich sein wird. 1977 wurde in einem österreichischen Labor die erste erfolgreiche „Quantenteleportation" eines Lichtpartikels durchgeführt. Dieser sensationelle Forschungserfolg wurde am 12. November 1997 in der Zeitschrift „Nature" von Anton Zeilinger und seinen Kollegen von der Universität Innsbruck bekannt gegeben. Zeilinger prophezeite, dass in Zukunft die Teleportation von Atomen und noch später die Teleportation von Molekülen möglich sein wird. Selbstverständlich weisen die meisten Wissenschaftler die Möglichkeit, eines Tages Menschen von Ort zu Ort zu beamen, weit von sich. Aber hat man nicht auch einst behauptet, ein Gegenstand, der schwerer ist als Luft, könne nicht fliegen?

Ich persönlich halte es für recht wahrscheinlich, dass in Sachen High Tech-Teleportation uns bereits die Vertreter einer uns unbekannten Intelligenz längst um Längen voraus sind, denn unsere Mythen rund um den Globus enthalten Hinweise auf beobachtete Ortsversetzungen in solchen Mengen, dass sie einfach nicht zu übersehen sind. In meinem Buch „Das Stargate-Phänomen" habe ich solche Myhen und Überlieferungen vorgestellt, die sich um Nullzeitreisen, Ortsversetzungen und Raum-Zeit-Tore drehen, und die den Schluss zulassen, dass unsere Vorfahren bereits Kontakt mit den Vertretern einer überlegenen Intelligenz gehabt haben könnten, die über eine Teleportations-Technik verfügten.

Auf der anderen Seite wäre die Vorstellung einer Versetzung in eine andere Zeit, statt an einen anderen Ort, gut vorstellbar. Nicht nur halten inzwischen hochkarätige Physiker eine zukünftige Zeitreise-Technologie bereits heute für vorstellbar, sondern darüber hinaus enthalten auch zu dieser Thematik unsere Überlieferungen rund um den Globus unzählige Hinweise darauf, dass Besuche unserer Vergangenheit offenbar bereits stattgefunden haben könnten, wie ich in meinem Buch „Zeitreisen" gezeigt habe.

Fakt ist: der tote Körper des Turiner Grabtuches verschwand anscheinend auf uns unbekannte Weise aus dem Grabtuch. Experimente durch STURP-Wissenschaftler ergaben, dass es einfach unmöglich ist, ein Tuch von einem toten Körper zu heben, ohne die noch feuchten Blutflecken zu verschmieren oder sonstwie zu verändern. Auf dem Turiner Grabtuch aber gibt es definitiv keine auch nur im mindesten verschmierten Flecken! Wenn sich auf einer Wunde Schorf bildet, dann entstehen Verklebungen mit dem Gewebe, so auch durch ein Aufsaugen von Schweiß und Wundflüssigkeit. Hätte man das Leinentuch jemals per Hand vom Leichnam entfernt, so hätten sich andere Spuren ergeben müssen, als die, die sich bei Untersuchungen der Blutflecken durch all die High Tech-Geräte zeigten.

Wie also verließ der Leichnam das Tuch, der nach Ansicht der Grabtuchforscher nicht länger als 40 Stunden darin gelegen haben kann? Haben die alten Überlieferungen recht wie die „Legenda aurea" des Jacobus de Voragine aus dem 13. Jahrhundert, in der es heißt, Christus „ist auferstanden wunderbarlich; denn er erstund aus dem verschlossenen Grabe... Gleichwie er zu den Jüngern durch verschlossene Türen trat, so vermochte er auch aus seinem verschlossenen Grabe zu gehen."

Dieses Fazit ziehen auch einige Sindonologen, wie z.B. Oswald Scheuermann in „Das Tuch" (1982): „Also ist entweder jener Leichnam auf eine für die Wissenschaft unerklärliche Weise aus dem Tuch entfernt worden, oder das Abbild auf dem Tuch stellt keinen Abdruck dar..."

Prof. Lindner hat, nach Auswertung der Untersuchungsergebnisses des Wissenschaftlers Giles F. Carter über Röntgenstrahlen als möglicher Bildauslöser, die dieser 1984 in der Zeitschrift „Advances in Chemistry" veröffentlichte, vorgeschlagen, dass weiche radioaktive Strahlen (bei denen Eletronen - durch Umwandlung von Neutronen in Protronen - aus dem Atomkern emittiert werden) durchaus ebenso in Frage kämen wie sogenannte „weiche Röntgenstrahlen", da sie die gleichen Eigenschaften aufweisen: erhebliche Absorption durch geringe Luftschichten, eine äußerst geringe Eindringtiefe in Zellulose und Bewirkung einer Abspaltung von Molekülen aus der Zellulose und damit eine Umwandlung, wie sie beim Turiner Grabtuch vorliegt. „Eine solche Strahlung“, so argumentierte Prof. Lindner, „könnte auch beim Zurücksinken der materiellen Bestandteile (des Leichnams) ins Nichts aufgetreten sein und damit die ‚Versengung' am Leichentuch (das Körperbild) hervorgerufen haben. Solche Strahlen sind möglicherweise dadurch entstanden, dass die Atomkerne Bruchteile von Sekunden früher aus dem Dasein verschwunden sind.“

Die gegenseitige Abstoßung der zurückgebliebenen Elektronen hätte dann zu einer „Elektronen-Strahlung“ geführt, die das Bild verursachte. Den sonst nicht gebräuchlichen Ausdruck „Elektronen-Strahlung“ wählte Prof. Lindner, um ihren möglichen Ursprung in der Atomhülle besser zu charakterisieren und sie zu unterscheiden von einer Strahlung, die zwar ebenfalls aus Elektronen besteht, die aber aus dem Atomkern stammt. Prof. Lindner ist davon überzeugt, dass der tote Körper im Tuch derjenige von Jesus Christus ist, der von den Toten auferweckt worden und dann in eine „andere Daseinsweise“ übergegangen sei. (Oder wurde der Körper zuerst an einen anderen Ort oder in eine andere Zeit versetzt, und dort dann „auferweckt“? „Dabei mussten die Atome und Moleküle, aus denen der Leichnam bestand, aus dem Dasein verschwunden sein“, so Prof. Lindner. Er hält es jedoch für ausgeschlossen, dass dabei die Gesetzmäßigkeiten der Materie-Energie-Umwandlung, wie wir sie kennen, gültig waren, denn dann wären Energien, die um Größenordnungen stärker sind als bei schweren Atombombenexplosionen, frei geworden.

Das muss so nicht stimmen, denn seit dem November 1977, wo es gelang, ein Lichtteilchen quasi von Ort zu Ort zu „beamen“, ist uns klar, dass die uns bekannten Gesetzmäßigkeiten der Materie-Energie-Umwandlung bzw. der Teleportation, sehr wohl für einen derartigen Vorgang gültig sind. Das Beamen des Lichtteilchens war ja erst unser erster, bescheidener Erfolg auf einem High Tech-Weg, der gerade erst angefangen hat. Woher wollen wir denn wissen, ob nicht die Vertreter einer fremden Intelligenz uns bereits in diesem Know how jahrtausendeweit voraus sind? Und woher sollen wir wissen, ob nicht bereits unsere fernen Nachkommen Eingriffe in unsere oder vergangene Zeiten durchgeführt haben, vielleicht Objekte in ihre Zukunft holten - eine Aktion, die uns als unerkärliches Wunder erscheinen müsste?

Wurde der tote Körper aus dem Grabtuch herausteleportiert? Ein weiteres Forschungsergebnis der Sindonologie könnte für einen solchen Vorgang sprechen. Als besonders rätselhaft erwies sich die Tatsache, dass auf dem Turiner Grabtuch nur geringste Spuren von Blutbestandteilen vorhanden sind. Nun ist es möglich, dass durch das häufige Falten und Ausbreiten des Tuches das nicht so fest anhaftende Blut abgeplatzt ist, denn man fand tatsächlich auch geingste Spuen davon lose im Tuch. Ferner könnte vieles im Verlaufe der Jahrhunderte biologisch abgebaut worden sein. - Der Naturwissenschaftler Prof. Lindner schlägt jedoch eine ganz andere Lösung dieses Rätsels um das „fehlende Blut" vor: Er hält es für möglich, dass auch ein Teil des ausgeflossenen Blutes beim „Auferstehungs-Geschehen mit dem Leichnam aus dem Dasein verschwunden sein könnte".

Gehen wir mutig noch einen Schritt weiter und fragen: Wäre es denkbar, dass das „fehlende Blut" zusammen mit dem toten Körper aus dem Tuch (und gleichzeitig aus dem Grab) an einen anderen Ort versetzt wurde? Dazu würde auch passen, was die Grabtuchforschung beim Untersuchen der Leinenfasern festgestellt hat. Leinenfasern bestehen aus Pflanzenzellen, die eng miteinander verbunden sind. Betrachtet man sie unter dem Mikroskop, so sehen sie aus wie Bambusrohre. Die Verbindungen, oder Menisken, haben eine Struktur und einen Umfang, der klar definiert ist. Das Betrachten von Materialproben unter dem Phasenkontrastmikroskop ergab, dass die Fäserchen, die den Abdruck tragen, an der Oberfläche erodiert, abgetragen erscheinen. Grabtuchforscher sprechen von „Abspaltung von Molckülteilchen" bei den Körperbildfaserspitzen oder auch von „Abspaltungen von Atomen aus Zellulose". Außerdem hinterließen die vergilbten Leinenfasern des Körperbildes auf den Klebestreifen für das Entnehmen von Materiaproben eine weitaus größere Menge an Härchen und Faserpulverresten, als die Fäden, die nicht vom Körperbild stammten. Es scheint, als wäre ihre Struktur durch irgendeinen Prozess, der sie angegriffen hat, geschwächt. Ist es nicht denkbar, dass bei dem Vorgang, der den Körper aus dem Tuch quasi herausteleportierte, auch noch an den betroffenen Stellen winzigste, oberste Faserspitzchen mit „versetzt“ wurden?

Dabei fällt einem wieder einmal die wichtige Frage ein: War dies Körperbild nur ein zufälliges Nebenprodukt dieses phantastischen Vorgangs - oder Absicht? Man sollte doch meinen, dass der - oder die - unbekannten Verursacher, wenn sie schon ein so hochentwickeltes Know how beherrschten, das ihnen ermöglichte, einen Körper im Sekundenbruchteil an einen anderen Ort zu versetzen, auch in der Lage wären, diesen Vorgang so genau durchzuführen, dass er lediglich haargenau den zu transportierenden Körper betraf oder umfasste, und nicht auch noch einige Millimeter der Umgebung um den Körper. Wenn dies aber Absicht war - könnte dann das Turiner Grabtuch späteren Generationen als Beweis für diesen Eingriff hinterlassen worden sein? Liegt uns nun im 21. Jahrhundert ein Gegenstand, ein „Zeuge“ vor, der bei einem der phantastischsten Augenblicke in der Menschheitsgeschichte anwesend war?

## *Das leere Grab*

War das Grab Jesu in Jerusalem vor 2000 Jahren Schauplatz dieses mysteriösen Prozesses, der das Körperbild auf das Tuch prägte? Bibelforscher meinen, dass es sich bei diesem Grab wohl um ein Felsengrab handelte. Derartige Felsengräber gab es in Palästina der dortigen günstigen geologischen Gegebenheiten wegen in großer Zahl. Die meisten dieser Grabkammern aus dem 1. Jahrhundert haben in der Mitte einen rechteckigen, etwas vertieften Platz mit einer umlaufenden Felsbank; in den Wänden Nischen, in welche die Leichen hineingeschoben wurden. Jesus` Leichnam wurde wahrscheinlich in eine Art Felsentrog gelegt innerhalb einer Grabkammer, das Tuch wurde dabei auf den Boden des Troges gelegt, eben ausgebreitet, und mit der anderen Tuchhälfte wurde der Leichnam kopfüber bedeckt.

An der Stelle, an der die Überlieferung das Grab Jesu lokalisierte, steht heute die Grabeskirche. Archäologen, die seit etlichen Jahren dort tätig sind, bestätigten das Vorhandensein der Überreste eines Steingrabes aus dem 1. Jahrhundert, und zwar unterhalb der sogenannten „Grabbank Christi“. Martin Biddle, Professor für mittelalterliche Archäologie an der Universität Oxford, gab im September 1998 bekannt: „Wir konnten belegen, dass sich hier die Überreste dreier in Abfolge errichteter Bauwerke und das ursprüngliche, aus dem Stein geschlagene Grab befinden.“ Der Professor und sein Team von Freiwilligen arbeiteten zusätzlich noch mit Computer-Modellen, der Auswertung von Pilgerberichten und strukturellen Untersuchungen. Sie konnten nachweisen, dass Teile der Außenmauer des Schreins aus dem 4., dem 11. und dem 16. Jahrhundert stammen und den Stein des ursprünglichen Grabes umgeben.

Haben wir es zu tun mit dem einstmaligen Schauplatz eines der rätselhaftesten Ereignisse der christlichen Weltgeschichte? Was immer vor 2000 Jahren in dieser Grabkammer geschah - es fand statt ohne Zeugen. Am dritten Tag nach der Kreuzigung und Grablegung Jesu wurde das Grab nach Angabe der Evangelien leer aufgefunden, obwohl es verschlossen und versiegelt gewesen war und gut bewacht worden sein soll. Über die Frage „Wie verließ Jesus das Grab?“ haben sich 2000 Jahre lang die Gemüter erhitzt. Die Meinungen gingen betreffs dieser Streitfrage weit auseinander. Der Streit ging hauptsächlich um die Behauptungen „auf natürliche Weise“ und „auf übernatürliche Weise“. - Die Juden in Palästina bevorzugten von Anfang an die Annahme, der Leichnam sei ganz einfach gestohlen worden; als Diebe vermuteten sie einige Angehörige der Jünger Jesu. In anderen jüdischen Kreisen erklärte man sich das leere Grab mit dem Ereignis einer plötzlichen Überschwemmung, die auch das Grab betroffen habe und den Leichnam fortschwemmte. Die jüdische Schrift „Toldoth Jeschu“ verbindet beide Versionen miteinander und sagt aus, Judas habe Jesu Leichnam gestohlen und ihn in den Wasserkanal seines Gartens geworfen, von wo aus er im kalten Nass davongetrieben sei. Als die Jünger dann den Leichnam nicht mehr fanden, glaubten sie, er sei auferstanden, so diese jüdische Schrift.

Diese und andere „natürliche“ Erklärungen fanden vom 1. Jahrhundert an bis heute immer wieder ihre Vertreter. So brachten schon früh Christengegner die „Gärtner-Version“ ins Gespräch: der Gärtner, so behaupteten sie, habe den Leichnam entfernt, um seinen Salat vor den Tritten der herumlaufenden Jünger zu schützen, und habe so mit dem leeren Grab die Grundlage für den Auferstehungsglauben geschaffen.

Bibelforscher E. Schweitzer schrieb, es wäre auch möglich, dass man Jesu Leichnam herausgeholt habe, weil ein hingerichteter Gotteslästerer kein ordentliches Begräbnis haben sollte. Oder, so Schweitzer, Jesus blieb in seinem Grab. Denn „woher wissen wir, dass Maria nicht am falschen Grabe stand?“ Vielleicht, so vermutete Schweitzer, habe sie die Beisetzung nur von ferne gesehen und sei am Ostermorgen irrtümlich zum falschen Grab gegangen?

Die Zeit der Aufklärung mit ihrem Bestreben, die christliche Überlieferung rational fassbar zu machen, brachte die Hypothese von Jesu Scheintod ins Gespräch. Eine Verbindung des Jesus mit den Essenern, deren ins Wunderbare erhöhte Heilkunst zur Anwendung kam, wurde ebenfalls erwogen.

Auf der anderen Seite haben wir die Vertreter der „übernatürlichen“ Erklärung. Der Evangelist Matthäus redet von einem „Engel“, der vom Himmel herabgekommen sei und den Stein vom Grab wälzte, worauf er zwei Frauen - die ersten Besucher des Grabes am Ostermorgen - das bereits leere Grab zeigte. Generationen von Kirchenvätern bis hin zu unseren modernen Bibelforschern stellten sich das mysteriöse Verlassen des Grabes so vor, dass Jesus aufgrund seines neuen „Auferstehungsleibes“ irgendwie durch die materiellen Steinmauern geschwebt sei. Der kritische Exeget H. Küng ist der Meinung, diese übernatürliche Erklärung sei „durch die naturwissenschaftlichen Erkenntnisse verdächtig geworden“. Vielen modernen Theologen erscheint in Zusammenhang mit dem vom Denken unserer Zeit geprägten Weltbild die Zumutung, mit der Realität des leeren Grabes rechnen zu sollen, ungeheuerlich. Sie halten das Ereignis nach den selbstverständlichen Grundkenntnissen der Gegenwart für unmöglich.

*Das leere Grab in einer liturgischen Darstellung.*

*Grabkammer aus dem 3. Jahrhundert, ausgegraben in Jerusalem.*

Doch die allermodernste High Tech-Grabtuchforschung scheint eher für die „übernatürliche“ Erklärung des Grabes zu sprechen und versucht, das anscheinend „Übernatürliche“ wissenschaftlich zu entlarven und zu erklären. Wenn das Turiner Grabtuch tatsächlich das wahre Leichentuch Jesu sein sollte, so hat sich vor 2000 Jahren etwas wirklich Phantastisches ereignet. Das deutet auch eine bestimmte Textstelle im Neuen Testament an.

Das 20. Kapitel des Johannes-Evangeliums ist das Paradebeispiel für einen schwierigen Text, der sowohl den alten Kirchenvätern als auch zahlreichen Generationen späterer Bibelforscher Kopfzerbrechen bereitet hat. In einer heutigen deutschen Übersetzung (Elberfelder Übersetzung) lautet die hier interessierende Textstelle, bei der es sich um den Bericht von der Auffindung des leeren Grabes Jesu am Morgen durch die beiden Jünger Petrus und Johannes handelt, folgendermaßen: „Da gingen Petrus und der andere Jünger hinaus; sie liefen beide zusammen dorthin, aber weil der andere Jünger schneller war als Petrus, kam er als erster ans Grab. Er beugte sich vor und sah die Leinenbinden liegen, ging aber nicht hinein. Da kam auch Simon Petrus, der ihm gefolgt war, und ging in das Grab hinein. Er sah die Leinenbinden liegen und das Schweißtuch, das auf dem Kopf gelegen hatte; es lag aber nicht bei den Leinenbinden, sondern zusammengebunden daneben an einer besonderen Stelle. Da ging auch der andere Jünger, der zuerst an das Grab gekommen war, hinein; er sah und glaubte. Denn sie wussten noch nicht aus der Schrift, dass er von den Toten auferstehen musste.“

Dieses „er sah und glaubte“ hat sich im Laufe der Zeit zur Gretchen-Frage der Grabtuchforschung entwickelt. Was sah der Jünger? Und was glaubte er? Sah er das Bild auf dem Tuch? Dazu hätte er in das Tuch hinein- bzw. unter die obere Tuchhälfte schauen müssen. Im Neuen Testament ist dies Bild auf dem Grabtuch nirgends erwähnt. Das Schweigen der Evangelien über ein Bild im Tuch ist ein oft hervorgehobenes Argument der Zweifler an der Echtheit des Turiner Grabtuches. Aber aus dem Schweigen des Neuen Testamentes auf das Nichtvorhandensein von einem Bild auf dem Tuch zu schließen, ist voreilig und falsch. Wenn

Prof. John Jackson damit recht hat, dass die Bildspuren möglicherweise zuerst nur gebleicht auf dem Tuch auftraten und sich erst später bräunten, dann wäre zu diesem frühen Zeitpunkt das Bild auf dem Grabtuch noch gar nicht zu sehen gewesen.

Trotzdem erregte aus irgendeinem Grund die Lage der Tücher nach Joh. 20 die Verwunderung der beiden Jünger, die an diesem Morgen das Grab leer fanden - und bis heute erregt diese Textstelle die Vorstellungskraft der Bibelforscher und Theologen.

Die Exegeten Werner Grimm und Otto Betz verstanden die strittige und problematische Textstelle auf folgende Weise: Johannes und Petrus betraten die Grabkammer und betrachteten die unverändert liegenden Tücher. Die „erstaunliche Statik des Grabtuches“ ist für sie der Beweis dafür, dass Jesus auferstanden und durch den Stoff „wunderbar hindurchgeschritten“ ist. Grimm und Betz finden diese Vorstellung „befremdlich“, sehen in ihr aber einen Beweis für das Mysterium der Auferstehung.

Ähnlich stellte sich der Illustrator des Utrechter Psalters diese Ostermorgen-Szene vor. Seine Miniatur, die wohl um 825 in Hautvillers bei Reims entstand, zeigt das Grab Christi mit einem Engel, der am Ostermorgen den Frauen die Auferstehung verkündet. In dem Grab ist durch die Öffnung die obere Hälfte des Tuches zusammen mit dem Schweißtuch so zu sehen, dass man den Eindruck gewissen könnte, als ob die Tücher den Leichnam noch umhüllen würden.

Dieses Auffinden der Tücher spielt für die Grabtuchforschung eine große Rolle. Fanden die beiden Jünger das Tuch unberührt aber zusammengefallen vor? Der Bibel- und Grabtuchforscher Robert Babinet wies auf Stellen im Tuchbild hin, die darauf hinweisen, dass unter dem Kinn des Toten und zwischen dem Rück- und Vorderkopf eine Kinnbinde gewesen zu sein scheint. War am Ostermorgen das Kinnband immer noch an der Stelle, wo Jesus Kopf gewesen war und in der gleichen Form? Erkannten die beiden Jünger sein Vorhandensein deutlich dort an der richtigen Stelle, da das Leinentuch an dieser Stelle nicht so herabgesunken war und sich über der Kinnbilde bauschte?

Am ehesten Sinn macht die Johannes-Stelle, wenn sie bedeutet, dass das Grabtuch zusammengesunken, unberührt im leeren Grab lag, die Verwunderung der beiden Jünger erregte und sie dazu brachte, etwas zu „glauben“, das der Evangelist leider nicht ausspricht: An das unerklärliche Verschwinden des Körpers aus dem Tuch - später als Auferstehung gedeutet?

## *Auferstehung oder Dematerialisation?*

Der einfache Kirchgänger stellt sich die Auferstehung Christi meist so vor: der tote Jesus erwacht wieder zum Leben, setzt sich auf, streift das Grabtuch von sich, klettert aus dem Steingrab und... Da spätestens wird die Vorstellung schwierig, denn laut der Evangelien marschierte er ja nicht einfach aus der Grabkammer heraus, sondern er verließ auf geheimnisvolle Weise das bewachte, verschlossene und versiegelte Grab, ohne dass die Wächter dies bemerkten.

Die Grabtuchforschung hat inzwischen einwandfrei festgestellt, dass der Körper, der im Turiner Grabtuch lag, dieses verlassen haben muss, ohne es zu berühren. Das beweisen die intakten, unverschmierten Blutflecken. Wie also verließ der Körper das Tuch? Ist etwas dran an der geheimnisumwitterten Auferstehung?

Während noch in unserer Zeit die Auferstehung Jesu als DAS WUNDER schlechthin bezeichnet wird, wollen andererseits die im Auftrag der Kirche lehrenden Theologen dieses „Wunder“ nicht als in der realen Geschichte vorkommende Tatsache anerkennen. Es soll sogar vorgekommen sein, dass Theologiestudenten, die in der Prüfung von der historischen Tatsache der Auferstehung ausgingen, bei sonst ausgezeichneten Ergebnissen deswegen fast durchgefallen sind. Trotzdem wird die Auferstehung aufgezählt im Glaubensbekenntnis der Katholiken. In den Gelehrtenstuben entwickelte sich das mysteriöse Ereignis zum Stein des Anstoßes und zum Hauptgrund für erbitterte Streitereien. Man sprach von

„Auferweckung", „Anastasis", von dem „schwersten und tiefsten Geheimnis des Christentums", schimpfte über den „Ärgernischarakter einer Randaussage" der Heiligen Schrift und machte die Auferstehung zur Schicksalsfrage für das Christentum schlechthin. Spricht man heute über dieses Thema, löst man oft genug bei aufgeklärten Zeitgenossen des Raumfahrtzeitalters nur ein überlegenes Lächeln über die ewig Gestrigen aus.

Experten fachsimpeln über ein „hyperhistorisches, die Geschichte aufhebendes, hyperphysikalisches, die Physik aufhebendes Ereignis", rätseln, ob das Ereignis überhaupt innerhalb unserer Erfahrungswelt stattfand, bringen „Supernaturalismus" und göttliche Intervention oder Einmischung ins Gespräch. Schon die alten Kirchenväter stritten darüber, ob „Gott oder der Sohn" die Auferstehung bewirkt habe, während mittelalterliche Künstler den Heiligen Geist mit in die Auswahl brachten, der auf einigen Bildern in Form einer Taube auf der Schulter des Gottessohnes sitzt und sich anschickt, ihm ins Ohr zu fliegen, um auf irgendeine Weise die Auferstehung von den Toten zu bewirken.

Der Glaube aber an diese geheimnisvolle und umstrittene Auferstehung fußt zu einem wesentlichen Teil auf „dem leeren Grab". Sindonologen aus kirchlichen Kreisen wollen denn auch gern die Bildspuren auf dem Turiner Grabtuch als „Momentaufnahme der Auferstehung" sehen. So argumentierte auch Prof. Lindner. Er sieht durch die Existenz des Turiner Grabtuches bestätigt, „dass hier über einen ‚naturwissenschaftlichen Indizienbeweis' ein völlig neuer Zugang zur Frage der Auferstehung von Jesus Christus eröffnet wird, denn einige Spuren auf diesem stummen, materiellen, darum auch unparteiischen ‚Zeugen' sind nur dann erklärbar, wenn dieses einzigartige Ereignis auch wirklich einmal stattgefunden hat." Aus Prof. Lindner spricht hier freilich eher der Theologe als der Naturwissenschaftler, denn geht man die Bildentstehung von neutraler - nicht religiöser - Seite aus an, so sind durchaus auch andere Vorgänge als möglich denkbar. Mit dem Glauben an die „mysteriöse Auferstehung" mag sich die Kirche zufrieden geben - die Wissenschaft muss weitergehen.

Was Prof. Lindner „das Verschwinden des Leichnams aus dem Dasein“ nennt, könnte man aber aufgrund der Kollaps-Hypothese von John Jackson auch als versetzt / teleportiert werden des Körpers an einen anderen Ort (oder in eine andere Zeit) verstehen, einen Ort, der durchaus nicht jenseits unseres „Daseins“ zu suchen sein muss.

„Es ist aber doch die Frage“, so schreibt Werner Bulst, „ob ein solches übernatürliches ‚transphysikalisches' Geschehen die physikalisch-chemischen Veränderungen auf dem Tuch bewirkt haben sollte.“ Sollte ein allmächtiger Gott für sein „Wunder“ ausgerechnet eine Strahlung im soundsoviel Nanometer-Bereich benötigen?

Was, wenn wir statt einer „göttlichen Einmischung“ einen Prozess annehmen, der - ob nun innerhalb der uns bekannten physikalischen Gesetze oder als Beispiel für das Zeugnis einer „neuen Physik“ - von unserer Wissenschaft nur noch nicht erkannt und erklärt werden konnte? Dieser Prozess könnte den Körper aus dem Tuch und von seinem Aufenthaltsort „versetzt haben“ - wohin auch immer - oder ihn für Materie durchlässig gemacht haben, wobei dieser Prozess den Vorgang als „Bild“ auf die Innenseite des Tuches „brannte“ bzw. die obersten, dem Körper zugewandten Faserspitzen der Leinenfäden oxydierte und dehydrierte.

Das widerspricht auch nicht der Annahme Prof. Lindners, der schreibt: „Das Zurücksinken der Materie ins Nichts ist mit einer geringen Strahlung verbunden, welche die Spuren auf dem Grabtuch erzeugt hat.“ Aber in das „Nichts“ wird der Körper wohl kaum verschwunden sein! - Prof. Lindner hat natürlich recht, dass sich solch ein Vorgang - das Verschwinden der materiellen Bestandteile des Körpers aus dem Dasein ins Nichts bzw. das Verschwinden des Körpers an einen anderen Ort (oder in eine andere Zeit) - einer Überprüfbarkeit durch wiederholbare Experimente entzieht. Nach seiner Meinung „können wir heute mit Hilfe der chemischen und spektralanalytischen Untersuchungsmethoden bis zu dem Ufer vordringen, das uns eine Aussicht auf die geschichtliche Tatsache der Auferstehung ermöglicht und damit eine andere Wirklichkeit jenseits der materiellen Welt aufleuchten lässt.“ - Prof. Lindner betrachtet das Geschehen jedoch eher von seiner theologischen als naturwissenschaftlichen Warte aus. Es ist durchaus vorstellbar, dass unsere moderne Wissenschaft nach dem „teleportierten" Lichtteilchen so weit fortschreitet, dass eines Tages das Versetzen eines größeren Gegenstandes von Ort zu Ort möglich sein wir. Egal, wie lange wir darauf noch warten müssen: genau dann könnte aber bereits die nötige High Tech zur Verfügung stehen, um die Bildentstehungsursache endlich auch experimentell zu imitieren und damit zu erklären!

Fand vor gut 2000 Jahren eine Art Ortsversetzung statt? Verließ der Körper das Grabtuch und das Felsengrab auf eine Weise, die wir bisher nur aus unserer Science Fiction-Literatur kennen unter den Begriffen Beamen, Teleportation oder Nullzeitreise? Das würde auch die umstrittenen „Erscheinungen Jesu" zwischen Auferstehung und Himmelfahrt erklären, bei denen er plötzlich in verschlossenen Räumen auftauchte oder sich vor den Augen von Zeugen dematerialisierte. - Wohin auch immer der tote Körper aus dem Grab verschwand, das Neue Testament lässt bald darauf einen quicklebendigen Jesus herumlaufen und handeln, als sei er eine Art Captain Kirk, der sich hierhin und dorthin beamen lassen kann.

Da taucht er plötzlich innerhalb eines verschlossenen Raumes bei seinen Jüngern auf, die zuerst meinen, einen körperlosen Geist zu sehen; dann noch ein zweites Mal im gleichen Raum, doch diesmal mit dabei: der altbekannte „ungläubige Thomas", der erst glaubt, dass es wirklich Jesus ist, der sich im Raum materialisierte, als er seinen Finger in seine Wunde legte: „Thomas aber, einer von den zwölfen, genannt Zwilling, war aber nicht bei ihnen, als Jesus kam. Da sagten die anderen Jünger zu ihm: Wir haben den Herrn gesehen. Er aber sprach zu ihnen: Es sei denn, dass ich in seinen Händen das Mal der Mägel sehen und meine Finger in das Mal der Nägel lege, und lege ich meine Hand in seine Seite, so werde ich glauben. Und nach acht Tagen waren seine Jünger wiederum drinnen und Thomas bei ihnen. Da kommt Jesus, als die Türen verschlossen waren, und stand in ihrer Mitte und sprach: Friede euch!" (Johannes 20, 24 - 26)

Vor den Augen zweier Jünger aus Emmaus, die ihn zum Essen eingeladen haben, verschwindet er nach dem Mahl ins Nichts. Joseph von Arimathia, von dem die Bibelforscher annehmen, er sei es gewesen, der Jesus bestattete, erlebte solch eine „Erscheinung“. Das Evangelium Nicodemi, das im 4. Jahrhundert niedergeschrieben wurde und als ältester Bericht über Joseph von Arimathia gilt, schildert dieses Ereignis. Die Juden hatten, so heißt es da, Joseph ergriffen, festgenommen und in einem fensterlosen Raum gesperrt. Vor die Türen hatte man Wächter postiert und die Türe zusätzlich noch versiegelt. Man hatte Joseph vorgeworfen, schuld zu sein am unerklärlichen Verschwinden Jesus aus dem bewachten und verschlossenen Grab. Und nun erschien plötzlich Jesus mitten im Kerker. „Und er ergriff mich bei der Hand und versetzte mich bei verschlossenen Türen mitten in mein Haus“ lässt das Evangelium Nicodemi den Joseph selbst erzählen. Als der Hohe Rat tagte und man befahl, Joseph vorzuführen, erwarteten die Leute eine Überraschung: „Und als sie die Tür (des Gefängnisses) öffneten, fanden sie ihn nicht vor. Und das ganze Volk war außer sich, und sie waren erschrocken, denn sie fanden die Siegel ordnungsgemäß versiegelt.“

Wie gelang es Jesus, aus einem verschlossenen und bewachten Grab zu entweichen? Wie „sprang“ er mit Joseph von Arimathia in dessen verschlossene Wohnung? Wie konnte er bei den Jüngern innerhalb verschlossener Räumlichkeiten auftauchen, und wie konnte er vor den Augen von Zeugen ins Nichts verschwinden?

Ein Bibellexikon, herausgegeben von Fritz Rienecker, erkärt diese mysteriösen „Erscheinungen“ ganz einfach: „In Wirklichkeit war sein Auferstehungsleib nicht mehr den irdischen Bedingungen des Stoffes, der Zeit und des Raumes unterworfen. Darum konnte der Auferstandene in verschlossenen Räumen erscheinen.“ - Nun streiten sich aber die Bibelforscher seit Jahrhunderten darüber, was denn unter diesem „Auferstehungsleib“ zu verstehen sei und haben längst eingesehen, dass diese schwammige Erklärung überhaupt nichts erklärt. Klar ist: so „unstofflich“ kann Jesus Körper gar nicht gewesen sein, denn er ließ sich ja betasten und speiste mehr als einmal während eines dieser Begegnungen im Kreise seiner Jünger. Ottfried von Weißenburg sagte es schon im 9. Jahrhundert in seinem „Evangelienbuch“ mit netten Verslein kurz und knapp: „Denn jeder, der da essen kann, ist ein leibhafter, wahrer Mann...“

Bis zum heutigen Tag werden diese „Erscheinungen des Herrn“ als das Fest der Epiphanie in der Katholischen Kirche gefeiert. Bibelforscher und Theologen tun sich jedoch schwer mit diesen Aktionen Jesu und erinnern immer wieder gerne an die „Grenzen der menschlichen Sprache“, mit denen gerade hier zu rechnen sei bei solch phantastischen Berichten. Sie rätseln, ob man es mit wirklichen, visuellen Wahrnehmungen der Jünger und betroffenen Personen zu tun habe, oder ob es Begegnungen mit Jesus gewesen seien, „in seiner pneumatisch-realen österlichen Daseinsweise“. Sie fragen sich, ob es sich um einen rein geistigen Vorgang gehandelt habe in den Seelen der Jünger, um Wunschdenken etwa. Habe man es zu tun mit einem psychologischen Wunder, mit Visionen oder einem geheimnisvollen „Offenbarungsvorgang“? War dies Jesus „Gegenwart in verklärter Leiblichkeit“ - oder einfach nur ein Traum der Jünger? - Exeget Mussner empfindet Jesu Erscheinungen als ein „eigenartiges Phänomen, das auf seine theologische und hermeneutische Bedeutung hin noch zu untersuchen“ sei. - Oder auf seine technologische? Das Turiner Grabtuch öffnet hier ganz neue Türen. Wenn Jesus aus Grabtuch und Grab verschwand durch einen Prozess, der durch einen geheimnisvollen aber irgendwann wissenschaftlich erklärbaren Strahlenblitz ein Körperbild auf das Tuch brannte, so kann man heute die mysteriösen Erscheinungen Jesu mit ganz anderen Augen betrachten. Haben wir es mit Ortsversetzungen in Nullzeit zu tun? Mit Teleportation, Beam-Vorgängen oder mit einer Begegnung, der irgendwie mit Versetzung in der Zeit zu tun hatte? Vielleicht gibt uns die Antwort auf die Frage um die Bildentstehung des Turiner Grabtuches auch die Antwort auf die Frage um den Vorgang der sogenannten „Erscheinungen Jesu“.

Doch etwas ist rätselhaft: der Körper, der im Tuch lag - bzw. offenbar nicht mehr lag - während der Bildentstehung, war definitv tot. Wer aber war es dann, der da springlebendig in verschlossenen Räumen auftauchte, sich mitsamt Joseph von Arimathia von Ort zu Ort versetzte und vor Zeugen ins Nichts verschwand? Auf diese Frage gibt es derzeit noch keine Antworten.

*Das Grabtuch wurde immer wieder mit bloßen Händen berührt, wie hier bei einer Ausstellung anno 1579. Dadurch erfolgten natürlich auch Verunreinigungen.*

*Das Grabtuch im Reliquiar der Kapelle in Turin.*

# *Kapitel V*

# Immer wieder Überraschungen

## *Bioplastikschicht und DNA-Analyse*

Die Erforschung des Turiner Grabtuches hielt immer wieder Überraschungen bereit. Als Leoncia Garza-Valdes, ein Mikrobiologe am Health Center der Universität von Texas in San Antonio, im Jahr 1988 vom überall sensationell verbreiteten Ergebnis des Radiokarbontests dieser Reliquie hörte, schenkte er diesem nicht viel Beachtung. War er doch mit einer viel spannenderen Materie beschäftigt, als einer kirchlichen Reliquie: mit alten Artefakten Mittelamerikas. Ein Jadestück der mexikanischen Kultur, genannt Itzamna Tun, war einer Radiokarbondatierung unterzogen und dann von Kunsthändlern in New York als Fälschung erklärt worden, da es um gut 600 Jahre zu jung war, um „echt" zu sein. Garza-Valdes, der bei der Untersuchung antiker Artefakte auf eine Art Bioplastikschicht gestoßen war, die er verantwortlich machte für ein falsches Datierungsergebnis, untersuchte diese Jadefigur. Auch dieses Artefakt war von einer dicken Schicht überzogen, die als Nebenprodukt von Bakterien und Pilzen entstanden war und sehr wahrscheinlich ein falsches C-14-Ergebnis verursacht hatte.

Einige Jahre später kam Garza-Valdes auf die Idee, es könnte sich auch auf dem Turiner Grabtuch eine derartige Schicht befinden und das C-14-Ergebnis verfälscht haben. Wäre es nicht angebracht, Originalproben des Tuches unter diesem neuen Aspekt zu examinieren? Garza-Valdes wandte sich an Vater Faustino Cervantes Ibarrola, den Direktor des mexikanischen Zentrums für Grabtuchforschung. Ob Vater Cervantes bereit sei, ihn nach Turin zu begleiten? Er, Garza-Valdes, wolle dort Originalproben des berühmten Grabtuches untersuchen.

Cervantes schickte am 26. April 1993 ein Fax an Kardinal Giovanni Saldarini, den Erzbischof von Turin, in dem er um Zugang für Garza-Valdes zum Turiner Grabtuch bat, da dieser einige Untersuchungen am Originalmaterial vorzunehmen gedenke. Obwohl keine Antwort eintraf, bereiteten beide sich frohen Mutes auf die Reise vor, in der Hoffnung, in Turin werde sich schon alles regeln lassen.

Beide Männer hätten diese Reise ganz sicher nicht angetreten, wenn sie gewusst hätten, dass bereits ein Antwortfax mit einer klaren Absage an sie abgeschickt worden war - dummerweise an eine falsche Adresse in Mexiko City! (Dieses Fax fanden Garza-Valdes und Cervantes erst nach ihrer Rückkehr vor, es hatte sie auf Umwegen doch noch erreicht, jedoch zu spät.)

Nichtsahnend und optimistisch flogen die Beiden, gemeinsam mit einem Sohn Garza-Valdes, am 15. Mai 1993 nach Italien. Und wieder sollten sie unglaubliches Glück im Unglück haben. Als sie sich im Bahnhof von Mailand die Bahntickets nach Turin besorgten, wurde die Aktenmappe von Vater Cervantes - mitsamt Messbuch und anderen persönlichen Sachen - gestohlen, während die Diebe die wirklich wertvollen Dinge übersahen: das gesamte technische Equipment: ein Mikroskop, eine Computerkamera, ein Fiberoptikgerät usw.

Eingetroffen in Turin telefonierten sie mit Prof. Gonella, dem wissenschaftlichen Berater des Erzbischofs. Gonella war auch durchaus einverstanden, sich mit den drei Fremden - nach der Messe - in der Kirche von Don Bosco zu treffen. Die gastfreundlichen Priester dieser Kirche stellten für dieses Meeting einen besonderen Raum zur Verfügung und erlaubten Vater Cervantes, an diesem Abend die Messe mit zu zelebrieren.

Dieses erste Treffen mit Prof. Gonella verlief für die drei Weitgereisten eher enttäuschend. Der bekannte Professor gab sich reserviert, paffte eine Pfeife und schien überhaupt nicht interessiert zu sein an der Bioplastik-Hypothese. Er war äußerst skeptisch, um es milde auszudrücken. Diese Schicht, so meinte er, würde ja das Gewicht des Tuches verdoppeln - und dies sei nicht der Fall. Garza-Valdes konterte: da wir das Gewicht von vor 2000 Jahren gar nicht kennen, könne man so etwas nicht behaupten. Garza-Valdes packte seine mitgebrachten Fotos aus, auf denen Maya-Jadefiguren zu sehen waren, und erklärte Gonella die auf den Figuren sichtbare Bioplastikschicht. Es sei doch sehr gut möglich, so verteidigte er sich, dass solch eine Schicht auch auf dem Turiner Grabtuch vorhanden sei, und dass diese zu einem falschen C-14-Ergebnis geführt haben könnte. Alles, was er wolle, so beteuerte Garza-Valdes, sei die Möglichkeit, eine Probe dieses Tuches zu untersuchen. Er wolle dieses Stück nicht einmal mitnehmen, er habe das technische Equipment mitgebracht. (Nur gut, dass die Diebe einen „Fehlgriff“ getan hatten in Mailand!) Gonella erwiderte, es sei ganz und gar unmöglich, die Erlaubnis zu erhalten, die kostbare Reliquie aus dem Silberschrein zu nehmen, ganz zu schweigen von der Entnahme einer Probe.

Zwei weitere lange Stunden gab Garza-Valdes sich alle erdenkliche Mühe, Gonella umzustimmen, und bombardierte diesen mit Daten und Fakten seiner Erforschung altmexikanischer Artefakte, der dort entdeckten Bioplastikschicht und der Auswirkung dieser auf die C-14-Datierung. Allmählich wurde Gonella mürbe und stimmte zuguterletzt zu, mit Kardinal Saldarini zu reden.

Am nächsten Tag informierte Gonella statt dessen zunächst einmal Prof. Giovanni Riggi - uns wohlvertraut durch den Bericht über die Probenentnahme von 1988 - von diesem Gespräch. Riggi traf sich mit den drei Fremden abends im Hotel - und sollte dieses nach langen anregenden Gesprächen erst am folgenden Morgen wieder verlassen. Garza-Valdes war überrascht und erleichtert über die Begeisterung Riggis, mit der dieser die brisante Hypothese einer Bioplastikschicht und eines möglicherweise falschen C-14-Ergebnisses aufnahm. Vater Cervantes hatte all die Gespräche vom Spanischen ins Italienische übersetzt, und Prof. Riggi versprach, sich in der nächsten Woche wieder mit ihnen zu treffen, denn er sei der Meinung, diese Theorie verdiene eine genauere Untersuchung.

Nun blieb nur noch die Aufgabe, Kardinal Saldarini zu überzeugen. Dieser weigerte sich jedoch, die Männer persönlich zu empfangen und speiste sie mit seinem Sekretär Morello ab. Während des Gesprächs mit diesem, das auf Englisch geführt wurde (Morello hatte anscheinend keine Ahnung von den Italienisch-Kenntnissen Vater Cervantes), nahm der Sekretär einen Anruf entgegen, bei dem er abfällig - auf Italienisch - in den Hörer sagte: „Mit diesen Leuten werde ich in fünf Minuten fertig!“ Garza-Valdes und seine Begleiter, bis eben noch guter Hoffnung gewesen, sahen nun ihre Chancen dahinschwinden. Nachdem sie kurz und bündig abgefertigt worden waren, gönnten sie sich erst einmal einen Besuch der Kathedrale, um wenigstens das Silberreliquiar anzuschauen, in dem - hinter kugelsicherem Plexiglas - das Objekt ihrer Forscherneugierde verborgen lag.

Tags darauf marschierten sie zum Haus des Prof. Riggi, völlig ahnungslos der Überraschung, die sie dort erwartete. Als sie die Bibliothek betraten, sahen sie dort einige Pakete stehen, die Riggi, wie er ihnen erklärte, aus seinem persönlichen Bankschließfach geholt habe. In einem dieser Pakete, so erkärte er den Männern freudestrahlend, sei eine Petrischale, drei Stücke enthaltend, die vom Rand des Originaltuches stammten! Es handelte sich um die Probenstücke, die 1988 übriggeblieben waren bei der Entnahme und Beschneidung der drei Proben für die C-14-Laboratorien. Riggi hatte sie seitdem in seinem Bankschließfach verwahrt. Er nahm einen braunen Umschlag mit Schnüren, auf dem ein rotes Wachssiegel mit den unverwechselbaren Siegeln von Gonella und Riggi zu sehen war. Riggi brach die Siegel, öffnete den Umschlag und den darin befindlichen Behälter und nahm drei kleine Leinenstücke heraus, die er Garza-Valdes präsentierte.

Endlich konnte Garza-Valdes zur Tat schreiten. Er machte mehr als 200 Fotos der Proben und fing an, die kostbaren Originalstücke genauestens durch das Mikroskop zu examinieren. Der Wissenschaftler war sich dabei seiner großen Verantwortung wohl bewusst, die er hier übernahm: die nächsten Minuten konnten die Ungültigkeit des C-14-Ergebnisses von 1988 bedeuten, sollte er Spuren einer Bioplastikschicht finden. - Zusätzlich zu den drei Probestücken hatte Riggi noch Stücke von durchsichtigen Klebestreifen mit Fasern der Blutzone des Grabtuches mitgebracht. Es gab darauf drei Fasern mit Blut und Bildzonenfasern. Und darüberhinaus stellte Riggi dem Wissenschaftler auch noch Staubproben zur Verfügung, die durch ein Vakuumverfahren entnommen worden waren.

Garza-Valdes war verständlicherweise nervös und gespannt, als er eine der Fasern vom Rand des Turiner Grabtuches unter das Mikroskop platzierte. Seine Neugier wurde nicht lange auf die

Folter gespannt: schon einen Moment später sah er eine deutliche Bioplastik-Ummantelung auf der Faser. „Sie ist da!“ rief er erregt aus. „Es ist eine Bioplastikschicht auf der Probe!“ - Sogar ein ungeübter Beobachter konnte erkennen, dass die Fasern des Fadens komplett umhüllt waren mit dieser Schicht. Jeder der Anwesenden schaute durchs Mikroskop, und sie alle fühlten die Bedeutung dieses Augenblickes. Garza-Valdes machte Fotos mit der Mikroskopkamera und untersuchte dann auch die Klebestreifenproben. Und tatsächlich stellte sich heraus: auch hier gab es Spuren der Bioplastikschicht. Eine Bildzonenfaser hatte sogar eine Schicht, die dicker war, als die Faser selbst!

Auf diese aufregende Entdeckung stießen die Männer mit einem alten Brandy an und verbrachten dann den Rest des Abends mit hitzigen Diskussionen über die Bedeutung und die Folgen dieser Entdeckung. Als Garza-Valdes, durch den Brandy mutig geworden, Riggi ganz bescheiden befragte, ob es möglich sei, ihm einige Originalproben mit nach San Antonio zur weiteren Untersuchung mitzugeben, meinte dieser gelassen und großzügig: „Dafür sind die Proben ja schließlich da!“ - Mit dieser wohlwollenden Geste sollte Riggi in kirchlichen Kreisen in der Folge viel Staub aufwirbeln, denn dort war man mit dieser Großzügigkeit keineswegs einverstanden. (Das Turiner Grabtuch war inzwischen in den Besitz des Heiligen Stuhles übergegangen.)

Garza-Valdes aber war überglücklich, denn Riggi verlangte nicht einmal die spätere Rückgabe dieser Proben. Und somit machten sich Garza-Valdes, sein Sohn und Vater Cervantes mit Fasern und Probeteilen der Klebefolien vom Originaltuch auf die Heimreise. Das dann zu Hause vorgefundene Fax mit der Absage aus Turin mag sie sicher nur noch zum Schmunzeln veranlasst haben. Ihre Reise ins Ungewisse hatte sich mehr als gelohnt!

Vor der Rückkehr nach Texas meldete sich Garza-Valdes von Turin aus für ein Symposium der Grabtuchforschung als Referent an, das im Juni des gleichen Jahres in Rom stattfinden sollte. Das Center für Internationale Studien des Turiner Grabtuches

(CIELT), Veranstalter dieses wissenschaftlichen Symposiums, bewilligte Garza-Valdes kurze 15 Minuten Redezeit. Die Zuständigen von CIELT waren nicht gerade begeistert von einem Vortragsredner, der etwas von „Champignons" auf dem Turiner Grabtuch vortragen wollte - die Sprachbarriere hatte in diesem Fall zu einigen Verständigungsschwierigkeiten und Missverständissen geführt.

Als es dann soweit war, stieß Garza-Valdes Vortrag auf allgemeine Skepsis und Ablehnung. Einige CIELT-Mitglieder meinten jedoch nach dem Vortrag, dass man das Tuch wohl erneut datieren sollte, falls Garza-Valdes „Champignons" (!) tatsächlich die Ursache für ein falsches C-14-Ergebnis seien. Dies sei nicht so einfach, so erklärte Garza-Valdes, da es noch kein bekanntes Verfahren gebe, wie die Proben von dieser Schicht zu reinigen seien, erschwert werde die Prozedur noch dadurch, dass diese Bakterien und Pilze immer noch lebendig seien und weitere Ablagerungen produzierten.

Wieder zurück in San Antonio machte sich Garza-Valdes eifrig und begeistert ans Werk. Er legte Kulturen an mit Material von den Tuchproben, und er versandte einen Teil des Originalmaterials an die University of Washington in Seattle, um die Proben dort unter dem Elektronenmikroskop untersuchen zu lassen. Ein kleines Fadenstück schickte er an das Chemistry Department of the Southwest Research Institute, damit sich dort Infrarot-Spezialisten der Probe annahmen. Währenddessen führte Garza-Valdes sein Studium durch im Microbiology Department des Santa Rosa Hospitals in San Antonio, mit dessen Personal er bereits seit mehr als acht Jahren erfolgreich zusammenarbeitete. Hilfe bekam Garza-Valdes darüberhinaus von Brian Tindall, einem Wissenschaftler aus Braunschweig, und von Karl Schleifer von der Technischen Hochschule in München.

Was ist das nun für eine Bioplastikschicht, die Garza-Valdes auf dem Turiner Grabtuch nachzuweisen glaubte? - Es handelt sich um eine Schicht, gebildet aus Ablagerungen von Millionen lebender mikrobiologischer Organismen, die sie im Laufe langer Zeit produzieren, ähnlich wie bei einem Korallenriff. Garza-Valdes konnte drei Typen von Bakterien und Pilzen auf der Tuchprobe nachweisen; eine dieser Bakterienarten war bislang völlig unbekannt, sie wurde - nach ihrem Entdecker - „Leobacillus rubrus“ benannt. Diese Bakterienart auf dem Turiner Grabtuch ist einzigartig und ist in der Lage, unter einer Vielfalt verschiedener Umweltbedingungen zu überleben.

Garza-Valdes wies nach, dass einige Bakterien unter bestimmten Voraussetzungen, wie Abnahme von Nahrungsmitteln oder Sauerstoff, eine Art Bioplastikschicht produzieren. Diese bildet einen stabilen Belag, der durch eine symbiotische Beziehung zwischen einer bestimmten Pilzart und einer Bakterienart entsteht. Nach einer langen Periode dieser Symbiose bildet sich diese Ablagerung, deren chemische Zusammensetzung Garza-Valdes genau studierte. Er nannte die natürlich erzeugte Schicht Polyhydroxyalkanoat = PHA. Auch die Industrie kennt von Bakterien erzeugte Plastikarten namens PHB und PHV, die industriell hergestellt werden und unter dem Namen BIOPOL vertrieben werden. Im Unterschied dazu wird jedoch die Bioplastikschicht auf dem Turiner Grabtuch, die einzelnen Fasern umgebend, von diesem bislang unbekannten Bakterium erzeugt. Das besondere dieser Bakterienart: sie produziert gleichzeitig eine Art Antipilz-Substanz, die das Wachstum von Hefe und Schimmelpilz hemmt. Garza-Valdes sah hier einen Zusammenhang mit der auffallend guten Erhaltung des Turiner Grabtuches. „Die Antischimmel-Pilzsubstanz“, so schwärmte er, „demonstriert einmal mehr die wunderbare Balance, die das Grabtuch besitzt, um sich selbst zu schützen.“

Oder sorgte der unbekannte Verursacher des Vorganges, der das Bild auf dem Tuch zur Folge hatte, für diesen genialen Schutz? Befinden sich diese uns bislang unbekannten Bakterien „Leobacillus rubrus“ gar nicht zufällig auf dem Gewebe? Wurde darür Sorge getragen, dass dies Artefakt überlebte bis in eine Zeit hinein, in der seine Rätsel gelöst werden können? - Dieses natürliche Polymer - PHA -, das die Fasern des Turiner Grabtuches vor Schimmelbefall schützt, hat, so sagt Garza-Valdes, bessere Eigenschaften, als das synthetisch hergestellte Polymer! Laut Garza-Valdes ist diese Kultur der Bakterien noch lebend und produktiv. Im Laboratorium des Santa Rosa Hospitals nannten Garza-Valdes' Mitarbeiter aus Spaß diese Bakterien die „göttlichen Tierchen“; niemand dort hatte jemals zuvor diese Art von Bakterienaktivität gesehen.

Sorgen machte sich Garza-Valdes um das Turiner Grabtuch angesichts der Ausstellung im Herbst 2000. Nachdem man die kostbare Reliquie im Jahr 1978 in einem Behälter mit Nitrogen ausstellte, im Jahr 1998 in einem Behälter mit Argon, wurde im Jahr 2000 das Artefakt in einer oxygenfreien Umgebung ausgestellt. Nach Meinung von Garza-Valdes könnte dies zu einem Disaster führen, denn gerade der Bazillustyp Leobacillus rubrus gedeiht besonders gut in einer oxygenfreien Umgebung. Dies könnte die ökologische Balance auf dem Gewebe empfindlich stören - wenn dies nicht bereits geschehen ist - und sogar zu einer Zerstörung des Körperbildes führen. - Garza-Valdes: „Es ist sehr gefährlich, diese Balance zu ändern, die Gott zur Verfügung gestellt hat.“ Doch auf das Turiner Grabtuch sollte im Jahr 2002 noch etwas viel Schlimmeres zukommen, als eine oxygenfreie Umgebung.

Für Garza-Valdes lag es nahe, nachdem nun feststand, dass diese Bioplastikschicht möglicherweise die Ursache für ein falsches C-14-Ergebnis war, eine neue Altersbestimmung durchzuführen - wenn man denn schon eine Originaltuchprobe zur Verfügung hatte! Als Riggi in Turin von diesem Vorhaben erfuhr, reiste er im November 1994 eigens nach San Antonio, um Garza-Valdes ein weiteres Probestück zu bringen - und um diesen Mega-Event selbst mitzuerleben.

Nach komplizierten chemischen Reinigungsprozeduren der Proben flogen Riggi und Garza-Valdes nach Arizona und übergaben Dr. Timothy Jull im AMS-Laboratory in Tucson die gereinigte Probe mit dem Auftrag, ihr Alter zu ermitteln, während Maria, die Ehefrau Garza-Valdes', mit der anderen Hälfte der Probe nach New York flog, wo sie diese an Dr. Gove übergab. Dieser C-14-Experte nahm die Probe mit zur AMS Facility an der Universität von Toronto.

Keines der beiden Laboratorien hatte eine Ahnung davon, welch brisante Probe man ihnen da zur Altersbestimmung übergeben hatte. Garza-Valdes und Riggi warteten nun mit Spannung auf das neue Ergebnis, und als es dann vorlag, fielen sie aus allen Wolken. Dr. Jull in Arizona hatte für diese Probe das Alter von 5000 Jahren festgestellt - 3000 Jahre vor Jesus von Nazareth! In Toronto war die dortige Probe auf 800 Jahre jünger datiert worden, immer noch viel zu alt für das Turiner Grabtuch! Irgendetwas war vollständig schiefgegangen. Riggi war bestürzt, denn für diesen Test war das meiste Probenmaterial zerstört worden, und das auch noch ohne zufriedenstellendes Ergebnis! Dr. Jull war megasauer, als er im Nachhinein erfuhr, welch umstrittene Probe er da getestet hatte, und er ließ das AMS-Laboratorium einen bitterbösen Brief an Garza-Valdes verfassen und versenden.

Aber der Forscher war nicht kleinzukriegen und es gelang ihm, die Fehlerquelle zu ermitteln. Das zum Reinigen verwendete Material hatte das proportionale Verhältnis von Carbon 12 zu Carbon 14 verändert und damit das Testergebnis ruiniert. Prof. Mattingly, der Garza-Valdes beim Reinigen der Proben zur Hand ging, war durchaus bereit, noch einmal einen neuen Reinigungsversuch zu starten, falls man jemals die Erlaubnis der Kirche erhalten würde. Doch dies war nach diesem Reinfall eher unwahrscheinlich.

Seit 1996 arbeitet man an der Universität von Arizona in Tucson unter der Leitung von Douglas Donahue, einem der 1988er C-14-Tester, an einem Verfahren zum Reinigen von Proben von dieser Bioplastikschicht. - Ob es eine neue Altersbestimmung des Turiner Grabtuches geben wird, steht noch in den Sternen...

Garza-Valdes konnte der Grabtuchforschung noch ein weiteres Highlight hinzufügen: die Bestimmung männlicher DNA im Blut des Mannes auf dem Tuch. Durch Riggi hatte Garza-Valdes auch Proben aus einer Blutfleckenzone bekommen, die er untersuchen ließ. - Zunächst einmal zeigte sich, dass nur noch etwa 5% dieser Blutspuren auf der Probe vorhanden waren, während die restlichen 95% durch die die Bioplastikschicht produzierenden Bakterien und Pilze ersetzt worden waren. Nach Ansicht von Garza-Valdes hatten vor allem Pilze das Blut ersetzt, da sie dieses als Nahrung und als Energie zum weiteren Wachstum benutzten. Doch der Rest des Blutes reichte aus, um durch immunbiologisch-chemische Tests die bereits zuvor festgestellt Blutgruppe AB zu bestätigen. Um den Rhesusfaktor zu bestimmen, reichte die Probenmenge nicht aus. Die beiden Wissenschaftler, die diese Tests im Histology Department für Garza-Valdes durchführten, wussten genau, um was für eine brisante Probe es sich hier handelte. Einer der beiden witzelte: „Ich bin froh, dass der Bischof nicht hier ist. Falls er hier wäre, würde er uns sicherlich vor den Objektträgern niederknien lassen!"

Der Forscher plante darüberhinaus, die DNA dieses Blutes feststellen zu lassen, und wandte sich an Dr. Victor Tyron, den Direktor des Center for Advanced DNA-Technology in San Antonio, wo das entsprechende technische Equipment für diese Studien vorhanden war. Zunächst einmal wurde auch hier zweifelsfrei altes Blut nachgewiesen; das genaue Alter konnte jedoch mit dieser Untersuchungsmethode nicht festgestellt werden. Es konnte bewiesen werden, dass dies Blut von einer männlichen Person stammte. - Dies Ergebnis war faszinierend und provozierend und führte zu hitzigen Diskussionen - von der Weltpresse sensationell aufgemotzt und rund um den Globus verbreitet: Hatten die Wissenschaftler Beweise gefunden, das Mysterium der jungfräulichen Geburt zu widerlegen? Ließ die Gegenwart des Y-Gens darauf schließen, dass diese Person im Tuch empfangen worden war als Resultat einer normalen sexuellen Vereinigung? Sicher: die Wissenschaftler konnten nur beweisen, dass das Blut im Tuch von einem Mann stammte, nicht aber, dass es von Jesus von Nazareth stammte.

Kardinal Saldarini in Turin reagierte auf diese Untersuchungen auf seine eigene Weise. In einem Brief vom 31. Juli 1996 warf er Garza-Valdes vor, dieser habe keinen Respekt vor dem religiösen Glauben von Millionen.

Ob Glauben - oder Wissen: Die Menschheit hat sich noch nie davon abhalten lassen, auf der Suche nach der Wahrheit voranzuschreiten - und sei es auch mit den Mitteln der interdisziplinären Wissenschaften. Sie hat sich aber auch noch nie davon abhalten lassen, Fehler zu machen, nicht einmal, wenn es sich um einen so wertvollen Gegenstand wie das Turiner Grabtuch handelt.

## *Die Nacht- und Nebelaktion: Restauration oder Katastrophe?*

Jüngst wurde in der Geschichte um das umstrittenste aller Objekte ein neues Kapitel aufgeschlagen: Im Sommer 2002 wurde das Grabtuch „restauriert“ und im September des gleichen Jahres dann einer staunenden Schar von Pressevertretern und Grabtuchforschern im neuen „verjüngten“ Outfit präsentiert. - Schon kurz vor der Pressekonferenz hatten Gerüchte, verbreitet durch eine undichte Stelle der verschworenen Gruppe, die diese Aktion geplant hatte, zu einem weltweiten Aufschrei unter den Grabtuchforschern geführt.

Die bestmögliche Aufbewahrung des wertvollen Gegenstandes und die daraus resultierende weitere gute Erhaltung von Tuch und Bild waren schon seit langem für die Fachwelt ebenso wichtig wie die wissenschaftliche Erforschung. Wenn auch der Zerfall des Grabtuches vielleicht nicht völlig verhindert werden kann, so bemüht man sich doch seit vielen Jahren intensiv um Methoden, um diesen Zerfall wenigstens zu verlangsamen. So wurde im Jahr 1992 unter dem damaligen Kardinal von Turin, Saldarini, eine Kommission für die Erhaltung des Turiner Grabtuches gegründet. Im März 2000 fand in der Turiner Villa Gualino eine Konferenz statt, an der nicht nur zahlreiche namhafte Grabtuchforscher teilnahmen, sondern auch Vorschläge eingereicht wurden für die Verlangsamung der Alterung des Tuches und die bestmöglichste Lagerung dieses wertvollen Gegenstandes. Dieses Meeting war gekennzeichnet durch den guten Willen zur internationalen Zusammenarbeit, für sorgfältige wissenschaftliche Forschung, durch den Wunsch nach Öffentlichkeit und den Austausch von Ideen. Vorschläge für künftige Forschungen, Messungen, Tests und Lagermethoden wurden eingereicht und vorgestellt.

Versprochen wurde von den Veranstaltern (einberufen worden war die Konferenz von der Erzdiözese von Turin) eine sorgfältige Überprüfung der Vorschläge, Mitglieder der Konservations-Kommission waren anwesend, hörten die Vorträge, nahmen an den

Diskussionen teil, versprachen internationale Zusammenarbeit und die Beachtung der Konservierungsempfehlungen. Mit keinem Wort jedoch wurde ein derart radikaler Eingriff erwähnt, wie er ca. zwei Jahre später hinter dem Rücken beinahe der gesamten Grabtuchforscherschar durchgeführt wurde.

Geplant gewesen sein muss das, was später von schockierten Grabtuchforschern als „Radikaloperation“ tituliert werden sollte, schon lange. Etwa drei Monate nach dieser Turiner Konferenz hatte Paul Badde, Reporter für „Die Welt“, Gelegenheit, die Schweizer Textilexpertin Dr. Mechthild Flury-Lemberg (Mitglied der Konservations-Kommission) in Jerusalem zu treffen und zu interviewen. Frau Dr. Flury-Lemberg sagte, dass sie noch im gleichen Jahr den Hollandstoff entfernen werde, um die Rückseite des Grabtuches zu „untersuchen“. Dieser Stoff, wir erinnern uns, ist ja das Gewebe, das zwei Jahre nach dem katastrophalen Brand von 1532 in Frankreich, der das Grabtuch an mehreren Stellen beschädigte, von den Nonnen von Chambery hinter das wertvolle Tuch genäht wurde zu der Zeit, als sie auch die mehr als 30 Flicken über die Brandlöcher nähten. Paul Badde, der Dr. Flury-Lemberg bereits ein Jahr zuvor in Bern kennengelernt hatte, schrieb: „Die freundliche Professorin hat das Tuch so oft von Nahem gesehen und berührt, wie wohl kein anderer Mensch des 20. Jahrhunderts. Sie kann mit den Händen denken. Als Textilhistorikerin hat sie eine neue Wissenschaft begründet. Bis heute ist sie ohne ihresgleichen in der Fachwelt. Sie hat die berühmten Burgunderteppiche bearbeit, hat den Artemis-Behang untersucht oder die etruskischen Tücher von Zadar und Zagreb und hat auf der letzten Kutte des hl. Franziskus von Assisi herausgefunden, dass alle 39 Flicken auf diesem Rock aus dem Material der hl. Clara stammten.... Nun habe ich Frau Fr. Flury-Lemberg in Jerusalem wiedergetroffen. Sie ist hier, um nach antiken Vergleichsstoffen des Turiner Grabtuches zu suchen, das ihr schon so lange keine Ruhe mehr lässt... Und erst am letzten Wochenende hat sie ein erstes Beispiel des gleichen Webmusters aus dem Gebiet des Roten Meeres aus dem 1. Jahrhundert entdeckt, allerdings aus Wolle.“

Sie erzählte dem Reporter, während sie durch Jerusalem schlenderten, dass dies Tuch auf der Rückseite, der Hollandstoff, noch niemand entfernt habe. Bis heute sei das originale Tuch also nur von seiner vorderen Seite her bekannt und die solcherart verhüllte Rückseite überhaupt nicht. „Es klingt unglaublich", so Paul Badde, „der Gral unter allen christlichen Heiligtümern soll bis jetzt nur halb untersucht worden sein? Von den legendären zweihunderttausend Arbeitsstunden, die verschiedene Wissenschaftler mit der Erforschung des Tuches zugebracht haben, soll noch keine einzige auf dessen Rückseite verwandt worden sein? - So ist es: Diese Seite der vornehmsten Reliquie der Christenheit ist unbekannter als die Rückseite des Mondes!"

Das ist natürlich nicht ganz richtig. Bei der umfassenden Untersuchung 1978 in Turin durch die Gruppe STURP wurde per Fiberglasoptik auch eine Inaugenscheinnahme der Grabtuch-Rückseite durchgeführt und Aufnahmen gemacht. Eine Abtrennung und spätere Wiederanbringung des gesamten Hollandstoffes wurde damals nicht durchgeführt, da dies ein zu radikaler Eingriff gewesen wäre, wie ja auch sonst gerade die Wissenschaftler von STURP vorbildlich und wissenschaftlich einwandfrei nur mit Methoden arbeiteten, die keinerlei Material an Bild oder Tuch zerstören oder angreifen würden.

Noch im Herbst 2000, so Dr. Flury-Lemberg zu Paul Badde, solle der Hollandstoff entfernt werden, eine Aktion, die ausdrücklich vom Turiner Kardinal der Konservations-Kommission erlaubt werden würde. Damit werde, so Badde, „Mechthild Flury-Lemberg... in der Kriminalgeschichte des Turiner Grabtuches wieder ein neues Kapitel" aufschlagen. - Zwei Jahre jedoch geschah - nichts. Noch konnten die Grabtuchforscher rund um den Globus ruhig schlafen, hatten sie doch keine Ahnung von dem, was sich im Sommer 2002 in Turin abzuspielen begann.

Im Juni 2002 versammelte sich die kleine Gruppe von Leuten in der Turiner Kathedrale, Mitglieder der Konservations-Kommission (nur ein paar Auserwählte), darunter Frau Dr. Flury-Lemberg und ihre Assistentin Dr. Irene Tomedi, sowie einige Kirchenauthoritä-

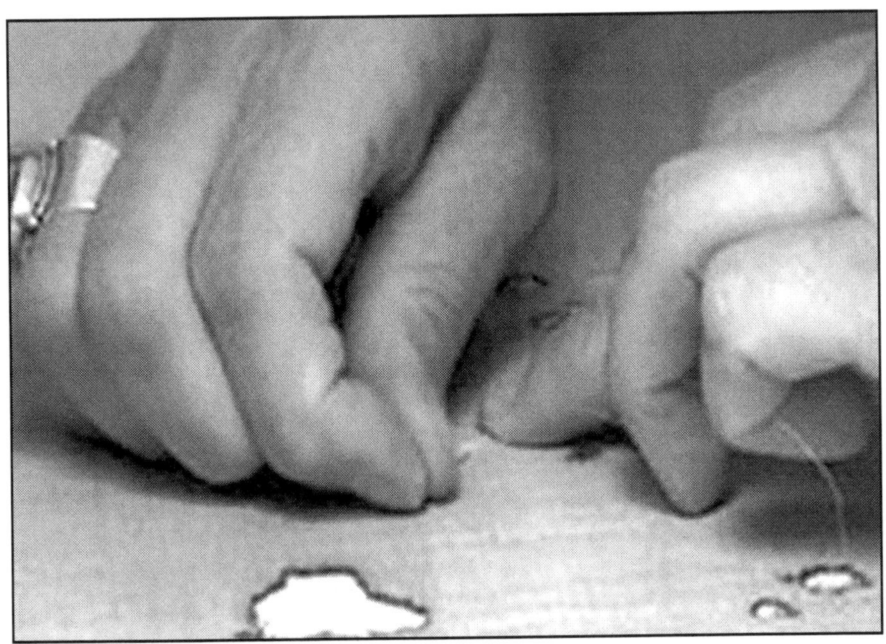

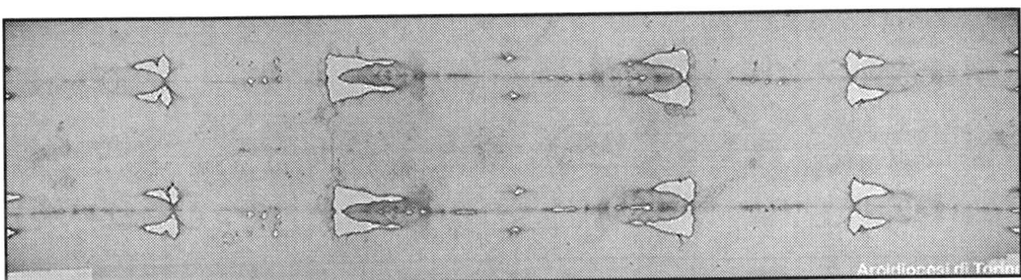

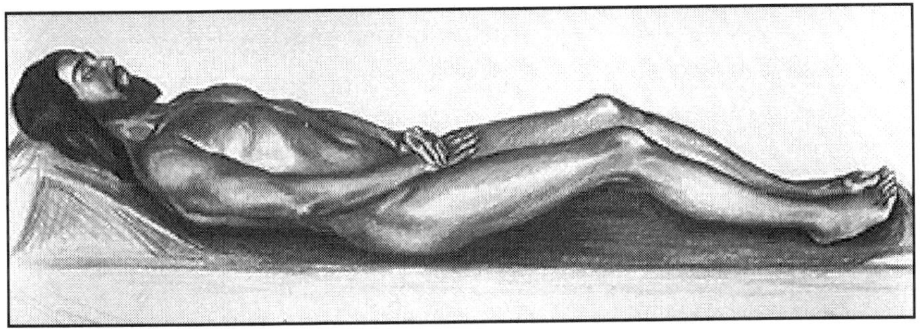

***oben:*** *Die Restauration des Grabtuches im Jahre 2002 mit bloßen Händen, vorgenommen von Frau Dr. Flury-Lemberg.* - ***mitte:*** *Das restaurierte Grabtuch.*
***unten:*** *Rekonstruierte Liegeposition des Mannes im Tuch, Zeichnung von Isabel Piczek.*

ten. In eine neue Sakristei, angrenzend an das linke Querschiff, wo sich der neue Behälter mit der Reliquie befindet, und streng verschlossen und bewacht vor möglichen Neugierigen, wurde nun das Grabtuch hergebracht und auf einen speziell für diesen Eingriff angefertigten Tisch gelegt. Was nun in den folgenden Wochen geschah, wurde zwar dokumentiert, doch sollte man nur einige kurze Videoszenen der Öffentlichkeit zugänglich machen.

Zuerst wurden sämtliche Flicken von 1534 entfernt sowie der Hollandstoff auf der Rückseite; und innerhalb dieser ersten fünf Tage fand auch eine „Faltenbehandlung" statt. Hierauf führte die Gruppe eine Datenerfasslung durch - Scannings von Vorder- und Rückseite, das Scanning-Gerät dabei auf Schienen fahrend in einer Halterung über der langen Tafel. Diese Datenerfassung dauerte bis zum 15. Juli und beinhaltete auch die Anfertigung verschiedenster Fotos. Entfernt wurde verbranntes Material, „Staub und Schmutz", die Ränder der nun gesäuberten Brandlöcher großzügig beschnitten. Zum Schluss - vom 16. bis zum 23. Juli - wurde ein neuer Stoff auf die Rückseite des Grabtuches genäht (ein 50 Jahre altes Stück Leinen, viel heller als die bildlosen Zonen des Grabtuches, und „etliche Male gewaschen", so Dr. Flury-Lemberg, um eventuelle Kontaminationen zu vermeiden), und die Ränder der Brandlöcher wurden auf diesem neuen Stoff befestigt. Am 23. Juli dann wurde dieser kostbare Gegenstand nach einem Gebet in einer feierlichen Prozession, angeführt durch Monsignore Lanzetti (der den in Toronto weilenden Erzbischof vertrat), mit ernsten Gesichtern (auf den Videoaufnahmen ausschauend wie ein Leichenzug, wie einer der Pressevertreter später witzelte) wieder an seinen alten Platz zurückgebracht. Da liegt es nun - in einem Spezialbehälter als Aluminium (ohne Schweißnähte) in einer Spezialatmosphäre und mit modernster Überwachungs- und Alarmtechnologie behüteter als jeder Schatz im Fort Knox.

Und dann platzte im August die Bombe. Irgendeiner der Teilnehmer der streng geheim gehaltenen Aktion muss „gesungen" haben, und der italienische Journalist Orazio Petrosillo muss seine Ohren zur rechten Zeit am rechten Ort gehabt haben. Seine

Schlagzeile „Rätsel um geheime Veränderung am Tuch - Zerstörung befürchtet" zierte die Titelseite des „Il Messagero" von Rom am 9. August 2002 und verbreitete sich wie ein Lauffeuer. „Heilige Reliquie verändert!" hieß es im Blätterwald der Presse, „Das Leichentuch ist nicht mehr das, was es 500 Jahre lang gewesen ist", oder „ Vom historischen Standpunkt aus handelt es sich um eine eindeutige Beschädigung" usw. Es war die Rede von der „Operation Flicken", von einer „Geheimoperation" und von „Entblößung des Turiner Grabtuches". Doch schon einen Tag später beruhigten Schlagzeilen wie „Heilige Reliquie unverändert" oder „Das Tuch wurde nicht zerstört" die Zeitungsleser verschiedener Länder, und es wurde versichert, der Eingriff sei mit dem Einverständnis des Vatikan und des Heiligen Stuhles durchgeführt worden, und dies streng auf der Basis der Richtlinien, die auf der Konferenz von 2000 in Turin festgelegt worden waren. So das Statement der Kurie in Turin. Mitte September wollte man in einer Pressekonferenz Genaueres mitteilen und neue Fotos vom nun restaurierten Grabtuch präsentieren.

Die Grabtuchforscher waren nicht beruhigt. Für sie alle war diese Aktion gänzlich unerwartet und überraschend durchgeführt worden, und keiner der damals an der Konferenz in Turin Anwesenden konnte sich auch nur an eine vage Andeutung erinnern an einen so einschneidenden geplanten Eingriff. Ein kollektiver Aufschrei ging durch das Lager der Grabtuchforscher, und man fragte sich, warum ein solcher radikaler Eingriff überhaupt nötig gewesen sein sollte. - Man kann sich vorstellen, mit welcher Spannung diese Leute die Pressekonferenz erwarteten und mit welcher Spannung die nicht Geladenen auf den Bericht der erlesenen Schar der Eingeladenen harrten.

Und dann war es endlich soweit. Am Abend des 20. September 2002 trafen ca. 30 Grabtuchforscher in Turin ein, wo ihnen am Abend ein Bericht präsentiert wurde durch Kardinal Poletto, Monsignore Ghiberti (Generalbevollmächtigter des Turiner Kardinals und Leiter der Konservations-Kommission) und durch Prof. Piero Savarino, den wissenschaftlichen Berater in Sachen Grabtuch. Das Ganze wurde untermalt mit Fotos, Dias und Videoaufnahmen (bei denen manch einem der anwesenden Grabtuchforscher die Haare buchstäblich zu Berge standen bei dem, was man hier zu sehen bekam). - Dann hatten die geladenen Gäste zwei Stunden lang Gelegenheit, Fragen zu stellen und zu disputieren, bevor man ihnen das frisch restaurierte Grabtuch zeigte: lang ausgestreckt in einem Metallbehälter und bedeckt mit Schutzglas, das Licht im Raum irgendwie schummrig, so dass man keine genauere Betrachtung anstellen konnte; zudem war auch noch die Zeit der Besichtigung begrenzt, und man durfte nicht um den Behälter gehen.

Am nächsten Tag gab es dann die öffentliche Pressekonferenz, nach der es abermals Gelegenheit gab, das Corpus delicti in natura zu bestaunen, und dieses Mal wurde sogar gestattet, um den Behälter herumzugehen. Zum Schluss übereichte man den Anwesenden zwei nette Büchlein, eines mit den Ergebnissen eines Rückseiten-Scanns, den man bereits im Jahr 2000 durchgeührt hatte (mit einer zwischen Grabtuch und Hollandstoff geschobenen Apparatur), und eines, das über die Restauration und ihre Ergebnisse informierte, in Englisch und Italienisch, mit einer Abbildung der Rückseite des Grabtuches in voller Länge. Als Extra-Bonus gab es noch eine CD mit fünf Bildern.

Also alles in bester Ordnung - und alle Aufregung umsonst? Hatte man nun einer gelungenen Schönheitsoperation zu applaudieren? Das Körperbild, so ließ man in Turin verlauten, sei nun viel besser zu sehen, während einer der Kirchenleute witzelte, es sei nun „nackt“. Das verbrannte Material, von dem sich viel unterhalb des Hollandstoffes angesammelt hatte, könne nun nicht mehr weiter die Reliquie gefährden und schädigen, so die Erklärung auf der Pressekonferenz über den hauptsächlichen Grund für diesen drastischen Eingriff.

## *Grabtuchforscher erschüttert und enttäuscht*

Die Grabtuchforscher hatten nach dem Anschauen der Videoaufnahmen (die auch ins Internet gestellt wurden und nun jedermann zugänglich waren) mancherlei zu kritisieren. - Der erste Kritikpunkt betraf die Geheimhaltung dieser Aktion. Der Archäologe und langjährige Grabtuchforscher William Meacham beklagte zu recht, dass man die „Restauration" in aller Stille durchgeführt habe ohne die vorherige Konsultation entsprechender Experten verschiedenster Disziplinen. Nicht einmal die vier führenden Textilexperten unter den Grabtuchforschern, von denen zwei sogar direkt in Turin lebten und arbeiteten, wurden über diese Aktion informiert, geschweige denn zu Rate gezogen. Monsignore Ghiberti begründete diese Geheimhaltung damit, dass nur „absolute Verschwiegenheit in dieser Zeit der sicherste Schutz" des Tuches gewesen sei, das wie kaum ein anderes Objekt der Welt ganz oben auf der Liste der durch Terroristen gefährdeten Ziele stehe. - Viele Grabtuchforscher waren der Meinung, die Kommission hätte einen Bericht über den geplanten Eingriff verfassen und veröffentlichen müssen, um anderen Wissenschaftlern zugänglich zu sein. Diese hätten ihre Fachkenntnisse für den geplanten Eingriff beisteuern können. So hätte man unbedingt Experten für Zellulose-Chemie hinzuziehen müssen sowie Fachleute, die ihre Ansicht über die angebliche „Ausbreitung der Brandlöcher" hätten beisteuern können. Überhaupt herrschte rundum Unverständnis unter den Sindonologen über die Behauptung, der Brand von 1532 schreite noch immer fort - und das nach 470 Jahren! Diese Experten wissen jedoch, dass das Ansammeln der schwarzen Brandteilchen zwischen dem Hollandstoff und dem Grabtuch herrührten vom ständigen Rollen und Entrollen und Falten des Gegenstandes und durch die mechanischen Manipulationen bei Ausstellungen und Transporten über die langen Jahrhunderte hinweg - und nicht durch einen sich geheimnisvoll immer noch ausweitenden Brand.

Am meisten beklagt wurde von den Grabtuchforschern der Verlust und die Vermischung von Test- und Untersuchungsmaterial. Wenn auch Piero Savarino, der wissenschaftliche Berater des Turiner Kardinals, versicherte, nichts wäre verloren oder weggeworfen worden, alles sei bewahrt worden, so wissen es doch die Wissenschaftler besser, welche die Videoaufnahmen des Events gesehen hatten. - Meacham versuchte Savarino zu erklären, dass es nicht nur wichtig sei, jedes noch so winzigste Partikelchen aufzuheben, sondern ebenso wichtig, dessen genaueste Lage auf dem Grabtuch als auch die Art der Probenentnahme zu dokumentieren. Doch genau dies sei eben nicht geschehen: munter wurde hier abgesaugt und blauäugig in kleine Döschen verpackt, Staub zusammen mit anderen Teilchen, was den Verlust von Unmengen von Daten bedeute. So sei es völlig nutzlos, so erklärte Meacham, einem Archäologen alle Ausgrabungsfunde aller Schichten einer Ausgrabungsstätte in vier riesigen Säcken zu präsentieren, geordnet lediglich nach Norden, Süden, Osten und Westen der Fundstätte, ohne die dazugehörigen Daten der Lage der Schichten, genauester Lokalisation und der Zusammenhänge zwischen den einzelnen Fundstücken. Jeder mikroskopisch kleinste Rückstand der Brandlöcher, der hätte identifiziert und entnommen werden können per Mikromanipulator mit genauer Angabe seiner Lokalisation, wurde statt dessen in einen Container gesaugt, gemeinsam mit anderen „Schmutzteilchen“ derselben Zone. Am schlimmsten, so Meacham, sei das Absaugen und Pulverisieren der verkohlten Ränder der Brandlöcher - sowohl der 32 Brandlöcher von 1532 als auch der viel älteren, regelmäßigen sogenannten „Ordal-Löcher“, von denen man bis heute nicht weiß, was sie verursachte. Das Überschneiden von Bild- und /oder Blutspuren mit den verkohlten Rändern ist aus Sicht sehr vieler Wissenschaftler äußerst wichtig für das Studium. Die physikalische oder chemische Veränderung, die mögliche Farbpigmente oder andere Substanzen bei der Verkohlung durchgemacht haben, wäre enorm wichtiges Untersuchungsmaterial nicht nur für Chemiker gewesen. Was immer dort viellleicht war, ist nun für immer verloren. Vielleicht werden wir nun nie mehr erfahren, wie die „Ordal-Löcher" entstanden sind. Und überhaupt: Jedes Staubkörnchen, Pollenkorn oder Kohlepartikelchen auf dem Grabtuch ist nicht Schmutz, sondern ein Schatz für die Wissenschaft!

Bedauert wurde auch mancherorts die Zerstörung von historischen Daten. Die Restauration von 1534 war ein historisches Zeugnis, das nun für immer zerstört ist. Selbst wenn das Grabtuch nur eine einfache mittelalterliche Reliquie wäre ohne Bild, so hätten doch die Flicken als Teil seiner Geschichte erhalten bleiben müssen. - Was jedoch den Sindonologen wahrlich die Haare zu Berge stehen ließ, war der Verzicht der „Restauratoren" auf Handschuhe. Auf dem Video kann man deutlich sehen, dass bei diesem Eingriff keine Handschuhe getragen wurden. Mit bloßen Händen wurde hier gearbeitet, und man trug auch keine staubfreie Kleidung - eine Vorstellung, die sich mit „Wissenschaftlichkeit" im Widerspruch befindet. Schon allein wegen der Kontaminationsgefahr für das gesammelte Material hätte man Latex-Handschuhe tragen müssen, so Paul Maloney, Archäologe und Historiker, ganz abgesehen von den Rückständen von Seife, Handcreme und zahlreichen Hautparkiteln, die bei den zahlreichen Handgriffen (trotz vorherigen noch so gründlichen Waschens der Hände) der beiden Textilexpertinnen unweigerlich auf das Tuch geraten sein müssen.

Ebenso haarsträubend empfanden viele Sindonologen das „Ausbügeln der Falten". Dem wertvollen Tuch wurden Bleigewichte angehängt, um es zu dehnen und Faltspuren zu entfernen, und möglicherweise wurde gar ein Ultra-Schall-Verdampfer benutzt zur Unterstützung der Bleigewichte. (Fehlte nur noch, dass man das Grabtuch einer der Kathedralen-Putzfrauen unters Dampfbügeleisen gelegt hätte!) - Das Ergebnis: eine Seite des Grabtuches ist nun acht Zentimeter, eine andere vier Zentimeter länger! Während historisch relevante Faltspuren wie die, welche den Bart überkreuzt, anscheinend noch vorhanden sind, sind drei neue Falten, die man 1988 während der Entnahme des Probestückes für den Radiokarbontest entdeckte, möglicherweise verschwunden. Man muss auch fragen, ob die Faltenbehandlung evtl. Veränderungen an den Blutspuren verursachte.

Maloney befürchtet auch negative Folgen für das Grabtuch durch zu viel Licht während der wochenlangen Aktion. Das Video lässt vermuten, dass die ganze Zeit über Licht von oben und von einer näheren Quelle auf das Tuch strahlte. Wurden UV-Filter benutzt, um das Gewebe zu schützen? Unter Konservatoren ist allgemein bekannt, dass UV-Licht auf einem Gewebe auch dann noch weiterwirkt, wenn das Licht längt ausgeschaltet ist. Nun besteht aber der einzige Unterschied zwischen dem Körperbild und dem restlichen Stoff aus dehydrierter und oxydierter Zellulose. Mit anderen Worten: die Bildzone ist trockener als der Rest. Licht aber trocknet, „vergilbt“ Leinen. Würde dieser natürliche Prozess beschleunigt, so gehen Bildzonen und bildlose Zonen des Grabtuches immer mehr ineinander über und wären nur noch schwer voneinander zu unterscheiden. Im schlimmsten Fall wäre das Bild überhaupt nicht mehr zu sehen. Wissen wir, wie sich eine wochenlange Lichtbestrahlung auf das Grabtuch ausgewirkt hat? Offensichtlich wurde das Tuch auch dann angestrahlt, wenn gerade nicht daran gearbeitet wurde. Einige der Sindonologen, die das Grabtuch vor und nach dem Eingriff original gesehen haben, finden den bildlosen Stoff bereits „dunkler“.

Das Fazit der zahlreichen Forscher und Wissenschaftler lautet denn auch: Ein solch drastischer Eingriff war weder nötig noch dringlich, und es ist zu bedauern, dass man diese einmalige Gelegenheit zu Tests und Messungen am Original und zur - wissenschaftlich einwandfreien - Probenentnahme verpasst hat. William Meacham: „Eine wunderbare Gelegenheit für nievauvolle wissenschaftliche Untersuchungen wurde vertan.“ Was ebenso verloren ging wie eine Menge Testmaterial ist die Hoffnung auf eine neue interdisziplinäre Ära der Zusammenarbeit in der Grabtuchforschung, die im Geist der Konferenz vom März 2000 in Turin geboren zu sein schien. Nun kann man nur noch hoffen, dass jeder Wissenschaftler die Möglichkeit hat, Zugang zu den Fotos und Scann-Daten zu erhalten, um damit weiterzuarbeiten.

Die Zusammenfassung der Geschehnisse durch den Archäologen Meacham ist hart: „Eine schreckliche Tragödie ist dem Grabtuch widerfahren, schlimmer als die von 1532!“ Das Feuer von

1532 war ein Unglücksfall, und das Grabtuch wurde heldenhaft aus den Flammen gerettet und dann vorsichtig repariert. „Was jedoch im Sommer 2002 dem Grabtuch angetan wurde, war ohne Zweifel in guter Absicht geschehen“, wurde jedoch nach Meinung vieler Experten stümperhaft, leichtsinnig und unwissenschaftlich und vor allem ohne vorherige Öffentlichkeit durchgeführt.

Soll man sich nun über die sogenannte „Grabtuch-Verjüngung“ freuen (freie Sicht auf vorher verborgene Stoffzonen), oder soll man sich ärgern über diesen drastischen Eingriff, von dem wir noch gar nicht wissen, was für negative Folgen er haben wird? Eines ist klar: mehr als die Kommentare der Experten und ein neues Foto des restaurierten Grabtuches haben wir nicht: die nächste öffentliche Ausstellung wird noch viele, viele Jahre auf sich warten lassen.

## *Verblüffende Entdeckung: Ein zweites Bild auf der anderen Tuchseite*

Bereits 1990 hatte Prof. Jackson in einem bahnbrechenden Artikel über seine Kollaps-Hypothese die Vermutung geäußert, dass es möglicherweise ein zweites, wenn auch schwächeres Körperbild auf der anderen Tuchseite geben könnte, wenn das Tuch während der Bildentstehung tatsächlich in die plötzlich leere Zone herabgesunken sei, in der eben noch ein Körper lag und nun eine unbekannte Strahlung auftrat. Diese Strahlung könnte die obersten Faserspitzen der vom Körper abgewandten Seite des Tuches ebenfalls getroffen haben, da der Strahlungsvorgang noch während des Herabsinkens des Stoffes andaucrte, wenn er auch schon im Abklingen war. Die von etlichen Physikern vermutete Strahlung als Bildverursacher war bereits an den Faserspitzen absorbiert worden, das Innere der Fasern oder gar der Fäden gar nicht erreichend, doch sie hätte bei einem während des Vorgangs in die strahlende Zone herabsinkenden Tuches auch die obersten Faserspitzen der anderen Tuchseite bzw. der anderen Fadenseite erreichen können. Somit könnte sich auf der dem Körper abgewandten Seite des Stoffes ein zweites, aber schwächeres Körperbild entwickelt haben, das absolut deckungsgleich wäre mit dem bekannten auf der dem Körper zugewandten Seite. Dieses zweite Körperbild wäre, so schlug Jackson vor, am ehesten im Bereich des Antlitzes und der Hände zu erwarten, da diese Körperteile am engsten mit dem Tuch in Kontakt waren. Dieses zweite Körperbild würde es nur auf der einen Hälfte des Tuches geben, die über dem Körper gelegen hatte, nicht darunter, da nur diese obere Grabtuchhälfte im Augenblick der Bildentstehung hatte herabsinken können - der Teil des Grabtuches also, der das Bild der Vorderseite des Mannes trägt.

Zehn Jahre nach der Veröffentlichung des Artikels von Jackson unternahm die Erzdiözese in Vorbereitung für die geplante Restauration ein Scanning der bildlosen Seite des Turniner Grabtuches. Als der Hollandstoff entfernt worden war und man freie Sicht auf die unbekannte Rückseite des Grabtuches hatte, war auf der fremden Tuchseite nichts von irgendwelchen Bildspuren zu sehen. Erst auf Fotos, die Monsignore Ghiberti von der Rückseite des Tuches angefertigt hatte, entdeckte dieser schwache Spuren, die aussahen, als sei hier ein wenig des Haares vom Körperbild zu sehen. Ghiberti vermutete, dass Spuren des Mannes im Grabtuch auf dieser Seite des Stoffes zurückgeblieben sein konnten, die durch organisches Material wie Talg entstanden waren und durch den Stoff gedrungen sein konnten. Aber ehemalige Forschungsergebnisse hatten so etwas bereits ausgeschlossen. Material wie Talg würde unter UV-Licht fluoreszieren, und bereits die Fotos, die Miller und Pellicori 1978 in Turin angefertigt hatten, zeigten ganz klar, dass es in der Haarzone keinerlei Fluoreszenz gab.

Auf dem 4. Internationalen Wissenschaftlichen Symposium des Centre International d'Etudes sur le Lineul de Turin, das 2002 in Paris stattfand, verblüfften die beiden Forscher Kevin Moran und Giulio Fanti mit der Behauptung, die Fotos des Scannings von 2000 zeigten Spuren eines zweiten sehr zarten Körperbildes auf der anderen Tuchseite. Diese eigentlich sensationelle Neuigkeit verbreitete sich aber kaum über die Mauern des Veranstaltungsortes hinaus. Erst der Artikel, den Giulio Fanti zusammen mit Roberto Maggiolo im Journal of Optics veröffentlichte und der im April 2004 erschien, sorgte für weltweite Aufmerksamkeit und Überraschung. - Fanti und Maggiolo, beide an der Universität von Padua tätig, hatten in der Tat ein zweites Körperbild auf der anderen Tuchseite entdeckt, und zwar im Bereich des Antlitzes. Dieses Bild war entdeckt worden durch neue digitale Bildbearbeitungstechniken und verschiedene Filtersysteme. Die Fotos, die den Forschern zur Analyse dienten, waren diejenigen, die Ghiberti angefertigt und nach der Restauration des Grabtuches veröffentlicht und die er den Forschern im Original zur Verfügung gestellt hatte; des weiteren waren dies die Resultate des Scanning der Rückseite des Tuches von 2000 sowie Fotos von Enrie aus dem Jahr 1931 und Fotos von Cordiglia aus dem Jahr 1969. Giulio Fanti erzählte später, als er die ersten Spuren eines zarten Bildes auf der anderen Tuchseite entdeckt hatte, habe er vermutet, dass es da mehr geben müsse, als das bloße Auge auf den hochauflösenden Vergrößerungen sehen könne. Mit Feuereifer machten sich die Forscher mit hochmodernen Bildbearbeitungstechniken an die Arbeit und wurden fündig.

Solche Bildspuren auf der anderen Seite des Stoffes gibt es nur auf der oberen Hälfte des Grabtuches, die über dem Mann gelegen hatte, nicht auf der Hälfte, auf der er mit dem Rücken auflag.

Diese Bildspuren auf der anderen Seite des Stoffes sind nicht eine Folge davon, dass etwas das bekannte Körperbild auf die andere Seite des Stoffes durchscheint; auch dies wurde von den Forschern experimentell überprüft.

Die Bildspuren auf der anderen Seite des Stoffes sind extrem zart, viel zarter als die auf dem bekannten Körperbild. Sie sind so zart, dass sie teilweise regelrecht verborgen sind durch die Längsstreifen verschiedener Farbintensitäten der Fäden, wie sie bei handgemachtem Leinen nun mal vorkommen, resultierend in verschiedenen starken Bleichergebnissen der einzelnen gesponnenen Fadenstränge. Diese Spuren finden sich nur in der Zone des Gesichtes mit Nase, Augen, Haaren und Schnauzbart, die man erkennen kann, und wahrschienlich in der Zone der Hände. Die Spuren der Hände sind

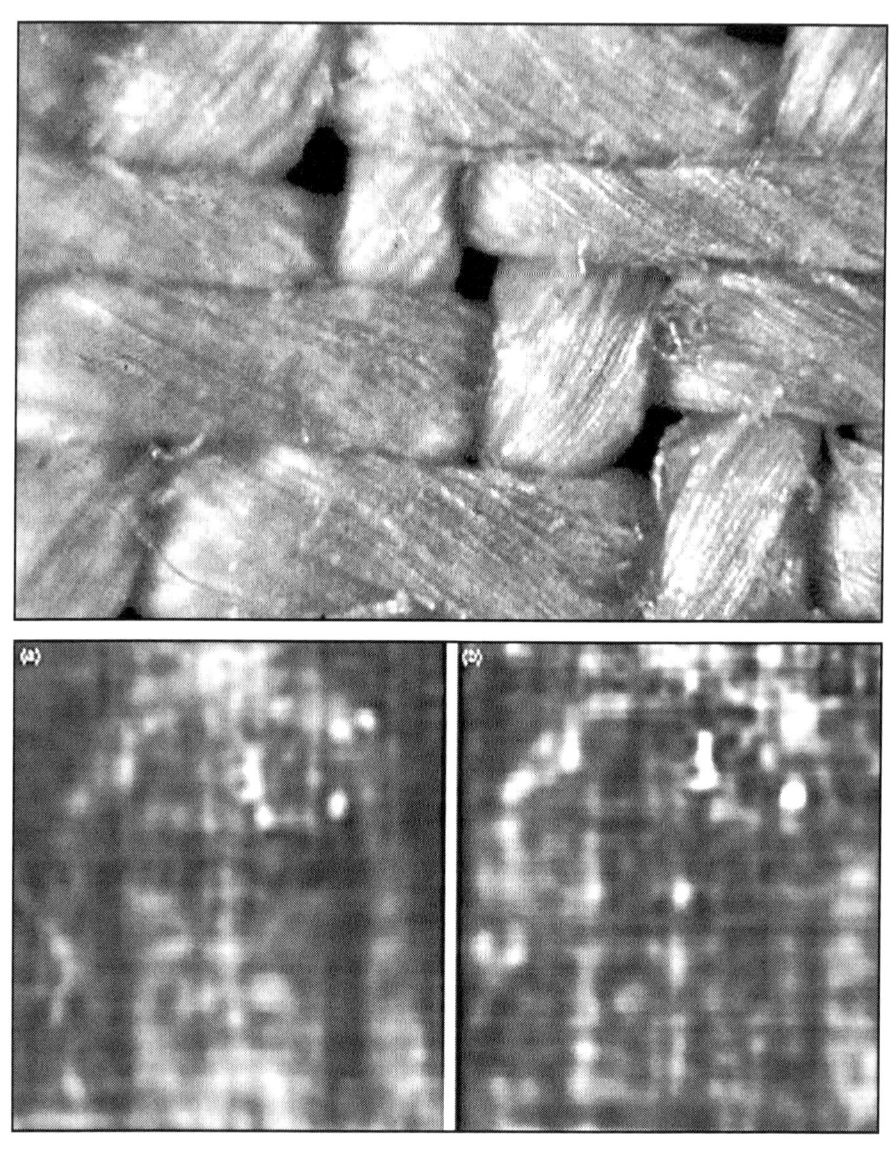

***oben:*** *Gewebe mit Spuren des Körperbildes - hier der Nasenspitze.*
***unten:*** *Das Gesicht des Körperbildes auf zwei Tuchseiten.*

auf den Vergrößerungsfotos nicht mit bloßem Auge zu erkennen, sondern nur mittels Computerbildbearbeitung. Sie sind absolut deckungsgleich mit dem darunterliegenden bekannten Körperbild. Diese Deckungsgleichheit erarbeiteten Moran und Fanti anhand ausgefeilter Computeranalysen und sie wurde bestätigt für die Form, die Größe und die Position des Bildes auf dem Stoff.

Die Bildspuren haben Oberflächencharakter genauso wie das bekannte Körperbild. Auch diese zarteren Bildspuren befinden sich nur auf den alleräußersten Faserspitzen, der Innenteil der Fäden ist völlig unberührt. Sie haben ebenfalls Negativcharakter wie das bekannte Körperbild; die vorstehenden Teile des Körpers wie die Nasenspitze sind auch hier dunkler als die anderen. Die Spuren enthalten ebenfalls einen 3-D-Kode, wie dies das bekannte Körperbild aufweist, und könnten ebenfalls in ein Relief umgerechnet werden.

Die atemberaubende Entdeckung eines zweiten, schwächeren Körperbildes auf der anderen Tuchseite ist eine ganz klare Bestätigung für die Kollaps-Hypothese Jacksons. - Ist sie auch eine Bestätigung für eine Art Teleportationsvorgang im Augenblick der Bildentstehung? Damit wäre die Entdeckung des zweiten Körperbildes die wichtigste Entdeckung der modernen Grabtuchforschung überhaupt! Aber diese Entdeckung bedeutet auch endgültig das Aus für alle Bildentstehungs-Hypothesen wie Kunstwerk, Gemälde, frühes Foto, Vaporographie usw.

## *Altersdatierung korrekt - und dennoch falsch*

Schon kurz nach Bekanntgabe des Ergebnisses der Altersdatierung 1988 hatte es etliche Stimmen unter den Grabtuchforschern gegeben, die vermuteten, dass die verwendete Probe mittelalterliches Ausbesserungsmaterial enthalte und somit ein falsches - zu junges - Ergebnis habe ergeben müssen. Diese Vermutung wurde in den folgenden Jahren immer wieder einmal auf den zahlreichen Konferenzen und Meetings der Grabtuchforscher in Vorträgen aufgestellt und verteidigt.

Dr. Alan Adler präsentierte 1996 in einem Artikel eine Graphik, die das Absorptionsmuster verschiedener Grabtuch-Fasern zeigte. Fasern waren hier analysiert worden, die sowohl aus der Körperbildzone stammten als auch aus körperbildlosen Zonen, solche aus der C-14-Probenzone, aus Löschwasserflecken- und aus Versengungszonen und Fasern aus der Bildzone, in der sich die Spuren von „Blut und Wasser" aus der Seitenwunde befanden. Aus der Graphik war deutlich zu erkennen, dass die chemische Beschaffenheit der Fasern aus der C-14-Probenzone einerseits und der Fasern aus den Bildzonen sowie den Fasern aus den bildlosen Zonen (die den größten Teil des Tuches ausmachen) andererseits nicht übereintimmte. Noch dazu war offenbar das Gewebe in der C-14-Probenzone aus unterschiedlichen Fasern zusammengesetzt. Dr. Adler schloss daraus, dass die Fasern aus der C-14-Probenzone nicht repräsentativ für das gesamte Grabtuch seien. Er vermutete, dass dies eine Region des Gewebes sei, die mit Sicherheit ausgebessert wurde. Hier war anscheinend Stoff verloren gegangen und wieder dazugewebt worden. Hatte nicht schon Riggi 1988 ein Stück des Probenstückes abgeschnitten, da es offensichtlich wie neu gewebt erschien? Schon damals hatte Riggi in einem Interview verlauten lassen, dass er die nach Plan abgeschnittenen acht Quadratzentimeter Gewebe auf sieben Quadratzentimeter reduziert habe, „weil Fasern anderer Herkunft mit dem Originalgewebe vermischt waren." Im Oxforder Labor hatte dann Prof. Hall vor Durchführung des C-14-Tests Fasern bemerkt, die aussahen, als gehörten sie nicht dazu. Ein Labor in Derbyshire hatte etwas später ermittelt, dass die anormalen Fasern aus Baumwolle bestanden von einer „zarten dunkelgelben Farbe". Peter South vom Labor in Derbyshire hatte vermutet: „Es mag benutzt worden sein für irgendwelche Reparaturarbeiten in der Vergangenheit." Dennoch war der Alterstest durchgeführt und das Ergebnis sozusagen als nahezu unfehlbar bekannt gegeben worden.

Die UV-Fluoreszenz-Fotos der C-14-Probenzone von 1978, die Jean Lorre analysierte, zeigten ebenfalls deutlich Unterschiede zum Hauptteil des Grabtuchstoffs, die auf Unterschiede in der

*Medaille des Hauses Savoyen von 1453*

*Fragment einer Pilgermedaille, geprägt zur ersten Grabtuchausstellung in Lirey.*

chemischen Zusammensetzung schließen ließen. Dies war auch das Ergebnis der Studien von Röntgenstrahlenfotos von 1978, die das Forscherpaar Whanger durchgeführt hatten. Auf solchen Fotos sind Körperbild und Blutflecken nicht erkennbar, jedoch die Wasserflecken, verschiedene Stopfstellen, Stiche, Falten, Nähte und einige kleinere Fremdobjekte. Schon die Ergebnisse dieser Studien ließen auf mögliche Reparaturen und Einwebungen schließen, die viel kunstvoller und umfangreicher waren, als die Stiche und Flicken, die 1534 von den Nonnen in Chambery nach dem verheerenden Feuer angebracht worden waren, um die verbrannten Zonen auszubessern. Die Whangers vermuteten, dass die Spuren von Ausbesserungsstellen auf den Fotos, die sie entdeckt hatten, zeitlich älter waren und durchgeführt worden waren, bevor das Grabtuch mit dem Hollandstoff versehen wurde. Diese Reparaturstellen und Nähte schienen mit bemerkenswerter Kunst, Sorgfalt und Vorsicht und großem Fachkönnen durchgeführt worden zu sein. Schon 1989, im Jahr nach der prekären Altersdatierung, hatte das Forscherpaar sein Fazit vorgestellt: Die Radiographien bestätigen signifikante Unterschiede in den Fäden und dem Gewebe in der C-14-Zone und im Hauptteil des Tuches. Bei ihren Studien machten die Whangers noch eine interessante Nebenentdeckung. Sie identifizierten auf den Radiographien eine Stelle, wo ein einzelner Schussfaden entnommen worden sein musste. In der Region der Raes- und der C-14-Probe fehlten gut acht Zentimeter eines Fadens. Dr. Adler aber besaß einen Faden von ca. acht Zentimeter Länge, den er in den 1980er Jahren von anonymer Quelle erhalten hatte. Er hatte diesen Faden 1983 inoffiziell auf sein Alter datieren lassen und war mit einem bizarren Ergebnis überrascht worden: das eine Ende des Fadens war auf 1000 n. Chr. datiert worden, das andere Ende auf 200 n.Chr. Falls dieser Faden von Adler identisch ist mit dem fehlenden Faden der Whanger-Studien, der ein bis zwei Zentimeter weit in das abgeschnittene C-14-Probenstück hineingereicht hatte vor dem Entfernen, würde dies einmal mehr zeigen, wie problematisch eine Altersdatierung des Grabtuches ist, wenn sie sich nur auf eine kleine Einzelstelle bezieht.

Auf der Weltkonferenz „Sindone 2000", die im August 2000 in Orvieto, Italien, stattfand, referierte das Forscher-Duo Sue Benford und Joseph Marino über Beweise für ein falsches Ergebnis der C-14-Datierung aufgrund einer Flickstelle im Gewebe. Das Stück Stoff, so behaupteten sie, das 1988 für den Alterstest vom Grabtuch abgeschnitten worden war, enthalte eine Ausbesserungsstelle aus dem 16. Jahrhundert, das Testmaterial sei also durchsetzt gewesen mit mittelalterlichem Material. Die beiden Forscher hatten jahrelang hochauflösende Fotos analysiert und Belege gefunden für eine kunstvolle, mit bloßem Auge nicht sichtbare Stopfstelle gerade in der Region des Grabtuches, aus der die C-14-Probe entnommen worden war. „Wir glauben", so ließen Benford und Marino während ihres Vortrages verlauten, „dass die Theorie, dass das Grabtuch mit mittelalterlichem Material aus dem 16. Jahrhundert - insbesondere in der C-14-Probenzone - ausgebessert wurde, das mittelalterliche Ergebnis der Altersdatierung erklärt."

Die beiden Forscher hatten zahlreiche Textilexperten mehrerer Länder hinzugezogen, um sich unabhängige Meinungen einzuholen. Sie ließen diesen Fachleuten Fotovergrößerungen von 1978 zukommen von der Region des Tuches, in der 1988 die C-14-Probe entnommen worden war und auf denen diese Tuchzone noch unversehrt zu sehen war. Ein Experte der Firma Thomas Ferguson & Co. Ltd., weltbekannter Hersteller einer bestimmten Leinenart, der keine Ahnung davon hatte, von was für einem Objekt das auf den Fotos abgebildete Gewebe stammte, behauptete, dass die Gewebezone ausgebessert worden sei, wohl um sie vor dem Zerfall zu bewahren. Eine zweite Analyse der Fotos ließ das Forscher-Duo durch den Weber David Pearson durchführen, den Eigentümer von French Tailors in Columbus, Ohio. Auch Pearson hatte keine Ahnung, um was für einen Gegenstand es sich auf den Fotos handelte. Auch er stellte Unterschiede im Gewebe fest wie ein ungleiches Webmuster und verschiedene Fadenstärken. Sein Fazit lautete: zweifellos ist hier unterschiedliches Material zu sehen. „Das ist definitiv eine Flickstelle." Nicht anders fiel das Statement aus von Louise Harner, einer auf Textil-Analysen spezialisierten Expertin von der Albany International Research Company.

Benford und Marino vertraten ihre Stopfstellen-Theorie in etlichen Artikeln, doch das Echo hierauf war zunächst anders als erwartet. Der Archäologe Meacham meinte, es sei fraglich, dass irgendein mittelalterlicher Restaurator die Geschicklichkeit und die Zeit gehabt habe, um ein derart kunstvolles Ausbessern vorzunehmen, so perfekt, dass es dem bloßen Auge verborgen bleibe. Er könne sich nicht vorstellen, dass eine derart anspruchsvolle Ausbesserungstechnik jemals existiert haben sollte. Die Textilexpertin Flury-Lemberg, durch die unselige Grabtuch-Restauration zum Star geworden, ließ Benford und Marino in einer persönlichen Mitteilung wissen, dass solch eine Ausbesserungsstelle technisch unmöglich sei. Noch negativer war die Reaktion des Chemikers Ray Rogers auf die Artikel von Benford und Marino. Behauptete er doch allen Ernstes: „Diese Theorie werde ich in fünf Minuten widerlegen." - Es sollte jedoch ganz anders kommen. Rogers nahm die Angaben in den Artikeln zum Anlass, eigene Untersuchungen durchzuführen und unternahm umfangreiche chemische Analysen.

Währenddessen trugen Benford und Marino weiter emsig Belege zusammen, die ihre Theorie unterstützen sollten. Sie hatten inzwischen Michael Ehrlich, den Präsidenten und Eigner von Without A Trace Inc., Chicago, kontaktiert. In dieser Firma werden seit über zwanzig Jahren unsichtbare Ausbesserungen durchgeführt. Ehrlich bestätigte jedoch, dass in der Tat die moderne zeitsparende Technik für umfangreiche Ausbesserungen - eine Art Einwebung - auf der Vorderseite des zu reparierenden Gewebes unsichtbar sei, doch sei es auf der Rückseite leicht zu erkennen. Aber die Technik, die im Europa des 16. Jahrhunderts angewandt wurde, bekannt als „Französisches Weben", sei davon total verschieden. Heute wird diese aufwendige Ausbesserungstechnik nur an kleinen, besonderen Stellen angewandt wegen der hohen Kosten und der Zeitaufwendigkeit. Diese Ausbesserung ist auf beiden Seiten des Gewebes unsichtbar. Es handelt sich um eine mühselige Faden-für-Faden-Reparatur, die nicht zu entdecken ist. Ehrlich vermutete, dass falls den Eigentümern des Turiner Grabtuches im 16. Jahrhundert - das Haus von Savoyen - genug Zeit und Material zur Verfügung gestanden hätten sowie entsprechende Webexperten, dann hätten sie mit Sicherheit das Grabtuch mittels „Französischem Weben“ reparieren lassen. Das Haus von Savoyen aber hatte all die genannten Vorraussetzungen erfüllt.

Der von Benford und Marino befragte Textilexperte Robert Burden, Präsident von Tapestries & Treasures, einer Firma, die u.a. mit historischen Bild- und Webteppichen handelt und auch selbst kunstvolle Teppiche produziert, bestätigte die Praxis des „Französischen Webens“ im 16. Jahrundert, die auch bekannt gewesen sei als „unsichtbares Weben“. Es war angewandt worden bei kleinen Rissen, Löchern und bei Brandstellen. Das Reparieren von Geweben sei zeitaufwendiger und teurer, als das Neuweben, so erklärte er. Zunächst müssen die genau gleichen Fäden hergestellt werden, mit derselben Dicke und Beschaffenheit wie die des Originals. Diese Fäden müssen auch die gleiche Farbe haben und müssen dann vorsichtig in den Originalstoff hineingewoben werden, so dass dieses Stück das gleiche Aussehen bekommt wie der originale Teil. Eine perfekt reparierte Stelle kann weder durch das Auge noch durch die Hand bemerkt werden. Man kann nicht feststellen, wo das Originalgewebe aufhört und die Reparaturstelle anfängt.

Von Dr. Thomas P. Campbell vom Metropolitan Museum of Art erfuhren Benford und Marino, dass diese Kunst der Ausbesserung etwas verloren ging. Ausbesserungsstellen des 18. und 19. Jahrhunderts sind viel leichter zu identifizieren, weil sie nicht so kunstvoll ausgeführt wurden. Alle europäischen Königshöfe hatten damals erfahrene und geschickte Weber und Textilrestauratoren, die für sie arbeiteten, so Campbell. Gewebt wurde um 1500 in Frankreich, Flandern, Spanien, Italien, Deutschland, Österreich und England, wo kunstvolle Bildteppiche hergestellt wurden. Dies war damals bereits eine uralte Kunst. Viele der Weber waren auch imstande, unsichtbare Ausbesserungen anzubringen. Für das Turiner Grabtuch aber wird man mit Sicherheit einen versierten Meister verdingt haben.

Wir kennen mehrere Reparaturarbeiten am Turiner Grabtuch, die zu verschiedenen Zeiten durchgeführt wurden: 1534 durch die Nonnen in Chambery, 1710 durch den Heiligen Valfre und später durch Prinzessin Clothhilde. Nun fügten Benford und Marino diesen Flickstellen noch eine weitere hinzu, von der sie annahmen, sie sei schon vor 1534 durchgeführt worden. Diese Ausbesserungsstelle zieht sich quer, aber in schrägem Verlauf über das Stück Stoff, das 1988 für die C-14-Probe abgeschnitten worden war, so dass den drei Labors für den Alterstest Stücke übergeben wurden mit unterschiedlich hohem Gehalt an Fremdmaterial. Dies zeigt sich auch in den unterschiedlichen Alterstest-Ergebnissen, die ja dann nur in Mittelwerten der Labors und dann in einem gemeinsamen Mittelwert bekannt wurden. Remi Van Haelst, ein belgischer Chemiker, unternahm eine statistische Analyse aller C-14-Testergebnisse der drei Labors. Er fand Unterschiede in den Messwerten der Labors und Unterschiede in den Messwerten in den Unterproben. Bryan Walsh, ein Physiker und Statistiker, bestätigte die Analyse des Chemikers und studierte die Testergebnisse noch einmal. Sein Fazit: Die Proben sowie die zerteilten Proben, die in zahlreichen Einzeltests gemessen wurden, hatten ganz unterschiedliche C-14-Werte. Die Unterschiede waren groß genug, um davon auszugehen, dass das Probenmaterial nicht einheitlich war und somit von fragwürdiger Gültigkeit. Walsh fand eine bedeutende Abhängigkeit vor zwischen den einzelnen Unterproben und deren Entfernung zum Rand des Grabtuches.

Und nun zeigte sich durch die Analyse der hochauflösenden Fotos durch Benford und Marino, dass Oxford den Streifen erhalten hatte mit dem größten Anteil an Originalmaterial (deshalb auch hier ein „älteres“ Ergebnis im Mittelwert als in den anderen Labors); bei der Züricher Probe war schon etwas mehr mittelalterliches Ausbesserungsmaterial dabei, und Arizona bekam gleichzeitig das Stück mit dem kleinsten Anteil an Originalmaterial - und gleichzeitig noch eines mit dem größten Anteil. Wie erst später bekannt wurde, erhielt Arizona zu einem unbekannten Zeitpunkt einen weiteren ein Zentimeter breiten Streifen, abgeschnitten neben der Stelle, wo der Teil für Oxford entnommen worden war. So ist auch zu erklären, dass die drei Labors unterschiedliche Werte maßen.

Doch wann war diese Stelle ausgebessert worden, von der 1988 unglücklicherweise die Probe für den Alterstest entnommen worden war? Dieses „Französische Weben" wurde im Mittelalter vor allem angewandt bei besonderen Objekten wie heiligen Reliquien. Benford und Marino recherchierten in alten Dokumenten und meinen nun, dass diese Stelle irgendwann zwischen 1520 und 1560 - eventuell 1531 - ausgebessert wurde. Zu der Zeit gab es allein in Frankreich dreißig bis vierzig Meisterweber, die namentlich bekannt sind. Die meisten von ihnen, wenn auch vielleicht nicht alle, werden in der Kunst des „Französischen Webens" erfahren gewesen sein.

1480 wurde Margarete von Österreich als Tochter des Maximilian I. geboren, die dann die Gemahlin des Infanten Juan von Spanien wurde und nach dessen Tod die des Philibert I. von Savoyen, Besitzer des Turiner Grabtuches. Zu dieser Zeit um 1500 hatten bereits eine Menge Leute diese Reliquie gesehen, denn die Savoyer hatten es bei ihren Reisen von Schloss zu Schloss mitgeschleppt und hatten zahlreiche öffentliche Ausstellungen veranstaltet. Ein Jahr nach der Heirat von Margarete und Philibert I. von Savoyen war das Turiner Grabtuch nach Chambery gelangt, wo es erstmals in einem Dokument „Sindon Salvatoris nostri Jesu Christi" - Grabtuch unseres Erlösers Jesus Christus - genannt wurde. Ab jetzt wurde die kostbare Reliquie nicht mehr auf Reisen mitgenommen, sondern hatte ihren festen Platz in der Königlichen Kapelle im Schloss von Chambery. Man veranstaltete eine feierliche Überführung des Grabtuches in die Kapelle; mit dabei waren Margaret und Philibert, verwandte Herzöge und andere Adlige sowie all die lokalen Kirchenleute und bedeutenden Persönlichkeiten von Stadt und Land. Laurend Alamand, der Bischof von Grenoble trug das Grabtuch in seinem Silberbehälter von der Franziskanerkirche in Chambery zur Kapelle. Dort wurde es auf dem Hochaltar abgestellt und der Fürsorge des Erzdiakons Jaques Veyron und den Kanonikern anvertraut, die es an seinen

Stammplatz im Behälter hinter dem Hochaltar legten, in einer speziell angefertigten kleinen Nische in der Wand. Hier war es geschützt von einem Eisengitter mit vier Schlössern, jedes von einem anderen Schlüssel zu öffnen, zwei davon in Besitz des Herzogs. (Deshalb war es auch Jahre später beim Brand der Kapelle so schwierig, die Reliquie zu retten: man musste eigens einen Hufschmied kommen lassen, der in aller Eile die Schlösser zu öffnen hatte.)

Doch auch nach dem Legen auf seinen Stammplatz wurde das Turiner Grabtuch immer wieder herausgenommen, um anderswo ausgestellt zu werden. So z.B. am Karfreitag des Jahres 1503 in Bourg-en-Bresse zu Ehren der Heimkehr des Erzherzogs Phillip von Flandern von einer Spanienreise. Der Dokumentar der Savoyer, Antoine Lalaing, verfasste einen Bericht über dies Ereignis. Nach dem Predigen der Passion in der Kapelle ging es zu den Markthallen der Stadt, wo eine große Menschenmenge versammelt war, während drei Bischöfe dem Volk das Grabtuch vorzeigten, das wieder einmal mehr mit bloßen Händen am selben Rand gehalten und angefasst wurde, wie schon so oft zuvor. An diesem Rand sollten Benford und Marino Jahrhunderte später Ausbesserungsstellen identifizieren. Lalaing sprach in seinem Bericht davon, dass das Grabtuch unbeschadet Feuer, Wasser und Waschlauge überstanden habe. Welches Feuer? Der Brand von 1532 lag ja noch ein paar Jahre in der Zukunft. Hatte Lalaing die Ordal-Löcher gemeint?

1504 verstarb Philibert I. von Savoyen und hinterließ Margaret u.a. eine Sammlung wertvoller Bildteppiche sowie das kostbare Grabtuch. Da Margaret eine Leidenschaft für gewebte Wandteppiche hatte, erweiterte sie diese Sammlung um viele Stücke. Sie unterstützte die Webteppich-Industrie, und an ihrem Hof in Malines verkehrten und lebten Künstler, Poeten und Literaten; Händler aus England, Spanien, Frankreich und Italien kamen und gingen hier.

Am 20. Februar 1508 verfasste Margarete ihren Letzten Willen. Das wertvolle Grabtuch wollte sie ihrer jungen Kirche und dem restaurierten Kloster St. Nicholas in Brou vermachen, um für deren künftige Einkünfte zu sorgen: „Ich gebe meiner Kirche St. Nicholas alle heiligen Reliquien, die ich besitze und noch besitzen werde bei meinem Tod, das Stück vom Heiligen Kreuz, das Heilige Grabtuch, Knochen der Heiligen, die ich habe und noch haben werde bei meinem Tod, mit welchem die Kirche geschmückt werden kann."

Ein Jahr nach ihrer Testamentsverfassung ließ Margarete ein neues Reliquiar aus Silber für das heilige Grabtuch anfertigen, das der flämische Künstler Lievin van Latham entworfen hatte und für das Margarete 12.000 Goldecus ausgab. Die Überführung des Grabtuches in das neue Reliquiar in der Sainte Chapelle zu Chambery wurde selbstverständlich wieder mit allem Pomp und all den kirchlichen und außerkirchlichen VIPs durchgeführt.

Im Jahr 1530 verstarb Margarete von Savoyen. Historische Dokumente belegen, dass die Kirche in Brou niemals das Grabtuch erhielt. Eine Examination des Inventars der Margarete in dieser Kirche ergab, dass außerdem viele andere der im Testament hinterlassenen Reliquien vermisst wurden. Das Grabtuch blieb statt dessen in den Händen der Familie von Savoyen. Benford und Marino vermuten, dass damals zwei kleine Stücke vom Grabtuch abgeschnitten wurden, eventuell wurde eines dieser kleinen Stücke als Ersatz für das gesamte Grabtuch der Kirche in Brou übergeben, das andere könnte in Notre Dame von Bourg gelandet sein, da der dortige Kardinal an der Testamentsvollstreckung beteiligt war.

Wurden die abgeschnittenen Ecken durch „Französisches Weben" ersetzt? Wurde hier ausgebessert und repariert? Die Savoyer dürften mit Sicherheit die besten Kunstweber Frankreichs mit dieser Aufgabe betraut haben. Benford und Marino vermuten, hier könnte Pieter van Aelst, der bedeutendste Wandteppichhersteller der damaligen Zeit, beteiligt gewesen sein. Dr. Alan Adler meinte aufgrund seiner Analyse der Absorptionsmuster verschiedener Grabtuch-Proben, dass dieses oder diese entfernten Stoffstücke während des Feuers von 1532 bereits nicht mehr vorhanden gewesen seien.

Oder stammte die Reparatur in der Zone, die sich quer durch die Raes- und durch die C-14-Probe zieht, von den Nonnen in Chambery? Diese reparierten die heilige Reliquie zwei Jahre nach dem Feuer von 1532, fügten Flicken hinzu und nähten den sogenannten „Hollandstoff“ hinter das Grabtuch. Einig sind sich Benford, Marino und hinzugezogene Textil-Experten jedoch darin, dass diese Nonnen keine so kunstvolle „Französische Weberei“ hätten durchführen können; dies sieht man deutlich an den viel primitiveren Flickarbeiten von 1534. Eine Grabtuch-Kopie aus dem Jahr 1571 zeigt übrigens ganz deutlich das fehlende und ersetzte Stück Stoff in einer der Randzonen des Tuches.

Wann auch immer diese kunstvolle Ausbesserung durchgeführt wurde, sie führte im Jahr 1988 zu einem völlig falschen Ergebnis der Altersdatierung, obwohl diese offenbar korrekt durchgeführt wurde. Dieses Mallheur wäre nicht passiert, wenn - wie zunächst geplant - Proben statt von einer Stelle von insgesamt sieben verschiedenen Stellen entnommen worden wären. Aber hinterher ist man immer schlauer, so heißt es ja...

Die Ergebnisse der Textil-Analysen von Benford und Marino sollten von einer Seite her bestätigt werden, mit der niemand gerechnet hätte. Noch 2000 hatte Ray Rogers behauptet, er werde die Hypothese der beiden Forscher um eine mittelalterliche Flickstelle in der altersgetesteten Probenzone des Grabtuches „in fünf Minuten wiederlegen“. Er sollte länger als fünf Minuten benötigen, um herauszufinden, dass Benford und Marino recht hatten.

Rogers besaß Leinenfasern des Grabtuches aus der C-14-Zone, die 1988 erhalten worden waren, und er besaß Fasern aus anderen Tuchzonen, die 1973 für Raes und die 1978 in Turin von STURP entnommen worden waren. Als Mitglied von STURP hatte Rogers in 1978 selbst 32 Proben aus allen Regionen des Grabtuches entnommen mittels eines Klebebandes. Dieses spezielle Klebeband war von Ronald Youngquist von der Minnesota Mining and Manufacturing Corp. eigens für diesen Anlass hergestellt worden. Das Klebeband erlaubte eine Probenentnahme, ohne im geringsten in das Gewebe einzugreifen. Der Klebstoff konnte durch ein bestimmtes chemisches Reinigungsverfahren vollständig entfernt werden. Im Jahr 1979 erhielt Rogers vierzehn Garnsegmente, die von den Raes-Proben stammten, von

Prof. Gonella, und erst im Dezember 2003 händigte Gonella Proben von Schuss- und Kettfäden an Rogers aus, die von der für den Alterstest entnommenen Probe von 1988 stammten. Gonella versicherte Rogers, dass er diese Fäden aus dem Zentrum der Radiokarbon-Probe entnommen hatte.

Zwischen 1979 und 1982 waren zwar bereits einige dieser Proben bei chemischen Tests zerstört worden, doch die meisten Fasern waren noch vorhanden. Dieses Material unterzog nun Rogers umfangreichen chemischen und mikrochemischen Untersuchungen und arbeitete mit den allermodernsten Geräten. - Ein Kollege Rogers, Stanley T. Kosiewicz von den Los Alamos National Laboratories der Universität von Kalifornien, hatte ein Rechenmodell aufstellen können zur chemischen Alterseinschätzung von Leinen. Seine Untersuchungen hatten ergeben, dass der Verlust an Vanillin ein Indikator sei für das Alter eines Leinengewebes.

Vanillin entsteht beim Zersetzen des Holzstoffes Lignin, einer Gerüstsubstanz, die eine Versteifung von Pflanzenfasern bewirkt und in die Zellwände eingelagert wird. Lignin ist neben Zellulose der häufigste organische Stoff auf der Erde. Das Vanillin selbst zerfällt mit der Zeit unter Temperatureinwirkung. Leinen wird gebleicht, um so viel Lignin wie möglich daraus zu entfernen, doch etwas bleibt immer zurück.

Kosiewicz hatte nun ermittelt, dass das Turiner Grabtuch bei einer konstanten Lagerungs-Temperatur von 25° C 1319 Jahre gebraucht hätte, um 95% seines Vanillins zu verlieren. Bei einer Lagerung bei 23° C hätte dieser Prozess 1845 Jahre gedauert, bei 20° C etwa 3095 Jahre. Einen Leinenstoff, der 1260 hergestellt wurde, hätte 1978 noch ca. 37% seines Vanillingehaltes aufweisen müssen.

Rogers war nun sehr erstaunt, als sich herausstellte, dass in den Raes-Fasern und in den C-14-Proben-Fasern - ebenso wie in zum Vergleich herangezogenen mittelalterlichen Leinenstoffen - ein Gehalt an Vanillin existierte, wie er für mittelalterliche Stoffe zu erwarten wäre. Noch erstaunter aber war Rogers, als er herausfand, dass in den Original-Fasern - entnommen z.B. aus den Körperbildzonen - Vanillin völlig zu fehlen schien. Doch das Ergebnis war korrekt, seine Analyse perfekt: er musste zugeben, dass diese Werte der originalen Fasern auf ein viel höheres Alter hinwiesen, als es 1988 ermittelt worden war. Dass die Fasern z.B. aus der Körperbildzone praktisch 0% Vanillin enthielten, ließ einfach keinen anderen Schluss zu. Statt Benford und Marino zu wiederlegen, hatte er deren Forschungsergebnisse bestätigt!

Das Feuer von 1532 konnte nach Ansicht Rogers keinen großen Einfluss auf den Vanillin-Gehalt im Lignin des Gewebes gehabt haben, nicht auf alle Teile des Tuches gleichermaßen. Die thermale Leitfähigkeit von Leinen ist sehr schlecht, so dass die unversengten Teile des gefalteten Tuches nicht sehr heiß geworden sein können. Der rapide Wechsel der Farbe von schwarz zu weiß an den Rändern der Versengungen illustriert dies deutlich. Hitze durch Feuer würde zwar den Gehalt an Vanillin vermindern entsprechend der Temperatur und der Dauer der Einwirkung, jedoch würde dann das Vanillin in verschiedenem Maße in verschiedenen Gewebezonen abnehmen. Doch keine der Proben der originalen Tuchzonen (und derjenigen aus den Körperbildzonen sind hundertprozentig original) enthielt überhaupt Vanillin - so wie dies auch ermittelt worden war von ebenso alten vergleichbaren Leinenstoffen wie z.B. die von den Schriftrollen vom Toten Meer. Wäre das Turiner Grabtuch in der Zeit hergestellt worden, die 1988 beim Alterstest ermittelt worden war, so hätte es noch ca. 37% seines Vanillins aufweisen müssen. Das völlige Fehlen von Vanillin ließ nur einen Schluss zu: das Grabtuch war viel älter, als 1988 bestimmt worden war. Schlimmer noch: Der hohe Gehalt an Vanillin in den Fasern aus der Raes- und der direkt daneben liegenden C-14-Zone des Tuches ließ darauf schließen, dass hier jüngeres Material vorhanden sein musste. Eine Altersbestimmtung ist mit dieser Methode zwar nicht möglich, eine Schätzung jedoch schon.

Rogers fand noch mehr bei seinen umfangreichen chemischen Untersuchungen der Fasern. Die Fasern aus der Raes- und der C-14-Zone waren von einer gelb-bräunlichen amorphen Substanz umgeben und teilweise durchdrungen, deren Intensität von einer

Faser zur anderen variierte. Die Fasern aus den als original bestimmten Tuchzonen zeigten diese Substanz nicht. Es stellte sich heraus, dass es sich dabei um eine Substanz wie Gummiarabikum handelt. Die chemischen Tests ergaben eine Ablagerung von Pflanzengummi mit beigemischten Spuren von Alizarin.

Gummiarabikum wurde im Mittelalter für Textilapplikationen benutzt und war schon lange zuvor Teil in Tempera-Farben gewesen. Alizarin ist ein roter Farbstoff, der nach dem orientalischen Namen der Pflanze - Lizari oder Alizari - benannt wurde. Er ist enthalten in der Wurzel der Krapp-Pflanze. Diese kennt man als Wurzel der Färberröte, es ist eine Pflanze aus der Familie der Rötegewächse. Sein Farbstoff war neben Indigo der ältestes Pflanzenfarbstoff überhaupt. Er wurde schon im Altertum zum Färben verwendet, wie wir aus zwei erhalten gebliebenen Papyri aus dem 3. Jh.v.Chr. wissen. Im Grab des ägyptischen Herrschers Tutenchamun von ca. 1337 v.Chr. fand man Spuren von Alizarin auf einem Gürtel. Griechen und Römer verwendeten diese Färberröte. Im Mitteleuropa gibt es den ersten Hinweis auf die Verwendung von Krupp aus dem 5. Jahrhundert. Seit dem frühen Mittelalter war diese Pflanze der wichtigste Lieferant eines roten Farbstoffes.

Dieses Alizarin fand Rogers aufgelöst im Gummiarabikum vor, dieses sonst farblose Material gelblich verfärbend. Ein anderer Teil des Gummiarabikums ist angereichert mit einem roten Farbstoff auf der Basis von Aluminium-Oxid, wohl um einen etwas rötlicheren Farbton zu erhalten. Für Rogers - und Dr. Brown, ein Experte vom Georgia Institute of Technology, den er um eine unabhängige Analyse bat - ist diese Ummantelung an den Raes- und C-14-Fasern der Beweis für die Arbeit eines mittelalterlichen Künstlers, der es verstand, dem während der Ausbesserung hinzugefügten Fadenmaterial dasselbe vergilbte und gealterte Aussehen zu verleihen, wie dem Rest des Grabtuches. Die winzigen Spuren Alizarin im durchsichtigen Gummiarabikum erzeugten eine hellgelbe Farbe. Hier war absichtlich Material aufgebracht worden. Die Farben und die Verteilung der Ablagerungen ließen darauf schließen, dass zu einem uns unbekannten Zeitpunkt mit fremden Leinenfäden Reparaturen durchgeführt wurden in der hohen Kunst des „Französischen Webens“ und mit dem Ergebnis eines gleichen Farbtons der neuen und der alten Grabtuchfäden.

Es erstaunt nicht, dass Rogers als Fazit seiner Analysen bekannt gab, dass die Fasern aus der C-14-Zone des Tuches eine „komplett andere chemische Beschaffenheit als der Hauptteil des Grabtuches“ haben. Die Bestimmung des Vanillin-Gehaltes in den originalen Grabtuch-Fasern deuten seiner Meinung nach auf ein Alter des Gewebes hin von mindestens 1300 bis 3000 Jahren.

Somit waren sich etliche Forscher - Alan Adler, das Forscherpaar Whanger, Benford, Marino, Rogers und andere - darin einig, dass die Tuchprobe für den Alterstest von 1988 von einer denkbar schlecht gewählten Zone des Grabtuches stammt, einer Zone, die zu einem großen Teil aus mittelalterlichem Ausbesserungsmaterial besteht. Das Ergebnis von 1988 sei zwar korrekt, doch nicht repräsentativ für das gesamte Grabtuch.

Als Rogers seine Forschungsergebnisse im Januar 2005 in der Fachzeitschrift „Thermochimica Acta“ veröffentlichte, löste er damit zwar eine kleine Sensation aus, doch seine Ergebnisse blieben seltsam unbeachtet in kirchlichen Kreisen. Im Vatikan, in der Erzdiözese Turin, beim Wächter und beim Eigner des Turiner Grabtuches usw. hätte dies zu Jubelschreien führen müssen. Statt dessen ignorierte man dort diese aufsehenerregenden Forschungsergebnisse um mittelalterliche Ausbesserungsstellen und fehlenden Vanillingehalt der Grabtuchfasern.

Dies zeigte sich auch während der Internationalen Grabtuch-Konferenz, die im September 2005 in Dallas, Texas, abgehalten wurde. Es war die erste Konferenz außerhalb von Italien, an der eine Delegation aus Turin teilnahm. Zudem war es die erste derartige Konferenz, die mit einem apostolischen Segen des Papstes bedacht wurde. Benedikt XVI. hatte ihn nach Dallas senden lassen, und er wurde vor Beginn der Konferenz durch Bischof Kevin Vann von Fort Worth, Texas, verlesen. Dieser Segen, in dem das Grabtuch als ein „wertvolles Geschenk von Gott“ bezeichnet wurde, enthielt Grüße und Gebetswünsche für alle Teilnehmer der Veranstaltung. Eine weitere Erforschung dieser wertvollen Reliquie sei wünschenswert, so hieß es. Fast allen zum Teil von anderen Kontinenten und von weit her angereisten Wissenschaftlern sollten diese Worte noch zu denken geben. Auch der derzeitige Erzbischof von Turin und päpstlicher Wächter des Turiner Grabtuches, Kardinal Poletto, hatte sich nicht nehmen lassen, einen persönlichen Gruß an die Teilnehmer der Konferenz zu schicken. Als menschliches Wesen, so ließ er verlauten, fühle auch er sich beteiligt am Abenteuer dieser wissenschaftlichen Erforschung. Das Grabtuch betitelte er als „rätselhaftes Bild". Diesen Gruß hatte Monsignore Ghiberti vorgelesen, der mit der Turiner Delegation nach Texas gereist war.

Gut zweihundert Grabtuchforscher aus aller Herren Länder sowie internationale Medienvertreter versammelten sich im Großen Ballsaal des Adolphus Hotel und waren gespannt auf die angekündigten Vorträge. Zahlreiche Vertreter namhafter Zeitungen, Magazine, TV-Sender und Film-Produzenten waren anwesend, und NBC News hatte aus New York eine Filmcrew gesandt, um die Konferenz zu dokumentieren. Bald schon sollte sich herausstellen, dass hier ein anderer Wind wehte, als man erwartet hatte. Die sensationellen Forschungsergebnisse von Benford, Marino und Rogers, der kurz zuvor verstorben war, hätten den Mittelpunkt dieses Meetings bilden müssen, doch die Turiner Abgesandten machten keinen Hehl daraus, dass man Rogers Entdeckungen ebensowenig glaube wie denen von Benford und Marino. Zahlreiche der anwesenden Grabtuchforscher hatten tausend Fragen zur fatalen Restauration des Grabtuches und mussten nun feststellen, dass das Stellen von Fragen nicht erlaubt und offene Diskussionen nicht vorgesehen waren.

Angeblich zur Gewährung der Sicherheit während der Konferenz hatten die Veranstalter und Organisatoren - das Centro Internationale di Sindonologia, die Holy Shroud Guild und die American Shroud of Turin Association for Research - die weltbekannten Texas Rangers engagiert und diese bewaffneten Guards an Tür und Wand gestellt. Als der Archäologe Meacham den Leiter der Konferenz, Michael Minor, fragte, wozu ein bewaffneter Schutz nötig sei, antwortete dieser, es sei eine Vorsorgemaßnahme gegen „beleidigende Kritik und Kontroversen". Hinterher fragte sich mancher teilnehmende Wissenschaftler, warum man nicht gemeinsam gleich zu Anfang gegen diesen Unfug protestiert habe. Eine solche eiserne Kontrolle eincr Konferenz war auf anderen wissenschaftlichen Meetings völlig unbekannt und ganz untypisch für Amerika. Meacham meinte später, eine Konferenz, bei der wissenschaftliche Vorträge gehalten werden, Fragen aber nicht erlaubt seien, wäre seltsam und unheimlich.

Was die Nacht- und Nebel-Restauration anbelangte, hatte Turin Mechthild Flury-Lemberg nach Dallas gesandt, die in ihrem Vortrag „Correcting Missstatements about the Restauration" angeblich alle Missverständnisse in Sachen Restauration auszuräumen versprach. Sie erklärte, warum diese Aktion überhaupt nötig gewesen sei: Man habe die Ränder der Brandstellen entfernen müssen, damit sie das Leinen nicht oxidieren lassen. Den meisten Konferenzteilnehmern war jedoch längst klar, dass eine Oxidation Oxigen erfordert, nicht Karbon, wie es an den Brandstellen vorkommt. Zumal kann in einer 99,5%igen Argon-Atmosphäre, in der das Grabtuch gelagert wird, nicht viel Oxigen existieren. Flury-Lemberg behauptete ferner, dass Feuchtigkeit das Karbon in den Brandstellen veranlassen könnte, sich aufzulösen und eine Art schwarzer Tinte zu bilden, die permanente Flecken auf dem Tuch verursachen könne. Wiederum war wohl den meisten Wissenschaftlern im Saal klar, dass sich Karbon nicht in Wasser auflöst; es wird sogar benutzt in Wasserfiltersystemen zum Filtern von Partikeln. Beide von Flury-Lembeg vorgetragenen Argumente für die Restauration waren Null und nichtig. Dann behauptete Flury-Lemberg, solch eine Stopfstelle, wie sie Benford und Marino in ihren Artikeln beschreiben, gebe es auf dem Grabtuch gar nicht, denn die wäre auf der Rückseite des Stoffes sichtbar. Sie aber habe nichts dergleichen entdecken können. Wären Zwischenrufe erlaubt gewesen, so hätten ihr etliche Wissenschaftler gerne entgegnet, dass man nach solch einer Ausbesserungsstelle mit den Mitteln moderner Technik suchen müsse wie Spektralanalysen, chemischen Tests, Photomikroskopie usw. Flury-Lemberg behauptete auch, dass so eine Stopftechnik im mittelalterlichen Europa gar nicht bekannt gewesen sei. Doch auch dieses Argument hatten nicht nur Benford und Marino bereits in vorausgegangenen Artikeln wiederlegt. Weil Zwischenrufe nicht gestattet waren, erlaubten sich einige wenige Zuhörer im Saal zumindest ein leises Kichern. Da William Meacham schon mehrfach zuvor während der Konferenz durch unbequeme Fragen an die Veranstalter aufgefallen war, stand kurioserweise während des Flury-Lemberg-Vortrags ein bewaffneter Guard an der Wand ganz in der Nähe dieses Archäologen. Meacham machte sich einen Spaß daraus, diesen immer wieder anzugrinsen und ihm fröhlich zuzuzwinkern. Flury-Lemberg, als professionelle Wissenschaftlerin, hätte übrigens lieber, wie man später erfahren konnte, eine offene Diskussion geführt. Statt dessen musste sie ein zweites Mal das Podium besteigen für ein Interview, das der Leiter der Konferenz, Michael Minor, mit ihr führte und das den Zweck hatte, alle Gerüchte um die Restauration zu ersticken. Doch den Anwesenden wurde nur zu schnell klar, dass hier in aller Eile Antworten vorbereitet worden waren, die mehr als unzureichend waren und keinesfalls geeignet, die berechtigten Fragen der Wissenschaftler zufriedenstellend zu beantworten. Minors Fragen klangen wie die FAQs auf zahlreichen Internetseiten und machten das ganze Interview zu einer lächerlichen Farce.

Minor fragte beispielsweise: Wurde das Turnier Grabtuch mit Dampf gereinigt? Flury-Lemberg antwortete mit einem kurzen und knappen: „Nein." Auf die Frage, ob aus dem Grabtuch Falten entfernt worden seien, antwortete sie ebenso kurz aber unwahr: „Nein." Als Minor fragte, ob das Grabtuch gewaschen worden sei, zeigte sich auf dem Gesicht Flury-Lembergs Entsetzten und sie antwortet: „Nein. Wie hätten wir das tun können?" Diesmal konnte sich einer der Teilnehmer einen Zwischenruf nicht verkneifen und rief: „Genau so, wie ihr wichtige Beweise entfernt habt, ohne es zu bemerken!“ Damit spielte er sicherlich auf die Art und Weise an, wie bei der Restauration großzügig an den Brandstellen beschnitten und Material in Sammelbehältern verpackt worden war. Ein wirkliches Interview war dies nicht, hier wurden streng vorgeschriebene Fragen gestellt und vorverfasste allgemeine Antworten gegeben.

Dennoch lief nicht alles so, wie es die Veranstalter und die Turiner Autoritäten geplant hatten. Ein ungeplanter Vortrag von Benford und Marino hatte eingeschoben werden können, und prompt referierten die beiden Forscher über ihre neuesten Forschungsergebnisse und Beweise sowie die historischen Hintergründe für die unsichtbare Ausbesserungsstelle im Grabtuch. Auch der Vortrag von Alan Whanger war eine Überraschung. Statt über das zu referieren, was die Veranstalter erwarteten, sprach er über seine radiologische Analyse der C-14-Probenzone anhand der Röntgenstrahlenfotos von 1978. Er belegte ganz klar, dass diese Ergebnisse mit denen von Benford, Marino und Rogers übereinstimmen und typisch sind für eine unsichtbare Ausbesserungsstelle.

Eine unschöne Überraschung erlebte der aus Italien angereiste Forscher Giulio Fanti. Sein Vortrag, den er zusammen mit 24 weiteren Forschern ausgearbeitet hatte und der alle Fakten und bekannten Forschungsergebnisse der Grabtuchforschung auflistete und nach deren wissenschaftlicher Relevanz ordnete, war zunächst von den Organisatoren akzeptiert, dann aber herausgenommen worden. Fanti erfuhr dies erst, als er in Dallas eintraf. Man verwehrte ihm, diesen Vortrag zu verlesen, obwohl man ihn in die nach der Konferenz erscheinenden Proceedings mit aufnehmen wollte. Als Fanti fragte, warum er nicht referieren dürfe, hieß es, sein Vortrag sei zu politisch. Viele anwesende Wissenschaftler waren sich darin einig, dass man so keinen gestandenen Universitätsporfessor behandelt. Doch dann trickste Fanti die Veranstalter aus, indem er in einem privat angemieteten Raum den Vortrag nach dem Bankett doch noch hielt, sozusagen außerhalb des Rahmens der Konferenz. Fanti konnte sich über eine große Anzahl von Zuhörern freuen, und niemand von ihnen konnte sich vorstellen, was um alles in der Welt in diesem Referat denn politisch gewesen sein sollte. Oder war es wieder einmal um die unsichtbare Stopfstelle im Tuch gegangen, die im Vortrag selbstverständlich aufgeführt wurde?

Sogar die finale Veranstaltung, die als Diskussion in den Programmheften angekündigt worden war, war eine Farce, in der auf Fragen nur ausweichend geantwortet wurde und offizielle Erklärungen abgegeben wurden. Vierzig Minuten nach Beginn dieser „Diskussion“ verkündete Minor plötzlich, die letzte Frage sei gestellt und die Konferenz beendet. Die einzigen wirklichen Diskussionen, die stattfanden, gab es an den beiden Abenden im privaten Rahmen. Die Vertreter der Turiner Delegation ließen sich hier gar nicht erst blicken und waren somit für Fragen zur Restauration usw. nicht erreichbar. Für viele Teilnnehmer der Veranstaltung waren diese privaten Diskussionen das einzig prositive an der Konferenz gewesen. Manche machten keinen Hehl daraus, dass sie die ganze Veranstaltung für eine reine Show-Konferenz hielten mit einer abgesicherten Umgebung für die päpstliche Delegation und ohne die geringste Gelegenheit für Kritik oder unbequeme Fragen. Das Vertrauen des Papstes darauf, dass die Veranstaltung ein Zeichen sein solle von Kooperation und des Dialoges zwischen verschiedenen Gruppen, die in der wissenschaftlichen Erforschung des Turiner Grabtuches engagiert sind, war hier ad absurdum geführt worden. Dabei war die Konferenz durchaus exzellent organisiert gewesen und musste viel Geld verschlungen haben. Schade, dass sie ein solcher Fehlschlag war.

Man kann gespannt sein auf die nächsten Konferenzen, Symposien und Meetings. Die Grabtuchforschung jedenfalls wird weitergehen und noch viele neue Daten und Fakten zusammentragen. Die wichtigsten Forschungszentren befinden sich derzeit in Italien (3), den USA (12), Frankreich (3), Argentinien, Australien, Brasilien, Kanada, England, Mexiko und Spanien. Konferenzen gab es bereits in Frankreich, Hongkong, Italien und den USA. Von den einst zwölf Fachmagazinen, die regelmäßig über die Grabtuchforschung berichteten, haben jedoch nur fünf überlebt. Insgesamt wurden mehr als siebenhundert Bücher über das Turiner Grabtuch geschrieben in zahlreichen Sprachen, und es wurden Dutzende von Filmen und Dokumentationen über diesen Gegenstand gedreht. Leider werden hier und in der Yellow Press gerade die wildesten Bildentstehungstheorien weit verbreitet und erhalten dadurch große Aufmerksamkeit. Nicht viel anders verhält es sich im Internet, das jedoch auch seine guten Seiten hat: die Informationen rund um das Turiner Grabtuch sind heute sehr viel mehr Menschen zugänglich, als jemals zuvor; jedermann kann sich heute hochauflösende Fotos des Grabtuches direkt auf den heimischen PC holen. Die Erforschung des rätselhaftesten aller Gegenstände geht weiter und weiter...

Währenddessen ruht die umstrittenste aller Reliquien bis zur nächsten Ausstellung, die für das Jahr 2010 geplant ist, in einer großen klimatisierten Kiste, kugelsicher und luftdicht gelagert in einer 99,9%igen Argon-Atmosphäre, überwacht mit modernsten Geräten wie Druckmessern und Monitoren und außerhalb des Behälters geschmückt mit Kopien des Grabtuches und einer Antlitz-Vergrößerung. Dass sich der kostbare Gegenstand tatsächlich im Behälter befindet, verrät eine Tafel, auf der dies in vielen Sprachen versichert wird.

*Kapitel VI*

# Leonardo da Vinci - Hersteller des Grabtuches?

## *Das erste Foto der Geschichte?*

Seit über einhundert Jahren nun schon präsentieren Forscher, Gelehrte und Wissenschaftler verschiedenster Fachgebiete Hypothesen darüber, wie das Körperbild auf dem Leinentuch entstanden sein könnte. Einige dieser Hypothesen basieren auf seriöser Wissenschaft, während andere auf purer Spekulation beruhen. Immer wieder wird in den Medien ein Bild auf Leinenstoff präsentiert und behauptet, das Körperbild auf dem Turiner Grabtuch nachgebildet und damit die Reliquie als Fälschung entlarvt zu haben.

Eine dieser Hypothesen, die immer wieder in der Presse und in TV-Sendungen auftaucht, lautet, dass der geniale Künstler, Erfinder und Naturforscher Leonardo da Vinci (1452 - 1519) der Hersteller des Turiner Grabtuches sei. - Das ist an sich eine sensationelle Idee, die sich jedesmal entsprechend schnell und weit verbreitet und da Vinci als eine Art Kujau-Fälscher des Mittelalters darstellt. Die Idee, dass ein Künstler der Hersteller des Körperbildes sei, ist nicht neu. Immer wieder in der Geschichte dieser rätselhaften Reliquie war erwogen worden, ob das Bild ein Gemälde sei, ein Abdruck oder eine Versengung durch eine heiße Statue. Doch das Turiner Grabtuch ist nicht nur einer der umstrittensten, sondern auch einer der meisterforschtesten Gegenstände aller Zeiten. Die Ergebnisse von jahrzehntelangen Untersuchungen mittels Photomikroskopie, chemischer Analysen, Massenspektrometrie und zahlreicher anderer Forschungsmethoden zeigen ganz klar, dass das Körperbild weder durch Farbmaterial, noch durch Pulver oder durch eine Versengung oder durch eine Mischung des Dampfs aus Körperschweiß und Begräbnisspezereien entstanden sein kann. - Könnte Leonardo da Vinci das Bild auf dem Tuch mittels einer Camera obscura hergestellt haben? Ist das Körperbild auf dem Leinenstoff ein Foto - das erste Foto der Geschichte?

Dazu hätte Leonardo zunächst einmal den passenden Leinenstoff haben müssen. - Hätte er einen solchen erwerben oder herstellen lassen können? Unter den Grabtuchforschern gibt es eine ganze Reihe von Textilexperten, die das Gewebe gründlich untersucht haben. Diese Untersuchungen ergaben:

- Die Leinenfäden für diesen Stoff wurden auf eine Weise gesponnen, die zu Leonardo's Zeit bereits „out“ war: per Hand auf einer Spindel, während man in Europa bereits seit Ende des 13. Jahrhunderts per Spinnrad arbeitete.
- Die Leinenfäden wurden auf eine Weise gebleicht, wie sie im Nahen Osten mit minimalen Unterschieden nur bis zum Ende des 13. Jahrhunderts in Gebrauch war. Chemische Analysen von Grabtuch-Fasern ließen auf eine sehr schwache Bleichtechnik schließen, die übereinstimmt mit den Methoden, die Plinius d. Ä. 77 n. Chr. beschrieb. Wenn die Spindel voll war, machte man ein Bündel fertiger Fäden. Diese Bündel wurden separat gebleicht, so dass die Endfarbe nicht immer gleich ausfiel. Das kann man noch heute sehen an den leichten Farbunterschieden verschiedener Webregionen im Grabtuch. Zu Leonardo's Zeiten waren längst bessere Bleichmethoden entwickelt worden, die ein weisseres und gleichmäßiger gefärbtes Material ergaben.
- Der Stoff des Turiner Grabtuches wurde sehr wahrscheinlich auf einem syrischen oder ägyptischen Webrahmen hergestellt. Das fertige Gewebe wurde mit Seifenkraut und Wasser gewaschen und dann im Freien über Büschen hängend getrocknet, so wie es den von Plinius beschriebenen Verfahren entspricht.
- Das Argument, das Fischgrätmuster sei eine moderne Webmethode, ist falsch. Dieses Muster haben bereits zweitausend Jahre alte Tücher aus Ägypten.

Hätte Leonardo ein solches Tuch nach alten Methoden herstellen lassen können? Oder erwarb er einen bereits alten Stoff? Dass dieser Stoff älter ist als die Zeit Leonardos, ergaben wie bereits geschildert die Forschungsergebnisse von Rogers, Benford und Marino. Leonardo hätte sich also einen alten Stoff besorgen müssen. - Soweit kein Problem. Doch wie sieht es aus mit der Herstellung des Körperbildes?

Leonardo habe es, so wurde wiederholt behauptet, per Camera obscura hergestellt, es sei ein Foto. Leonardo sei genial genug gewesen, so die Befürworter dieser Hypothese, eine frühe Form der Fotografie zu erfinden und anzuwenden. Eine Camera obscura wird schon erwähnt von Schriftstellern der Antike. Ob griechisch -römische Künstler sie bei ihrer Arbeit einsetzten, ist nicht bekannt. Erst als man die antiken Schriften in der Renaissancezeit übersetzte, wurde die Camera obscura „wiederentdeckt" und für künstlerische Zwecke eingesetzt als Hilfsmittel beim Zeichnen. Leonardo da Vinci beschrieb eine solche in seinen Notizen - doch setzte er sie ein als primitiven Fotoapparat?

Seine Camera obscura hätte eine Linse haben müssen. Zu seiner Zeit wurden bereits bikonvexe Linsen für Augengläser hergestellt. Doch die Technik des Polierens einer Linse der Güte, wie sie für eine Camera obscura und ein scharfes Bild durch die Bündelung von Lichtstrahlen nötig gewesen wäre, soll erst Giovanni Battista della Porta im 16. Jahrhundert eingeführt haben. Die Theorie der Bildherstellung mittels Linsen wurde jedoch das erste Mal durch Isaac Newton und Renee Descartes im 17. Jahrhundert erforscht und teilweise durch Carl Friedrich Gauss im 19. Jahrhundert, der als erster die Idee der Brennweite einführte. Leonardo hätte also etliche spätere Entdeckungen und Erfindungen vorwegnehmen müssen, ohne dies bekannt zu machen oder schriftlich niederzulegen, ganz seiner Art widersprechend, mit der er sonst jede Kleinigkeit notierte. Diese Tatsache stört jedoch die Vertreter der Leonardo-Hypothese nicht: Das Turiner Grabtuch sei ein Geheimprojekt gewesen, von dem niemand etwas wissen durfte.

Doch eine Camera obscura allein mit passender Linse macht noch kein Foto. Leonardo hätte sich eine Dunkelkammer bauen müssen zum Vorbereiten des Tuches. Dieses musste mit einer lichtempfindlichen Schicht versehen (Silbernitrat- oder Silbersulfat-Lösung) und dann in absolut dunkler Umgebung luftgetrocknet werden. Zu Leonardo's Zeiten war die Chemie noch nicht weit genug fortgeschritten, um die genauen chemischen Eigenschaften von Silbernitrat sowie dessen Lichtempfindlichkeit zu kennen. Leonardo hätte also auch hier der heimliche Vorreiter sein müssen. - Als Modell habe Leonardo einen Kadaver eines gekreuzigten Mannes benutzt, den er für die lange Belichtungszeit (Fotoexperten von heute reden von mehreren Tagen) in die Sonne gehangen hätte mit entsprechender Distanz zur optisch qualitaiv hochwertigen Linse seiner Camera obscura, während im Innern der Kamera in derselben Entfernung das präparierte Leinentuch hing. Dieser Kadaver hätte zudem auch noch absolut bewegungslos hängen müssen, denn eine Camera obscura überträgt ja bewegliche Bilder, und er hätte sich stufenlos dem Winkel der Sonnenstrahlung anpassen müssen. Nach dem Belichten soll Leonardo dann das Foto mittels Ammoniaklösung oder Urin fixiert haben. Dann dieselbe Prozedur noch einmal für die Ablichtung der Rückseite des Kadavers, und dann dasselbe noch einmal für das jüngst erst entdeckte schwächere Körperbild auf der anderen Stoffseite unter der Vorderseite des Mannes und alles perfekt deckungsgleich: Voila, die ersten Fotos der Welt auf einem Leinenstoff!

## *Das Körperbild auf dem Grabtuch ist kein Foto*

Diese geniale Idee mit Leonardo's Foto auf dem Turiner Grabtuch hat leider viel zu viele Haken. Dies sind die Fakten, die gegen die Hypothese sprechen:

- Das Körperbild auf dem Turiner Grabtuch ist definitiv kein Foto. Es besteht aus nichts anderem als Dehydration (Wasserentzug) und Oxidation (Sauerstoffaufnahme) der allerobersten Faserspitzen der Flachsfasern (nicht Fäden) des Gewebes. Jeder Leinenfaden des Tuches besteht aus 70 bis 120 Fasern, und nur die dem im Stoff liegenden Körper zugewandten obersten Enden einzelner Fasern wurden von der Bildentstehungsursache getroffen sowie diejenigen in geringerem Maße auf der anderen Stoffseite der einen Tuchhälfte. Die Grabtuchforscher reden vom Oberflächencharakter der Bildspuren.

- Das Körperbild besitzt Negativcharakter, ist jedoch kein fotografisches Negativ. Die Umkehrung der Hell- und Dunkelwerte des Körperbildes hat zwar gewisse Ähnlichkeit mit einem Fotonegativ, basiert aber auf der senkrechten Richtung der Bildentstehungsursache in Kombination mit dem jeweiligen Abstand zwischen Körper und Tuch: dem 3-D-Effekt.
- Das Körperbild weist einen 3-D-Kode auf. Die Anzahl der jeweils betroffenen Flachsfaserspitzen ist abhängig vom Abstand zwischen Tuch und Körper. Dieser Fakt schließt aus, dass das Körperbild auf dem Grabtuch ein Foto oder ein Kunstwerk ist, denn dieses Bild setzt einen realen Körper voraus, der während der Bildentstehung im Tuch lag bzw. während der Bildentstehung auf unerklärliche Weise materiell durchgängig wurde bzw. verschwand.
- Die Körperbildspuren sind überall von gleicher Stärke. Als die Grabtuchforscher erkannt hatten, dass der Verfärbungsgrad bei allen getroffenen Punkten gleich ist, und dunklere Stellen nur deshalb dunkler waren, weil hier mehr Faserspitzen betroffen waren, sprachen sie vom Pixel-Effekt. Ob Nasenspitze oder Augenhöhle: überall war der Verfärbungsgrad absolut gleich, unterschiedlich war nur die Anzahl der vergilbten Faserspitzen. Je kürzer der Weg zwischen Körper und Tuch, je mehr Faserspitzen waren betroffen. Was auch immer dies für ein Prozess gewesen war, der das Bild verursachte, er war offenbar eng um den Körper begrenzt und perfekt dessen Formen angepasst.
- Das Körperbild ist randlos, es verliert sich allmählich im Stoff. Ein Foto aber hätte einen deutlichen Rand aufgewiesen.
- Das Körperbild entstand nicht mittels eines toten oder leben den Modells, das per Fotografie abgelichtet wurde. Ein Leichnam wäre verwest, ehe alle Bilder belichtet worden wären: das der Vorderseite, das der Rückenseite und noch einmal eines der Vorderseite auf der anderen Stoffseite. Die Vorstellung, dass für all diese Einzelaufnahmen identische Leichname Gekreuzigter verwendet wurden, ist absurd. Ein lebendes Modell kommt

auch nicht in Frage, denn nach Meinung der Chirurgen, Pathologen, Gerichtsmediziner und Anatomen unter den Grabtuchforschern war der abgebildete Körper bei der Bildentstehung definitiv tot. Der Körper befand sich im Stadium der Leichenstarre, die auf dem Bild vollkommen korrekt wiedergegeben ist für einen Körper, der an den Armen hängend gestorben ist. Während der Bildentstehung lag der Körper eines Gestorbenen im Tuch mit etwas angewinkelten Beinen und mit leicht nach oben gebogenem Oberkörper (wohl weil dieser auf einer höheren Unterlage ruhte). Wegen dieser Liegeposition (siehe S. 223) ergibt die Körperlänge von der Kopfspitze bis zu den Zehenspitzen, gemessen am Bild auf dem Tuch, einen falschen, zu kurzen Wert; die Arme wirken deshalb zu lang und die Hände liegen „schamvoll über dem Gemächt“ und das Rückenbild ist etwas kürzer als das Vorderbild.

- Das Antlitz des Körperbildes ist keine zusätzliche Extra-Aufnahme. Von Vertretern der Leonardo-Hypothese wurde wiederholt behauptet, die Vorderansicht des Kopfes sei ein Selbstportrait des Künstlers. Der Kopf passe von den Proportionen her nicht zum üblichen Körper und das Antlitz habe Ähnlichkeit mit einem bekannten Selbstportrait Leonardos (S. 264). Dass der Kopf die falsche Größe zu haben scheint, liegt an der eben erwähnten verkürzten Liegeposition mit den etwas angewinkelten Beinen und daran, dass die Seitenpartien des Gesichtes fehlen als Folge der strikt senkrechen Ausrichtung der Bildentstehungsursache. Nach Meinung der Ethnologen und Rassenspezialisten unter den Grabtuchforschern ist der Mann auf dem Körperbild semitisch; Leonardo war kein Semite.
- Die Bildspuren und die Blutspuren entstanden nicht zur gleichen Zeit und nicht auf die gleiche Weise. Die Blutspuren entstanden VOR den Bildspuren durch echtes menschliches Blut der Gruppe AB. Die Ärzte unter den Grabtuchforschern konnten eindeutig venöses von artiellem Blut unterscheiden sowie Blut, das schon am Körper entlanggeflossen war, als der Mann noch lebte, und postmortales Blut, das erst nach dem Tod aus-

*Selbstportrait von Leonardo da Vinci aus dem Jahr 1515.*

trat (vor allem an den Nagelwunden, offenbar aufgrund des Entfernens der Nägel) - alles in allem Blut aus verschiedenen Perioden über einen Zeitraum von gut zwölf Stunden. Die Bildspuren hingegen entstanden erst nach den Blutflecken. Leonardo hätte die Fotos der Vorderseite, der Rückenseite und noch einmal das auf der vorderen anderen Tuchseite perfekt passgenau auf die Blutflecken arrangieren müssen (die Blutflecken wurden ja nicht NACH Entstehung der Bilder hinzugefügt). Das ist nach Ansicht nicht nur der Fotoexperten unter den Grabtuchforschern absulut unmachbar. Nach der Bildentstehung drang kein Blut mehr in den Stoff ein.

- Last but not least genügt ein einziger Blick in ein beliebiges Lexikon, um zu sehen, dass Leonardo da Vinci das Turiner Grabtuch gar nicht hergestellt haben kann, da er zur falschen Zeit lebte. Die schriftliche Dokumentation des Turiner Grabtuches beginnt mit der öffentlichen Ausstellung dieser Reliquie im Jahr 1357 (nach anderer Quelle um 1355) in der Stiftskirche zu Lirey in Frankreich - ein Datum, das gut hundert Jahre vor der Geburt des Leonardo da Vinci liegt. Die historische Rekonstruktion der Geschichte des Grabtuches reicht jedoch noch sehr viel weiter zurück. Es kam 943 als Mandylion nach Edessa, wo es 525 in einer Nische der Stadtmauer aufgefunden worden war. Diese Geschichte des Turiner Grabtuches wird belegt durch zahlreiche unabhängige Forschungsergebnnisse: identifizierte Faltspuren (aus drei verschiedenen Zeiten, in denen es jedesmal anders gefaltet aufbewahrt worden war), Pollen, Staubpartikel u.v.m.

Die Hypothese, dass Leonardo da Vinci der Hersteller des Turiner Grabtuches war, ist unhaltbar und müsste eigentlich längst zu den Akten gelegt worden sein. Doch immer wieder taucht diese Hypothese erneut in den Massenmedien auf, so wie vor kurzem gleich mehrere Male in TV-Sendungen der öffentlich-rechtlichen Fernsehanstalten. Im Dezember 2005 lief die Premiere einer zweistündigen Dokumentation über das Turiner Grabtuch auf dem amerikanischen History Channel: „Unraveling the Shroud of Turin". Das TV-Team hatte zuvor versucht, mittels Camera obscura ein Foto auf ein Tuch zu machen, passend zum Highlight der Sendung, der Leonardo da Vinci-Hypothese. Für dieses Experiment hatte das Team zusammengearbeitet mit dem Künstler Stephan Berkman. Es wurden nur einfache Linsen benutzt, wie man sie im 13. Jahrhundert hätte haben können, und entwickelt und fixiert wurde nur mit Chemiaklien, die damals bekannt waren. Das Foto wurde belichtet auf einem mit lichtempfindlichen Chemikalien getränkten Leinentuch. Um ein lebensgroßes Bild zu erhalten, hatte der Leinenstoff fast zwei Meter weit entfernt von der Linse positioniert werden müssen. Dadurch konnte nur ein extrem schwaches Licht erhalten, und das Bild musste 43 Tage lang belichtet werden. Das Experiment war ein kompletter Reinfall, denn das schwache Bild, das man erhalten hatte, war jenseits der Dunkelkammer verschwunden und nicht mehr zu erkennen. Obwohl man das Experiment auf der Basis von zweihundert Jahren Erfahrung in der Fotografie durchgeführt hatte, war es ein Fehlschlag. Dennoch wurde in der Sendung die Hypothese mit der Camera obscura als „möglich“ präsentiert, ohne das misslungene Experiment zu erwähnen. Man hatte sich wohl dem aktuellen Dan-Brown-da-Vinci-Code-Trend anpassen wollen, um höhere Einschaltquoten zu erzielen. Ehrlicherweise gab Sean Heckman, der Co-Produzent dieser Dokumentation, in einer E-mail an den STURP-Fotografen Barrie Schwortz zu: „Ich finde es schwierig, zu glauben, dass solch ein Bild vor 600 Jahren hergestellt worden sein soll, insbesondere ein Bild, das bis heute sichtbar erhalten geblieben ist.“

Viele Argumente der Vertreter der Leonardo da Vinci-Hypothese wurden bereits mit einer ganzen Anzahl seriöser wissenschaftlicher Fachartikel widerlegt, die kaum Beachtung fanden, da sie nicht in der Yellow Press erschienen. Die Grabtuchforscher stört das indes wenig; sie arbeiten in aller Stille weiter, denn noch weiß niemand, wie das Körperbild auf dem Turiner Grabtuch entstanden ist. Eine plausible Bildentstehungstheorie muss ALLE Bildmerkmale erklären können:

- den Oberflächencharakter der Bildspuren
- die chemische Beschaffenheit der Bildspuren: Dehydration und Oxidation

- den Negativcharakter
- den 3-D-Effekt
- die Wasserresistenz und die Hitzebeständigkeit der Bildspuren
- das schwächere deckungsgleiche Körperbild auf der anderern Tuchseite
- das Fehlen von Bildspuren der Seitenpartien des Körpers
- die in die Haarzone verschobenen Blutspuren der seitlichen Wangenpartien
- den Röntgenstrahleneffekt des Bildes im Bereich der Zähne und einiger Knochen
- und viele andere Bildmerkmale mehr.

## *Fragen über Fragen*

Bisher hat noch keine einzige Hypothese die Entstehung des Körperbildes mit Erfolg erklären können. Wer weiß, vielleicht bringt eine zukünftige Bildentstehungstheorie auch gleichzeitig eine Lösung für das 2000 Jahre alte Rätsel um das verschlossene und dennoch leere Grab Christi? Die Lieblingstheorie einiger moderner Physiker, darunter der bekannte Frank Tipler, scheint in diese Richtung zu weisen: das Bild entstand durch eine eng um den Körper beschränkte unbekannte Strahlung von extrem kurzer Dauer, die das Tuch im selben Moment in die plötzlich leere Körperzone herabfallen ließ und dabei das Bild auf das Gewebe brannte.

Im Jahr 1898, als die wissenschaftliche Erforschung des Turiner Grabtuches begann, ahnte niemand, dass sich dieser Gegenstand zum umstrittensten Einzelobjekt aller Zeiten entwickeln würde. Prof. John Jackson hat recht, wenn er behauptet, diese Reliquie sei das größte wissenschaftliche Puzzle der Geschichte.

Als Dr. John Heller zum ersten Mal vom Turiner Grabtuch hörte - er las einen in der Zeitschrift „Science“ erschienenen Artikel -, gingen ihm folgende Gedanken durch den Kopf: Das Grabtuch ist kein Gegenstand wie der mythische Gral, sondern ein realer, greifbarer Gegenstand, und die Wissenschaft ist in der Lage, reale Gegenstände zu analysieren. Dies Tuch besteht aus Atomen und Molekülen, die wir identifizieren können. Es ist absolut unmöglich, dass die Wissenschaft nicht in der Lage sein sollte, die Antworten zu finden. Als Heller sich Jahre später an diese seine ersten Gedanken zum Grabtuch erinnerte, sagte er einsichtig: „Ich hatte noch viel zu lernen!"

Kein Forschungsobjekt ist bisher in derart internationaler, interkonfessioneller und interdisziplinärer Zusammenarbeit und von Wissenschaftlern so vieler Fachgebiete erforscht worden, und dies, ohne das Rätsel um seine Entstehung zu lösen. Sind wirklich, wie John Jackson vorschlug, neue Denkansätze nötig? Ober benötigen wir erst weitere Fortschritte und neue Entdeckungen in unserer zukünftigen Wissenschaft, um das Rätsel lösen zu können? - Die bisherige Erforschung dieses mysteriösen Gegenstandes hat bereits mehr Fragen aufgeworfen, als Antworten gefunden, obwohl die Sindonologen inzwischen diese Forschungen mit modernster Technologie der Raumfahrt und der Atomphysik weiterführen.

Dennis Dutton, Kunsthistoriker und Philosoph an der Universität von Canterbury in Neuseeland, hat recht mit seiner Feststellung: „Die Antworten, die die moderne Technologie geben kann, können nur so gut sein, wie die zuvor gestellten Fragen."

Bedauerlich ist vor allem die Tatsache, dass die zahlreichen wesentlichen Fakten - wie z.B. die sensationelle Kollaps-Hypothese - in Fachzeitschriften und wissenschaftlichen Werken begraben liegen. Die Idee des Tuchzusammenfalls in eine plötzlich leere Körperzone während der Bildentstehung müsste eigentlich sowohl in der wissenschaftlichen Fachwelt als auch in der Kirche und in den Kreisen der Medien und interessieter Laien wie eine Bombe eingeschlagen sein. Ist sie doch bislang die einzige Theorie, die alle mysteriösen Bildmerkmale erklären könnte! Diese Hypothese würde auch im Einklang stehen damit, dass das Körperbild auf dem Tuch tatsächlich vor 2000 Jahren entstand, und dass der Glaube an das vielzitierte und heiß umstrittene „leere Grab" Jesu auf Tatsachen beruht. Schade nur, dass sich diese Hypothese technologisch (noch?) nicht überprüfen lässt.

Was ist das Turiner Grabtuch? Warum existiert es? Das Nachdenken über solche und ähnliche Fragen sowie die Tatsache, dass unsere allermodernste High Tech weder imstande ist, solch ein Körperbild zu imitieren noch seine Entstehung zu enträtseln, brachte einige Sindonologen und andere, die sich mit dieser Reliquie befassen, zu interessanten und recht spekulativen Erörterungen.

Dom Silvester Houedad steht mit seiner Ansicht, das Turiner Grabtuch könnte das Vermächtnis Christ sein für das 20. (inzwischen 21.) Jahrhundert oder nachfolgende Generationen, nicht alleine da. „Könnte es sein", so fragen die beiden Autoren Kenneth E. Stevenson und Gary R. Habermas in ihrem Buch „Verdict on the Shroud" (London 1982), „dass das Grabtuch ein Zeichen von Gott ist an unsere Zeit? In einem Zeitalter, in dem die Wissenschaft das Vertrauen in die Evangelien schwierig macht, mag die Wissenschaft so weit gehen wie möglich, um Beweise für die Richtigkeit der Evangelien zu erbringen."

Ähnlich argumentiert auch William Deerfield, Mitherausgeber der „Guidepost" in der November-Ausgabe von 1981: „Könnte es sein, dass Jesus für den ungläubigen Thomas in jedem von uns etwas am ersten Ostermorgen im Grab zurückließ - ein schwaches, bräunliches Bild auf einem zarten Leinenstoff -, eine Art schriftlicher Visitenkarte?" Selbst der Wissenschaftler Ray Rogers fragt ähnlich: „Welchen besseren Weg könnte es geben, falls du ein Gott wärest, um den Glauben in einem skeptischen Zeitalter zu erneuern, als vor 2000 Jahren einen Beweis zurückzulassen, der erst durch das technische Know how dieses skeptischen Zeitalters erkannt werden kann?" Isabel Piczek, Malerin, Physikerin und Grabtuchforscherin, ist der Meinung, dass erst die zukünftige Wissenschaft das Rätsel um die Bildentstehung werde lösen können.

Die Entstehung des Körperbildes auf dem Turiner Grabtuch kann eigentlich nur drci Ursachen gehabt haben:

- ein uns noch unbekannter natürlicher Vorgang im Einklang mit den geltenden Gesetzen der Naturwissenschaft
- ein übernatürlicher Vorgang (das wäre die religiöse Erklärung)
- ein uns noch unbekannter technologischer kontrollierter Vorgang, durchgeführt durch einen uns unbekannten und überlegenen Verursacher.

Wer war der tote Mann im Tuch? Wie alt sind Tuch und Körperbild? Wie entstand das Körperbild? Auf all diese Fragen gibt es nach über einhundert Jahren Forschung noch keine endgültigen Antworten. Wir haben es mit einem der rätselhaftesten Gegenstände zu tun, die je wissenschaftlich untersucht wurden. Die interdisziplinäre Erforschung des Turiner Grabtuch wird weitergehen. Wird sie uns bald Antworten präsentieren auf die noch offenen Fragen? Bis heute wurden zahlreiche Puzzleteile zusammengetragen, doch das sie formende Gesamtbild können wir noch nicht erkennen. Doch jedes weitere Puzzleteil wird dieses Bild ein wenig klarer machen...

# *Literaturverzeichnis*

**A**dler, Alan D. / Schwalbe, Larry A.: Conservation of the Shroud of Turin. In: Shroud Spectrum International Nr. 42, Nashville 1993

Allen, Nicholas: Verification of the Nature and Causes of the Photo-negative Image on the Shroud of Lirey-Chambery-Turin. 1995: www.petech.ac.za/shroud/nature.htm

**B**auer, W.: Das Leben Jesu im Zeitalter der neutestamentlichen Apokryphen. Tübingen

Benford, Sue M. / Joseph G. Marino: Evidence for the Skewing of the C-14 Dating of the Shroud of Turin Due to Repairs. In: Sindone, Orvieto 2000

Benford, Sue M. / Joseph G. Marino: Historical Support of a 16. Century Restoration in the Shroud C-14 Sample Area. 2002: www.shroud.com/pdfs/histsup.pdf

Benford, Sue M. / Joseph G. Marino: Textile Evidence Supports Skewed Radiocarbon Date of Shroud of Turin. 2002: www.shroud.com/pdfs/textevid.pdf

Benford, Sue M. / Joseph G. Marino: Finding the Shroud - in the 21. Century. Dezember 2001. In: Collegamento pro Sindone

Benford, Sue M. / Joseph G. Marino: New Historical Evidence Explaining the Invisible Patch in the 1988 C-14 Sample Area of the Turin Shroud. www.shroud.com/pdfs/ben fordmarino.pdf

Benford, Sue M.: Negativity and the Shroud. In: Holy Shroud Guild Newspaper. 1997

Benford, Sue M. / Joseph G. Marino: Bridge Between Heaven and Earth? In: The Journal of Religion and Psychical Research. Vol. 22, Nr. 2, April 1999

Betz, Otto / Grimm, Werner: Wesen und Wirklichkeit der Wunder Jesu. Frankfurt/M., Bern, Las Vegas 1977

Brienne, Raffard de: Le Secret du Saint Suaire. Chire 1993

Brown, John L.: Microscopical Investigation of Selected Threads from the Shroud of Turin. Atlanta 2005

Bulst, Werner / Pfeiffer, Heinrich : Das Turiner Grabtuch und das Christusbild.Frankfurt a.M. 1987 und 1991

Bulst, Werner: Betrug am Turiner Grabtuch. Frankfurt a.M. 1990

**C**ampenhausen, Hans von: Der Ablauf der Ostereignisse und das leere Grab. 1977

Carter, Giles F.: Formation of the Image on the Shroud of Turin by X-Rays: A New Hypothesis. In: Advances in Chemistry, Series 205. Washington 1984

Chevalier, Ulysse: Le Saint Suaire de Turin, est-il l'original ou une copie? Chamb. 1899

Chevalier, Ulysse: Le Saint Suaire de Lirey-Chambery-Turin et les defenseurs de son authenticite. Paris 1902

Crispino, Dorothy : A chronological Survey of observations on the Shroud Textile. In: Shroud Spectrum International Nr. 38/39, Nashville 1991

Crispino, Dorothy: A New Look onTwo Incompatible Vieus. In: Shroud Spectrum International Nr 41, Nashville 1992

**D**ie Heilige Schrift. Elberfelde 1975

Die Welt am Sonntag, 23. September 2002

Die Welt Online, 10. Juni 2000

Donner, Herbert: Pilgerfahrt ins Heilige Land. Stuttgart 1979

**E**mery, Joanna: The Third International Dallas Conference on the Shroud of Turin: Report from an Attandee. BST Newsletter 62, 2006

Fanti, Guilio / Roberto Maggiolo: The Double Superficiality of the Frontal Image of the Turin, Shroud. In: Journal of Optics A: Pure and Applied Optics, Nr. 6, 2004
Fossati, Luigi: Sindone: in attesa di nuove analisi. In: Studi Cattolici Nr. 346, Mail. 1989
Fossati, Luigi: A Close Examination of the Memorandum of Pierre d'Arcis and the Writings of Clement VII. In: Shroud Spectrum International Nr. 42, Nashville 1993
Garza-Valdes, Leoncio: The DNA of God? New York 1999
Gruber, Elmar R. / Kersten, Holger: Jesus starb nicht am Kreuz. München 1998
Guerreschi, Aldo / Michele Salcita: Photographic and Computer Studies Concerning the Burn and Water Stains Visible on the Shroud and Their Historical Consequences. IV. Symposium Scientifique Internatinal, Paris 2002
Günter, Heinrich: Psychologie der Legende. Freiburg i.Br. 1949
Heller, John H.: Report on the Shroud of Turin. Boston 1983
Hennecke, E. / Schneemelcher, Wilhelm: Neutestamentliche Apokryphen. Tüb. 1989
Herbst, Karl: Kriminalfall Golgatha. Düsseldorf, Wien, New York, Moskau 1992
Il Messagero, 9. August und 10. August, Rom 2002
Interview mit Luigi Gonella. In: Der Spiegel Nr. 41, Hamburg 1988
Jackson, John P.: Blood and Possible Images of Blood on the Shroud. In: Shroud Spectrum International, Nashville 1987
Jackson, John P.: The Radiocarbon Date and How the Image was Formed on the Shroud. In: Shroud Spectrum International. Nashville 1988
Jackson, John P.: The Vertical Alignment of the Frontal Image. In: Shroud Spectrum International Nr. 32/33, Nashville 1989
Jackson, John P.: Is the Image of the Shroud due to a process heretofore unknown to modern Science? In: Shroud Spectrum International, Nashville 1990
Jackson, John P. : Three Dimensional Characteristics of the Shroud Image. IEEE 1982 Proceedings of the International Conference of Cybernetics and Society. Okt. 1982
Jackson, John P.: Correlation of Image Intensity on the Turin Shroud with the 3-D-Structure of a Human Body Shape. In: Applied Optics, Vol. 23, Nr. 14, 1984
Jakobus de Voragine: Legenda aurea. Heidelberg 1984
Jennings, Peter : Face to Face with the Turin Shroud. Oxford 1978
Jumper, E. / Adler, A. / Jackson, J. / Pellicori, S. / Heller, J. / Druzik, J.: A comprehensi ve examination of the various stains and images of the Shroud of Turin. In: Advances in Chemistry. Series 205, Washington 1984
Koch, Gerhard: Die Auferstehung Christi. Tübingen 1965
Lavoie, Gilbert R.: Blood on the Shroud of Turin. In: Shroud Spectrum International. Nashville 1983
Lavoie, Gilbert R.: Unlocking the Secrets of the Shroud. Allen, Texas, 1998
Lindner, Eberhard: Evolution, Weltende, Freiheit. Karlsruhe 1988
Lipsius, Richard Adelberg: Die Edessenische Abgar-Sage. Braunschweig 1880
Meacham, William: On Carbon Dating and the Turin Shroud. In: Shroud Spectrum International Nr. 19, Nashville 1986
Meacham, William: Radiocarbon Measuement and the Age of the Turin Shroud: Possibilities and Uncertainties. In: Proceedings of the Symposium „Turin Shroud - Image of Christ?“ Hongkong 1985
Moran, Kevin / Giulio Fanti: Does the Shroud Body Image Show Any Physical Evidence of Resurrection? 4th International Scientific Symposium, CIELT, Paris 2002

Müller, Willi K.: Festliche Begegnungen. Frankfurt a.M. 1989
Mussner, Franz. Die Auferstehung Jesu. München 1969
Picknet, Lynn / Clive Prince: The Turin Shroud: In Whose Image? New York 1994
Porter, Daniel: An Enchilada Comes to Mind: Dallas Shroud of Turin Conference 2005. www.shroudstory.com/dallas2005
Rodante, Sebastiano: La Sindone. Mailand 1988
Rogers, Raymond N.: Testing the Jackson 'Theory' of Image Formation. www. shroud . com/pdfs/rogers.pdf
Rogers, Raymond N.: Studies on the Radiocarbon Sample from the Shroud of Turin. In: Thermochimica Acta, Vol. 425, Nr. 1-2, 20. Januar 2005
Scheuermann, Oswald: Das Tuch. Regensburg 1987
Schwalbe, L.A.: Scientific Issues and Shroud Research in the 1990s. In: Shroud Spectrum International Nr. 35/36. Nashville 1990
Schwalbe, L. A. / Rogers, Ray N.: Physics and Chemistry of the Shroud of Turin. In: Analytica Chimica Acta, 135, Amsterdam 1982
Schwortz, Barrie: Is the Shroud of Turin a Medieval Photograph? A Critical Exami-- nation of the Theory. 2000 www.shroud.com
shroud.com/restored.htm
shroud.com/latebrakenews.htm vom 16. August 2002
Siliato, Maria Grazia: Das Grabtuch ist doch echt. Augsburg 1998
Smith, Donald M.: Textiles and Spain. In: Shroud Spectrum International Nr. 35/36, Nashville 1990
Sox, David: The Shroud unmasked. London 1988
Stevenson, Kenneth E. / Habermas, Gary R.: Verdict on the Shroud. London 1989
Stevenson, Kenneth E. / Habermas, Gary R.: The Shroud and the Controversy. Nashville 1990
Tite, M. S. et al: Radiocarbon dating of the Shroud of Turin. In: Nature Nr 337, Lond.1989
Thomas, Michael: The Shroud of Turin: The First Polaroid in Palestine. In: Rolling Stone, San Francisco, Dezember 1978
Tribbe, Frank C.: Portrait of Jesus? New York 1983
Tyrer, John: The Foldings of the Shroud. In: Shroud Spectrum International Nr. 31, Nashville 1989
Tyrer, John: Looking at the Turin Shroud as a Textil. In: Shroud Spectrum International, Nr. 6, Nashville 1983
Vögtle, Anton / Pesch, Rudolf: Wie kam es zum Osterglauben? Düsseldorf 1975
Waldstein, Wolfgang: Neueste Erkenntnisse über das Turiner Grabtuch. Stein a. Rh.1997
Walsh, John: The Shroud. New York 1963
Wilckens, Ulrich: Auferstehung. Berlin 1977
Wilcox, Robert K.: Shroud. New York 1977
Wilson, Ian: Eine Spur von Jesus. Freiburg i.Br. 1980
Wilson, Ian: Holy Faces, Secret Places. London, New York 1991
Zacco, Stefano: Tesuto Sindonico, Aspetti Medico-legale. In: Sindon Nr. 9/10, Turin 1996
Zaninotto, Gino: 6 V 20, 1-8. Giovanni testimone oculare della risurrezione di Gesu? In: Sindon, Neue Serie 1, Turin 1989

# Von Gisela Ermel erschien bisher:

*Gisela Ermel*
**Das Stargate-Phänomen**
***Geschichte und Mythos der Teleportation***

Hatte die Erde Besuch von Vertretern fremder Intelligenz? Modern interpretierbare uralte Felsbilder, rätselhafte archäologische Funde und zahlreiche Überlieferungen sprechen eine deutliche Sprache: Menschenähnliche Wesen unbekannter Herkunft verblüfften unsere Vorfahren mit einer der heutigen Zeit vergleichbaren und überlegenen Technologie. Das Buch liefert Beweise dafür, daß die Erde Kontakt mit einer fremden Intelligenz hatte.
*320 Seiten, viele Abbild., Broschur, Klebebindung,15,0 x 21,0cm,* **ISBN 978-3-934673-04-5**

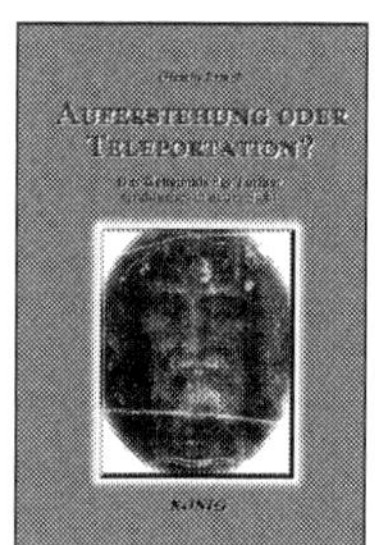

*Gisela Ermel*
**Auferstehung oder Teleportation?**
***Das Geheimnis des Turiner Grabtuches in neuer Sicht***

Das Turiner Grabtuch ist eines der umstrittensten Einzelobjekte der Wissenschaft. Hundert Jahre Forschung haben das Rätsel nicht gelöst, sondern eher vergrößert. Untersuchungen der Reliquie mit High-Tech brachten jetzt Ergebnisse, die so aufsehenerregend sind, daß sie alles in den Schatten stellen, was wir je über ein Artefakt in Erfahrung bringen konnten. Erstmals werden Forschungsergebnisse vorgestellt, die auch den Streit um das leere Grab Christi klären können. Forschungsgeschichte und Schlußfolgerungen der Autorin machen den Band zum spannenden Sachbuch.
*300 Seiten, viele Abbildungen, Literaturverzeichnis, Personen- und Sachregister, Broschur, Klebebindung, 15,0 x 21,0cm,* **ISBN 978-3-934673-43-4**

---

*Dr. Otto Piper*
**Der Spuk** - ***Die wichtigsten Geschehnisse aus der Welt des Übersinnlichen***

In allen Zeiten und bei allen Anlässen menschlicher Tätigkeit hat es unheimliche Vorfälle in mannigfacher Art gegeben. Zu solchen voneinander verschiedenen Arten von Spuk gehört besonders das Erscheinen Lebender an anderen Orten als an welchen sie sich in Wirklichkeit aufhalten, solches schon Verstorbener, ferner das vorab Sichtbarwerden oder andere Vorzeichen erst künftiger Ereignisse, unerklärliche, besonders an bestimmte Orte geknüpfte Wahrnehmungen des Gesichts oder Gehörs und dergleichen mehr. Dabei kann Spuk nicht gewollt oder auch nur vorhergesehen werden, und er kann daher auch nicht wie die Künste der Spiritisten und ihrer Medien Gegenstand von Experimenten sein, wie dieses Buch zeigt. Der Autor hat die 250 aufsehenerregendsten und beglaubigten Fälle hier zu einem Kompendium zusammengefasst das aufgrund gegenwärtiger Bedrohungen, die unsere Welt erfährt, für zukünftige Visionen von großer Aktualität ist.
*Originalreprint des 1917 in Köln erschienenen Buches; 170 Seiten, Sach- und Namenregister Broschur, Klebebindung, 15,0 x 21,0 cm,* **ISBN 978-3-939856-33-7**

### *Nicolas Benzin*
### Alte Kulturen des Mittelmeerraumes
### *Eine archäologische Reise zu geheimnisvollen Orten*

Mythologische Überlieferungen der Römer in Südfrankreich und Nordspanien, der Mosaiken und den Theoderich-Grab in Ravenna, der verborgenen Kultur der Etrusker in der Toskana, der weltberühmten Stätten im alten Griechenland wie Olympia, Mykene, Epidauros und einem Streifzug durch die außergewöhnliche Geschichte Maltas werden mit den historischen Fakten verglichen und neue Schlußfolgerungen zum Umgang mit diesen Kulturen gezogen. Das Buch ist eine sachbezogene und anregende Lektüre, die den Leser zum eigenen Besuch der geschichtsträchtigen Orte einlädt.

184 Seiten, viele Abbildungen, Literaturverzeichnis, Broschur, Klebebindung, 15,0 x 21,0 cm;
**ISBN 978-3-934673-44-1**

### *Dieter Vogl / Jens Trostner*
### Die Geheimnisse der Pyramiden
### *Der Bau und die Erbauer in neuer Sicht*

Das Baumaterial der Cheops-Pyramide und anderer antiker Bauwerke wirft eine Reihe grundlegender Fragen auf. Zwar behauptet die Wissenschaft viele davon ausreichend beantwortet zu haben, aber keine der Antworten hält exakten Überprüfungen stand. Und so sind weiterhin die Fragen offen, woher das Baumaterial der Pyramiden wirklich kam, mit welchem Werkzeug es bearbeitet wurde und vor allem, wer die Erbauer der großen Pyramide wirklich waren. - Die Autoren sind diesen Fragen ausführlich nachgegangen und liefern in dem vorliegenden Buch fundierte Antworten.

*240 Seiten, Broschur, Klebebindung, Format 15,0 x 21,0 cm;* **ISBN 978-3-934673-42-7**

### *Dieter Vogl*
### Die Mars - Apokalypse
### *Ein prähistorischer Krieg und seine Folgen*

Durch eine Analyse der Heiligen Schrift und anderer Mythen wird deutlich, daß ein Großteil der Überlieferungen außerirdischen Ursprungs ist. Wir müssen aufgrund von Forschungen davon ausgehen, daß sich eine ganze Reihe von diesen überlieferten Begebenheiten auf anderen Planeten abspielten: Nur der Mars erfüllt in dieser Hinsicht alle Voraussetzungen. Das Buch geht in sachkundiger und spannender Weise diesen Indizien nach und konzentriert sich dabei vornehmlich auf jene Ära, in der es allem Anschein nach zu einem planetaren Krieg zwischen der Bevölkerung zweier Planeten kam.

*240 Seiten, Broschur, Klebebindung, Format 15,0 x 21,0 cm;* **ISBN 978-3-934673-34-2**

**Fordern Sie KOSTENLOS „Königs Buchkurier Nr. 2" an:**
**Mediengruppe König, Buchverlag**
**Äußere Zeulenrodaer Straße 11 • 07973 Greiz/Thür.**
**Tel.: 0 36 61 - 67 42 13 • Fax: 0 36 61 - 67 42 14**
**eMail: verlag-koenig@t-online.de**

### *Dr. Horst Friedrich*
### Die Entstehung der Baiern
### *Auf den Spuren eines geschichtlichen Rätsels*

In einer Zeit weltweiter scholastischer Globalisierung, die mit unhaltbarer Wissenschafts-Gläubigkeit einhergeht, ist es umso verwunderlicher, dass grundlegende kulturgeschichtliche Themen in Deutschland wie die wirkliche Herkunft und Abstammung des bayerischen Volksstamms trotz vieler Lösungsansätze im Grunde noch immer ungeklärt ist. Der Autor stellt mit diesem Buch die These in den Mittelpunkt, dass die Frage nach der Herkunft der Bayern neu gestellt und völlig anders beantwortet werden muß. Im Spannungsbogen der Forschungen von Immanuel Velikovsky und J. Spanuth, deren Erkenntnisse bisher in regionalen Kulturbereichen nur wenig Beachtung fanden, liefert er neue Denkansätze für ein korrigiertes Geschichtsbild dieses bedeutenden Kulturvolkes.
*Das Buch erscheint in zweiter, überarbeiteter und erweiterter Neuauflage.*
*64 Seiten, sw-Abbild., Broschur, Klebebindung, 15,0 x 21,0 cm ,* **ISBN 978-3-939856-05-4**

### *Dr. Horst Friedrich*
### Einer neuen Wissenschaft den Weg bahnen!
### *Schieflage unserer Schulwissenschaft und Zukunft des Denkens*

Nicht erst durch PISA ist sichtbar geworden, dass etwas faul ist mit unserem schulwissenschaftlichen Lehrsystem und den Möglichkeiten einer darauf aufbauenden Zukunftsgestaltung. Auf dem Gebiet der gesamten Wissenschaften brauchen wir heute dringender als je zuvor eine Revolution mit neuen Denkansätzen, um die Dogmen der bisherigen Wissensvermittlung aufzubrechen und einen neuen Forschergeist zu beleben. Nur dann werden wir wieder Anschluß finden, an die zukunftsweisenden Ideen unserer Zeit, die gegenwärtig aus Ländern kommen, denen man eine derartige gültige Zusammenschau von Mensch und Gesellschaft nicht zugetraut hätte.
*Das Buch erscheint in zweiter, überarbeiteter und erweiterter Neuauflage.*
*168 Seiten, sw-Abbild., Broschur, Klebebindung, 15,0 x 21,0 cm,* **ISBN: 978-3-934673-80-9**

### *Cajo Hertz*
### Digitalzahlen - Zahlen der Götter
### *Herkunft und Bedeutung der Primzahlen*

Die Götter verließen uns nicht ohne Spuren, sondern übergaben ihr gesamtes Wissen, darunter die Primzahlen. Der Autor zeigt, dass in diesen Zahlen, die durch die Templer nach Europa gelangten, verborgenes Wissen enthalten ist, welches für die Zukunft und Weiterentwicklung der Menschheit von ausschlaggebender Bedeutung sein kann. Der Autor begibt sich zunächst in die Geschichte der Zahlen und beginnt dort seine Spurensuche, bevor er sich dem Orion und einem zweiten Pyramidenrätsel widmet, Geometrie und Astronomie streift und die Frage aufwirft, ob Algebra sein muß. Ein spannendes Sachbuch, das Fragen beantwortet und neue aufwirft und nicht nur für Zahlen-Freaks interessant ist.
*120 Seiten, Broschur, Klebebindung, 15,0 x 21,0 cm,* **ISBN 3-934673-75-9**

## *Dr. Horst Friedrich*
## Träumer und Traumwelten
### *Wahrheit und Lüge im Erkenntnisprozess unserer Zeit*

Welchen Wert haben in unserer heutigen Forschungswelt gesicherte Erkenntnisse? Ist die Wissenschaft in ihrem Establishment und ihrem Anspruch nach der letzten Erkennbarkeit der Dinge erstarrt? Welchen Stellenwert hat die Manipulation der Bevölkerung und welche Machtapparate zeigen uns den Planeten in einem anderen Licht? Wahrheit, Fiktion und Lüge werden in diesem durchaus kontroversen und vieldeutigen Sachbuch dem Leser vor Augen geführt, der seinerseits Rückschlüsse auf seine Gegenwart und seinen zukünftigen Umgang mit verschiedenen Gesellschaftsformen ziehen kann. Dr. Horst Friedrich (geb. 1931) studierte neben seinen beruflichen Aktivitäten Wissenschaftsphilosophie und Wissenschaftsgeschichte und erwarb 1974 seinen Doktorgrad. Er hat sich über fünf Jahrzehnte intensiv mit zahlreichen Kontroversen vieler Wissensgebiete zwischen nonkonformistischen Forschern und der etablierten Schulwissenschaft beschäftigt. Anliegen seiner vielen Veröffentlichungen ist es, dahin zu wirken, dass wissenschaftliche Lehrmeinungen und „Weltbilder" mit einer Portion Skepsis betrachtet werden, weil sie grundsätzlich provisorisch und zeitbedingt sind und glaubt, dass akademische Meinungsvielfalt an den Universitäten überfällig ist und zu einer „Wissensexplosion" führen muß.

*232 Seiten, Broschur, Klebebindung, 15 x 21 cm,* **ISBN: 978-3-934673-45-8**

## *Dr. Horst Friedrich*
## Velikovsky, Spanuth und die Seevölker-Diskussion
### *Die Abwanderung atlanto-europäischer Megalith-Völker in den Mittelmeerraum*

In diesem Buch wird der Leser aufgefordert, die Aussagen der „herrschenden Lehre" zu frühgeschichtlichen Naturkatastrophen, zur Chronologie geschichtlicher Ereignisse und der Abstammung und dem geographischen Weltbild der Seevölker im Mittelmeerraum zu überdenken. Das historisch-kulturelle Verständnis gerade dieser Völkergemeinschaft ist nach Ansicht des Verfassers jedoch ein Hauptschlüssel, ohne dessen Gebrauch wir keine Aussicht haben, einen wirklichen Einblick in unsere eigene westeuropäische Vorgeschichte für die Zeit zwischen den beiden letzten postulierten großen Naturkatastrophen in der Zeit zwischen 1.450 bis 700 v.u.Z. zu haben sowie die in jenen Jahren fallenden verwickelten Zusammenhänge zwischen dem atlantischen Westen Europas und dem Mittelmeerraum zu durchschauen. In diesem Band geht der durch fachlich fundierte Kontroversen bekannt gewordene Autor Dr. Horst Friedrich über die Thesen von Velikovsky u. Spanuth hinaus und weist einen eigenen Weg, der für unsere unmittelbares Geschichtsverständnis von entscheidender Bedeutung sein wird.

*Das Buch erscheint in dritter, überarbeiteter Neuauflage*
*100 Seiten, sw-Abbild., Broschur, Klebebindung, 15 x 21 cm,* **ISBN: 978-3-939856-06-1**

**www.buchverlag-koenig.de**

## *Hagen Seehase*
## **Der schottische Clan MacDonald**
### *Aufstieg und Fall der Herren der Inseln*

Faszinierend und kulturgeschichtlich wertvoll ist die einzigartige Entstehung und der Zerfall des schottischen Clansystems. Bei allen historischen Parallelen um Kampf und Mythos, Leben und Sterben, ragt vor allen anderen ein mächtiger Clan heraus, dessen Taten und Wirken in die schottische und europäische Geschichte eingingen: Der Clan der berühmt-berüchtigten MacDonalds. Der Autor, der sich als profunder Schottland-Kenner durch die Buchreihe „Schottische Geschichte in fünf Bänden" einen Namen machte, gelingt es mit diesem Band tiefer in die Einzigartigkeit von Mensch und Landschaft Schottlands einzudringen. In der Reihe „Schottische Geschichte" erschienen in unserem Verlag bisher die Einzelbände: „Die Highlander"; „Bannockburn"; „Die Borderer"; „Montrose" und „Die Stuarts" in denen er sein militärhistorisches Interesse mit seiner Vorliebe für Schottland verbindet.
Zum Inhalt: • In grauer Vorzeit; Somerled und Ranald; Die MacDonalds und der Schottische Unabhängigkeitskrieg; Good Lord John, der erste Lord of the Isles; Reid Harlaw; Alexander of the Isles; Angus Og; Donald Dhu; Clan Donald South; Coll Ciotach, genannt „Colkitto"; MacColla; MacCollas Highlandfeldzug; Der Feldzug in den Highlands: Tippermuir, Justice Mills, Fyvie; Der Einfall in Argyll; Auldearn, Alford Bridge und Kilsyth; MacCollas Krieg im Westen; MacCollas Tod; Iain Lom MacDonell of Keppoch.
*180 Seiten mit schwarz-weiß-Abbildungen, einem Exkurs über Waffen und Bekleidung und Literaturarchiv, Hardcover, gebunden, 16,5 x 24,5cm,* **ISBN 978-3-939856-30-6**

## *Irving Wallace*
## **Die Fabel-haften Originale**
### *Das Leben außergewöhnlicher Menschen, die unvergessene Romangestalten wurden*

Jahrhundertelang haben bedeutende Autoren unvergeßlich erdichtete Gestalten nach dem Vorbild wirklich lebender Personen geformt. Doch wenn auch Gestalten wie Sherlock Holmes, Dr. Jekyll und Mister Hyde oder Robinson Crusoe in die Weltliteratur eingingen und in ganzen Lesergenerationen fortleben - ihre menschlichen Urbilder bleiben unbeachtet und vergessen. Menschen wie der Seemann Alexander Selkirk, der Daniel Defoe zu seinem unvergeßlichen Roman über einen Schiffbrüchigen auf einer Insel abseits der Zivilisation inspirierte, fanden keinen Sänger, obschon sie oft ein Schicksal hatten, das nicht weniger erregend war als die Romane, die sie inspirierten.Dem Schicksal dieser Unbesungenen, die lebten, starben, in Vergessenheit versanken und trotzdem im Zauberreich der Erzählung fortleben ist dieses unterhaltsame Sachbuch gewidmet, das nach seinem außergewöhnlich nachhaltigen Erfolg in 2. Auflage erscheint. Dabei wird bei den Lebensschilderungen jede Spekulation vermieden - die Schicksale der einzelnen Personen entstanden aufgrund jahrzehntelanger Recherchen und sind für den Leser überraschend, außergewöhnlich und spannend zugleich.
*Dargestellt werden u.a. die Vorbilder von: Sherlock Holmes, Juliana Bordereau, Lady Arabella Dudley, Dr. Jekyll und Mr. Hyde, Marie Roget, Robinson Crusoe und Kurzbiografien.*
*360 Seiten, viele schwarz-weiß-Abbildungen, Hardcover, gebunden, Format 16,5 x 24,5cm*
**ISBN 978-3-939856-00-9**

## *Thomas Ritter*
## Erszebet Bàthory
## *Wahrheit und Legende der Blutgräfin*

Legendär und berüchtigt waren das Leben und vor allem die Taten, weshalb die bekannte ungarische Adlige als „Blutgräfin" in die Geschichte einging. - Sie lebte von 1560 bis 1614 und wurde mit den Grafen Nadasdy vermählt. Die Einsamkeit dieser Beziehung resultierte daraus, dass das Paar keine Kinder bekam und der Gatte durch viele Feldzüge abwesend war. Sie verfiel dem Wahn, ihre Jugend und Schönheit erhalten zu müssen, wobei dazu das Blut von Jungfrauen das beste Wundermittel sei. In ihrer Burg in den Karpaten lebte sie ihre sadistischen Neigungen aus und soll dort mehrere junge Mädchen zu Tode gefoltert haben. Lange schützte sie ihre hervorragende gesellschaftliche Stellung vor Strafe; im Jahre 1610 jedoch war das Maß der Taten voll: Ihre Komplizen und sie selbst wurden verhaftet, die Gehilfen endeten auf dem Scheiterhaufen und Erszebet Bàthory wurde in das Schlafzimmer ihrer Burg Csejthe eingemauert...
Der dem Lesepublikum bekannte Autor untersucht anhand vorliegender Überlieferungen und bisher in Archiven verborgenem Material Wahrheit und Legende einer Person, deren Mythos durch die Zeiten ging als abschreckendes Beispiel menschlichen Tuns, aber auch als Faszination des Grauens von angeblichen Nachkommen mißbraucht wurde.
*240 Seiten, sw-Abbild., Hardcover, gebunden, 16,5 x 24,5 cm,* **ISBN 978-3-939856-31-3**

## *Thomas Ritter*
## Im Namen des Herrn
## *Der Kreuzzug der ungeliebten Kinder*

Im Jahr 1212 erschütterten unglaubliche Ereignisse Westeuropa. Zehntausende Halbwüchsige brachen zeitgleich im Loire-Gebiet und in Köln auf, mit dem Ziel, das Heilige Land von den Sarazenen zu befreien. Diese einmaligen Unternehmungen sollten als „Kinderkreuzzüge" in die Geschichte eingehen, wobei bisher die Wurzeln und tatsächlichen Absichten verborgen blieben. Welche Rolle spielten die sogenannten „göttlichen Zeichen", welche die jeweiligen Führer angeblich erhielten und warum folgte den beiden Halbwüchsigen ein ganzes Kinderheer. Dies sind nur zwei von vielen Fragen, welche sich im Zusammenhang mit den Vorgängen am Beginn des 11. Jahrhundert stellen. Diese erstmalige Aufarbeitung des Phänomens, das in Schmutz, Schrecken und Niedertracht sowie dem Tod vieler jugendlicher „Kreuzzügler" endete, zeigt ein neues Kapitel des Kindesmißbrauchs im Abendland.
*240 Seiten, viele Abbild., Sach- & Literaturverzeichnis, Hardcover, gebunden, 16,5 x 24,5cm;*
**ISBN 978-3-934673-07-6**

## Magisches Deutschland
## Reisebegleiter zu geheimnisvollen Sagenplätzen

Von der Vielzahl sonstiger Reiseführer unterscheidet sich diese Reihe dadurch, dass sie kein touristischer Ratgeber im üblichen Sinn ist, sondern das geheimnisvolle Deutschland, seine sagen-, märchen- und legendenumwobenen Plätze erschließt. Jeder Band beschreibt Orte und Objekte, an denen ungewöhnliche oder auch unheimliche Begebenheiten zu finden und nachzuempfinden sind. Die betreffenden Geschichten werden auf heute noch sichtbare Plätze bzw. Gegenstände bezogen, können so literarisch erfahren und zugleich sinnlich wahrgenommen werden; darüber hinaus vermitteln sie interessante Einblicke in die Kulturgeschichte der jeweiligen Region. Die Bände, von denen wir hier die ersten vorstellen, sind in der Praxis entstanden und für die Praxis gedacht. Das bedeutet, dass volkstümliche Überlieferungen nicht lediglich referiert, sondern nach Möglichkeit auch auf ihren jeweiligen Kontext überprüft und interpretiert werden: unterstützt durch Rückfragen bei Archiven, Museen, Pfarrämtern usw. sowie durch möglichst viele Besuche der Autoren vor Ort. Für die jeweils wichtige Sach- und Hintergrundinformation stand Fachliteratur zur Verfügung, von der Interessierte am Ende jeden Buches eine Auswahl zusammen mit einer Übersichtskarte und einem Ortsverzeichnis finden, das zu einer Entdeckungsreise in die jeweilige Region einlädt.

***Reinhild Zuckschwerdt-Moll***
**Berlin-Brandenburg**
***Reisebegleiter zu 156 Sagenplätzen***
*240 Seiten, 74 sw-Abbildungen, Übersichtskarte, Ortsverzeichnis und Fachbuch-Auswahl, Taschenbuch-Broschur, Klebebind., 10,5 x 22,0 cm.*
**ISBN 978-3-934673-95-3**

***Ingrid Berle, Marie-Louise Schmeer-Sturm, Marie-Luise Hoffmann, Renate Könke***
**München-Oberbayern**
***Ein Reisebegleiter zu 279 Sagenplätzen***
*330 Seiten, 105 sw-Abbildungen, Übersichtskarte, Ortsverzeichnis und Fachbuch-Auswahl, Taschenbuch-Broschur, Klebebind., 10,5 x 22,0 cm,*
**ISBN 978-3-934673-98-4**

***Frank Winkelmann***
**Südliches Niedersachsen**
***Ein Reisebegleiter zu 110 Sagenplätzen***
*200 Seiten, 84 sw-Abbildungen, Übersichtskarte, Ortsverzeichnis und Fachbuch-Auswahl, Taschenbuch-Broschur, Klebebindung, 10,5 x 22,0 cm,*
**ISBN 978-3-934673-96-0**

***Ingrid Berle, Hildegard Gerlach***
**Rheinland**
***Ein Reisebegleiter zu 200 Sagenplätzen***
*240 Seiten, 80 sw-Abbildungen, Übersichtskarte, Ortsverzeichnis und Fachbuch-Auswahl, Taschenbuch-Broschur, Klebebind., 10,5 x 22,0 cm,*
**ISBN 978-3-934673-98-4**

**WEITERE AUSGABEN SIND ERHÄLTLICH ODER IN VORBEREITUNG!**